中国好老师

让教师获得教育的美好
——教师职业幸福·家校协同

北京师范大学中国基础教育质量监测协同创新中心
"中国好老师"公益行动计划办公室 主编

北京师范大学出版集团
BEIJING NORMAL UNIVERSITY PUBLISHING GROUP
北京师范大学出版社

图书在版编目（CIP）数据

让教师获得教育的美好：教师职业幸福·家校协同/北京师范大学中国基础教育质量监测协同创新中心，"中国好老师"公益行动计划办公室主编. —北京：北京师范大学出版社，2019.11
（"中国好老师"育人故事）
ISBN 978-7-303-25273-2

Ⅰ.①让… Ⅱ.①北… ②中… Ⅲ.①中小学-教师-工作-研究 Ⅳ.①G635.1

中国版本图书馆 CIP 数据核字（2019）第 239380 号

营 销 中 心 电 话　010-57654738　57654736
北师大出版社职业教育与教师教育分社　http://zhijiao.bnup.com

RANG JIAOSHI HUODE JIAOYU DE MEIHAO JIAOSHI ZHIYE XINGFU · JIAXIAOXIETONG

出版发行：北京师范大学出版社　www.bnup.com
　　　　　北京市西城区新街口外大街 12-3 号
　　　　　邮政编码：100088

印　　刷：	北京盛通印刷股份有限公司
经　　销：	全国新华书店
开　　本：	787 mm×1092 mm　1/16
印　　张：	20.75
字　　数：	340 千字
版　　次：	2019 年 11 月第 1 版
印　　次：	2019 年 11 月第 1 次印刷
定　　价：	65.00 元

策划编辑：姚贵平　伊师孟	责任编辑：朱前前
美术编辑：焦　丽	装帧设计：焦　丽
责任校对：张亚丽	责任印制：陈　涛
特约编辑：许倩茹　徐田文	

版权所有　侵权必究

反盗版、侵权举报电话：010-57654750
北京读者服务部电话：010-58808104
外埠邮购电话：010-57654738
本书如有印装质量问题，请与印制管理部联系调换。
印制管理部电话：010-57654789

序　言

"中国好老师"公益行动计划（简称"公益行动"）已经走过了不平凡的五年历程！为响应和落实习近平总书记2014年教师节前夕在北京师范大学考察时关于"四有"好老师的重要讲话精神，北京师范大学联合兄弟师范院校一起，发起了"中国好老师"公益行动计划，旨在提升我国基础教育阶段教师育人素养和能力，推动教育公平及优质发展，促进亿万儿童青少年的健康成长。

五年来，"公益行动"大力弘扬"四有"好老师精神，构建全国育人共同体，目前全国已有6000多所学校成为"公益行动"的基地校，广泛分布在全国31个省（市、自治区）、300多个地（市）、3000多个区（县、团场）；20多万名教师活跃在"中国好老师"网络平台上，交流、学习、分享他们的育人经验；有一大批"公益行动"的基地校通过学校发展共同体，牵手互助，为贫困区县和教育薄弱地区教师的专业发展拓展了空间；"公益行动"面向中小学校开展了近百场多层次的育人能力提升培训，提炼、总结和宣传了一大批优秀育人经验和案例，营造了立德树人、尊师重教、争做"四有"好老师的良好氛围，提升了基础教育阶段学校与教师的育人能力，产生了广泛的社会影响和认同。

"'中国好老师'育人故事"是"公益行动"实施过程中教师们育人实践和研究的案例精粹。2017年"公益行动"办公室面向全国"公益行动"基地校开展的优秀育人案例征集活动，收到相关案例近万篇，遴选了一等奖案例结集出版。"公益行动"办公室通过多种方式赠送给参与"公益行动"的学校和教师，受到了校长和教师们的热烈欢迎与高度评价。2019年年初发起的案例征集活动，收到各类征文23986篇，反映了参与学校和教师对这一活动的热烈响应和高度认同。

育人案例的征集出版，是"公益行动"发展整体计划的有机组成部分。从

2018年开始,"公益行动"更加聚焦于学校和教师育人过程中长期存在的真实问题和现实难题,在各地调研和专家研讨的基础上,提炼出四个最为迫切、亟待解决的育人问题模块。这四个模块分别是:模块一,教师如何有效进行心理调适、提升职业幸福感;模块二,如何有效开展家校合作,形成育人合力;模块三,如何关注和帮助有特殊需求的学生群体;模块四,如何提升学生的自主管理能力。"公益行动"办公室鼓励各基地校根据本校实际情况开展有效的行动研究,通过"做中学、学中做",有针对性地研究并解决育人中的实际问题,在教育实践中不断创新育人方法,丰富育人策略,提升育人水平。今年的征集活动也围绕这四个模块进行,其中,模块一3002篇,模块二4362篇,模块三10987篇,模块四5635篇。经过三次评审并邀请专家对入选文章逐一点评,最后结集出版为四本书。这次活动案例主题更加具体,参与人员更为广泛,论文质量显著提高,体现了参与"公益行动"的学校和教师育人研究和实践的日益广泛和深入。

书中的故事和案例来自学校和教师的行动研究和日常实践。和往年一样,这些故事和案例不仅总结和提炼了不同育人情境中的有效方法,也记录了教师在育人探索中的心路历程。故事本质上是对自身历史的一种记忆或再创造,它以直观、生动的形式传播着我们的价值理想、观念认知和情感体悟,也深刻地引导着我们的未来与发展。我相信这些故事更具有打动人心的力量,因为这些都是事关育人的故事,事关生命呵护的故事,事关孩子和教师们生命共同成长的故事!

我相信,不仅广大教师能从中汲取育人方法,获得育人动力,教育研究者和观察者也会受益匪浅。当我们拥有越来越多美好的育人故事的时候,我们的教师就一定能够拥有更为充实、丰盈的教育人生!我们的学生也就一定能够拥有更为光明、灿烂的明天!

董奇

2019年10月

目 录
CONTENTS

教师职业幸福

3 / 有效做好心理调适，大幅提升职业幸福　　梅明松

10 / 别让"气球"爆炸啦　　杨聂逸

15 / 提升教师沟通能力及职业幸福感的团体心理干预探索　　陈娜

23 / 学生第一，谈谈我心中的学生和分数　　相慧芬

30 / 坚守教师岗位，做幸福好老师　　韩卫红

40 / 聋校教师心理健康现状分析与对策研究　　顾燕

48 / 我的小幸福　　董桂兰

53 / 我只是一名麦田的守望者　　刘琨曼

57 / 学会"享受"当教师　　冯玲

61 / 做一片快乐的绿叶　　陈英

66 / 寻找职业幸福感，保持工作热情　　焦雪莹

71 / 让青春的梦想在黄土地上开花结果　　吴健

75 / 转变遇到幸福　　张林颖

79 / 幸福地行走在教育之路上　　韦金岚

84 / 你就是自己的心理调节师　　毛琼
90 / 幸福做教育，培育幸福人　　魏柏林

家校协同

99 / 让亲情浸润心灵，让真情溢满文字　　李业慧
112 / 通过家校合作提升随迁子女家庭教育水平　　高江波
118 / 借助家校共同体，发挥家校合力　　赖晓娜
124 / 群策群力，家校共育　　颜红
132 / 透过班级文化建设打造家校共育新模式之实践初探　　贾雪静、路晓云
138 / 基于家校合作的生涯校本课程探索　　陈静萍
146 / 家校共携手，阅读花开艳　　黄键
152 / "问题导入式"家校共育新模式探索　　凌泽芳
158 / 最美的遇见　　刘倩竹
164 / 用活动搭起"心"的桥梁，助力和谐亲子关系的构建
　　　——家长会功能的创新思考与实践案例　　米颖
171 / 同心·同行
　　　——管理班级家委会有感　　黄琳
176 / 超级老爸来当家
　　　——"家班共育"之家委会的建设与管理　　朱怡
182 / "一站到底"的阅读促进策略　　李连茹
186 / 与书同行，点亮童年
　　　——黑河市实验小学一六班家校合作阅读案例　　陆璐
192 / 对家庭教育效用最大化的思考
　　　——由一次家访所想到的　　毛军芳
197 / 忧郁公主蜕变记　　李小梅
202 / 家、校、社区合力，破译儿童成长密码　　殷毅、赵敏芳
210 / 促进家校合作形成教育合力　　宋碧云

217 / 家校共育，"星"光闪耀
　　——假期家校协作实践活动　　李赞

226 / 家校融合促发展　　周丽萍、郑胜梅、劳颖明

234 / 照亮男孩的内心世界
　　——"家班共育"男孩成长案例　　王丽秋

240 / 与家长有效沟通，提高教师职业幸福感　　兰晶微

246 / 同频共振搭建多元课堂　　杨莉红

251 / 家长角色大变身，携手家校育优才
　　——以"家长夜校"为例　　王农川

256 / 我的寒假创意菜单　　吕春燕

261 / 利用现代信息技术进行家校合作
　　——矫正小学生拿他人物品的行为　　周备峤

270 / "3+365天"：永不落幕的"劳动节"　　朱丽叶

276 / "组团阅读"与好书"漂流"子母卡　　胡玉燕

282 / 从迷"吃鸡"到"慧"用机　　顾叶青

288 / 让"高配"不再遥不可及　　林常绿

292 / 建和谐亲子关系，铸纯真快乐童年　　卢海英

300 / 一同托起孩子的梦想
　　——家校共育实施案例　　唐谢清

308 / 用心连接家校陪伴孩子成长
　　——心理健康教育家校协同模式探索案例　　尤佩娜

316 / 农村学校家校合力发展之教育共同体的实施与成效　　李青青

教师职业幸福
JIAOSHI ZHIYE XINGFU

有效做好心理调适，大幅提升职业幸福

安徽省合肥市屯溪路小学滨湖校区　梅明松

案例背景

1.家长的教育需求与学校教育之间的矛盾。教师是太阳底下最光辉的职业；教师是人类灵魂的工程师；教师是蜡烛，燃烧自己，照亮别人……这些都是对教师的赞美，更是社会对教师的期待。在如此高的期望下，当家长有不满意的地方时就会加剧矛盾冲突，就会助推损坏教师形象、损伤教师利益的行为发生。2018年6月8日，青岛市女教师在学校门口被家长殴打；同日，四川省乐至县女教师因管教学生玩手机被家长殴打。2018年6月29日，淮北第二实验小学教师被家长殴打。虽然这些只是引起普遍关注的教师被打个案，但足以反映家校之间的矛盾尖锐，教师的地位和合法利益很难得到有效保障。这样的矛盾在上学压力巨大的城市学校显得尤为突出。

2.教师的职业期待与职业现实之间的矛盾。近年来，各地的教师待遇已得到明显改善，教师地位也较以前有所提升，但还远远没有跟上社会发展的步伐。在教师队伍内部，每年都有一定比率的教师离岗或辞职，其中既有经验丰富的中年教师，也有入职不久的青年教师。优秀人才不愿当老师的原因很多，但其中最主要的应该还是教师职业本身与有能力从事教师职业的人群的职业期待差距太大。以合肥市中小学校为例，男教师在学校教师总数中占比在20%以下，且其中大多是音、体、美老师；语、数、英老师中，男教师的占比还不足5%。男、女教师比例的严重失调，证明了教师职业现状与其他行业同层次人才职业待遇差距过大。这种差距给行业内的教师们带来了很大的心理压力。

无论是家校之间的矛盾，还是教师的职业期待与职业现实之间的矛盾，都给教师们的心理健康带来了诸多隐患，导致教师队伍整体心理健康状况堪忧，从而严重阻碍了教育质量的提升。国家中小学心理健康课题组曾公布一项调查，对168所中小学的2292名教师抽样检测发现，有51.23%的教师有心理问题，其中32.18%的教师有轻度心理障碍，16.56%的教师有中度心理障碍，2.49%的教师已构成心理疾病。因此，教师的心理健康问题已成为影响教育发展的重要问题，学校有义务从教师的心理健康出发，帮助教师做好心理调适，提升职业幸福，进而全面提高学校的教育、教学质量。

一、ERG理论

ERG理论是美国耶鲁大学教授克雷顿·奥尔德弗提出的新人本主义需要理论。它包括：一是生存的需要，即人们的基本物质生存需要，包含衣、食、住、行等需要，相当于马斯洛需求层次理论中的生理需要和安全需要；二是相互关系的需要，指发展人际关系的需要，相当于马斯洛需求层次理论中的情感需要和一部分尊重需要；三是成长发展的需要，这是个体自我成长和自我发展的需要，相当于马斯洛需求层次理论中的自我实现的需要和一部分尊重需要。

二、基于ERG理论的学校活动的组织开展

长期以来，中小学教师承受着来自家长、社会、主管部门，以及同行竞争等方方面面的压力，物质待遇和社会地位低，缺乏心理健康知识和自我心理调节的意识。合肥市屯溪路小学滨湖校区（以下简称屯小滨湖校区）充分认识到教师队伍的心理健康水平对教师队伍整体素质提升的重大意义，依据ERG理论全方位关注教师心理健康，帮助教师做好心理调适，以实现打造和谐幸福的高素质教师团队的目标。

（一）生存需要

ERG理论认为，人的较低层次的需要得到满足，有助于寻找较高层次的需要；当一种需要得不到满足时，就越渴望得到这种需要。一味地要求教师无私奉献是违背需要满足原则的。因此，屯小滨湖校区高度重视满足教师的生活、住房、待遇等基本的生存需要，以减轻教师的心理压力。

1.稳定新教师

屯小滨湖校区为2009年新成立的学校，近年来发展迅速，十年来，学生数由起初的几百人，发展到今天的2900多人。同时，教师数量也在逐年增加，最多的一年学校新进教师30多名。新教师刚入职都满怀期待，然而现实却很困窘，他们大多数拿到手的工资还不足2000元，除去房租，连生活都成问题。为解决新教师的后顾之忧，也为了新教师迅速融入新集体，工会的老师就出面帮他们寻找合适的房源，并组织安排与学校同事合租，极大地降低了他们的经济压力。同时，由于政府财政政策的原因，新入职教师当年都不能按月拿到工资，须等到年底或第二年的年初才能正常拿到工资。为解决新教师的生活问题，学校主动想办法从紧张的公用经费中为新教师每月预支工资，以确保他们的正常生活。因为学校关心得当，举措有力，多年来无一名教师辞职离岗。

2.爱心母婴室

屯小滨湖校区女教师占85%以上，年轻教师居多，国家放开二孩政策，适龄女教师生育多，而女教师休完产假上班后，最大的困扰就是哺乳问题。屯小滨湖校区根据教代会提案，为方便哺乳期教师进行母乳喂养，将原先的接待室改建成"爱心母婴室"，女教师可利用课余时间进行哺乳、储存母乳、个人休整，解决了女教师的后顾之忧。此举受到各级主管部门的赞扬，并被包河区教育工会作为先进典型向全区推广，为更多的女职工计划生育、母乳喂养提供关怀和帮助，使她们更好地哺育下一代、安心教学工作。同时，该母婴室还被评为"合肥市示范母婴室"。

3.与您相约

近年来，屯小滨湖校区在办学规模急剧扩大的同时也给教育教学工作带来了很多复杂的问题，如生源的参差不齐、教师队伍的文化差异等，这些随时有可能成为影响教师心理健康的因素。为此，学校组织了"与您相约"活动，安排包括校长在内的全体领导班子同志，每人每月至少接受或主动约请一位教师谈心，及时了解教师们的思想动态和遇到的生活上、工作上的困难，帮助教师们排忧解难。活动中，学校了解到有一位大龄女教师因学校工作节奏快而一直无暇找对象，于是专门为她安排好课程，每个周末为她多安排半天的休息时间，一段时间后，她真地找到了合适的对象并组建了幸福的家庭。

（二）人际关系需要

生活需要有了保障，为学校满足教师们的人际关系需要提供了可能。人与人之间的关系状态其实就是一种文化，而屯小滨湖校区的校园文化是"和雅"，意为"和而不同，相雅而存"。为进一步满足教师们发展人际关系的需要，打造屯小滨湖校区的"和雅"文化，学校的主要举措如下。

1.组织雅园论坛

雅园论坛活动，是学校为促进教师自主发展搭建的展示交流平台，时间为间周一次，内容主要为老师们就自己擅长的领域做主题发言。近一年来，雅园论坛上，聂传荣校长就屯小滨湖校区的"和雅"文化，以及"和雅校园英才少年"的培养目标做过详细的解读；童友琴副校长对"老师时间管理策略"做过专题分享；魏晓敏老师给老师们呈现了单元整合教学策略。雅园论坛活动中，轻松和谐的氛围，精彩纷呈的内容让老师们收获的不仅是教育、教学的专业知识以及如何做一个幸福老师的智慧，而且促进了老师们之间的深入交流、相互学习，受到了全体老师的一致好评。

2.打造教师社团

哈佛大学有一个著名理论，人与人之间的区别主要在于业余时间。为进一步丰富教职工的业余生活，增进同事之间的交流交往，营造"和雅"校园氛围，学校通过广泛征集意见，根据教师们的自身爱好设立了乒乓球、篮球、羽毛球、书法、瑜伽、合唱等教师社团，社团负责人由有专长的老师兼任和外请专业人员两种途径产生。教师社团平时管理采取打卡制，学校对出勤积极的教师给予一定的物质奖励。经过几年的打造，教师们普遍反映，社团活动可以放松心情，缓解压力，有益身心健康。

3.举办集体生日

为了更好地关心教职工，增进教师之间的情感，让教师真正感受到屯小滨湖校区大家庭的温暖和关怀，学校工会每月为当月生日的教师举行集体生日会。生日会由校领导班子成员轮流主持。生日会上，教师们许愿，吹蜡烛，吃蛋糕，简单却不失隆重，会场充满温馨，寿星们品尝着香甜的蛋糕，共同分享着生日的喜悦。一句祝福、一份温情、一个简朴而有意义的生日礼物，让过生日的教师们感受到学校的关怀，感受到集体的温暖，不仅融洽了同事关系，而且也提高了教师的工作积极性。

（三）成长需要

教师的成长是教育质量提高的关键，教师成长的需要既有学校以及社会的需要，又有教师内在的发展需要，而教师内在的发展需要对教师成长更为重要。所以，教师要终身学习，不断地完善自我，追求专业的发展与提升。

1.青蓝工程

青蓝工程是发挥学校老、中、青教师传、帮、带作用的有效形式，更是青年教师快速成长的专业平台，然而很多时候，教师们并不能很好地按计划完成学习任务，往往会存在突击的现象，大大降低了青蓝工程的学习质量。为了解决这一问题，也为了进一步简化学校的培训模式，屯小滨湖校区将青蓝工程培训工作纳入名师工作室一并管理，由工作室的骨干成员担任蓝方师傅，每月对青蓝双方的听评课学习情况进行跟踪检查，以确保此项工作能按时、按质、按量完成，有效地提高了青蓝工程的学习效果。

2.名师工作室

为丰富教师学习形式，提高培训质量，打造屯小滨湖校区名优教师团队，学校选聘包河区名师梅明松、张玉彪、全国优质课大赛特等奖获得者陆勤芳分别担任语、数、英名师工作室主持人，负责培训各自学科的骨干教师。为了给工作室教师的成长提供有力抓手，将工作室教师培养成科研型人才，学校成功申报了两项省级课题，三项市级课题，以课题研究为依托，带领工作室教师从理论到实践深入钻研教育前沿动态，全面提升业务素养。三个工作室分别制订了三年发展规划和详细的工作室活动计划，做到了既有远景规划，又有近期目标，让工作室的每一项活动都能落到实处，让工作室的每一位老师都能够得到实实在在的成长。

3.教研节活动

为了进一步提高教师的专业素养和教学能力，加快教师的专业成长，屯小滨湖校区每年举行一次大型的教研节活动。教研节活动为期一个月，分为组内推优课、骨干教师提升课、青蓝结队过关课、教研优课展示四个环节进行。为了提高活动的实效，学校邀请省内知名学科专家和领导作为点评嘉宾，为学校各学科的教师课堂"问诊把脉"。担任最后展示活动的教师来自不同的学科，不同的年级，教师们的年龄也从青年到中年。各种类型的教师充分展示他们的教学风采，既有示范引领作用，又能引发教师的思考。教研节活动既为教师们提供了一个挖掘潜能、展示风采的机会，又为教师之间创设了观摩学习、研讨交流的互动平台，教师们的专业水平在每一次的教研节活动中都能得到一定程度上的提升。

ERG理论认为，当一个人的高一级层次的需要得不到满足时就会从低一级层次需要里去寻找补偿，例如：教师的发展需要得不到满足，就会增加人际关系需要和生存需要。同时，三个层次的需要并不具有必然的层级性，当人的生存需要、人际关系需要得到满足后一定会出现更高层次的发展需要。所以，学校在满足教师生存及人际关系需要的同时，必须加强教师发展需要的推动与引领，才能全面提升教师的职业幸福。

点 评

安居方能乐业，为新教师提供必要的生存保障、设立爱心母婴室、与你相约帮助教师们排忧解难，让教师安其居，满足其生存需要；

人是社会之人，需独处更需交往，组织雅园论坛、打造教师社团、举办集体生日宴会，积极打造"和雅"文化，"和而不同，相雅而存"，为教师找到集体归属感；

要生存、要交往，更需成长，青蓝工程、名师工作室、教研节活动，多种举措促进教师专业成长与发展。

用理论指导实践，用实践去检验理论，屯溪路小学滨湖校区从满足教师的基本需要出发，通过创建和谐的育人环境，为教师提供成长的平台，想教师之所想，急教师之所急。在这样一个充满人情味的职业氛围中，教师的幸福感怎能不提升，怎能不爱岗敬业，学校的教育教学质量怎能不提高！

屯溪路小学滨湖校区的经验告诉我们：让教师安心乐教的，不是刚性的制度，而是人性的管理，不是挂在墙上的理论，而是理论指导下的教育实践。

北京师范大学教师教育研究中心教授　李琼

别让"气球"爆炸啦

上海市虹口区第四中心小学　杨聂逸

一、案例

在一堂数学课上,毛老师准备讲一个很重要的知识点。在讲之前,她特意提醒大家要认真听讲,因为今天的知识点有些难度,而且是考试的重点。可当毛老师非常详尽地讲解时,小乐同学却低着头在做小动作。毛老师看见了,皱了皱眉头,停下来提醒小乐。见小乐回过神来听讲了,毛老师又继续讲课,可是没讲几句,竟然发现小乐正贴着同桌的耳朵在窃窃私语。毛老师紧锁眉头,第二次停下来提醒他。毛老师讲完例题后,请小乐复述一下解题思路,可是小乐却连最基本的内容也说不清。毛老师的火气一下子蹿了上来。她当众批评了小乐,说他学习一点都不认真。小乐却一副满不在乎的样子。毛老师看了以后气不打一处来,批评的声音越来越响,火气越说越大,最后没有按既定的计划完成这堂课的教学。

二、研讨案例

大家觉得案例中的毛老师没有完成教学内容,这是什么原因造成的?

有的老师认为,因为老师比较容易生气,没有意识到要控制自己,从而影响了自己的课堂秩序。有的老师认为,面对学生的突发状况,老师没有很好地控制自己的情绪,反倒被自己的愤怒情绪控制,一发不可收拾。有的老师认为，主要还是老师没有控制自己的情绪，发了太大的脾气了，完全忘了自己的教学任务。

大家都说到了一点，就是这位老师在学生不遵守课堂纪律的时候，没有控制好自己的情绪，导致影响了教学任务。这样的情况在我们老师的生活中也是比较容易发生的。所以，今天我们就来谈谈"易怒"情绪的管理。

我们生气的时候，其实是有一个过程的，就像是一个气球，生气的过程就像在不断吹气进去。情境中，毛老师皱了皱眉头，第一次停下来提醒小乐的时候，其实心里已经开始不满了。第二次停下来提醒学生的时候，生气的感觉增强了。等到第三次，小乐的行为彻底使毛老师愤怒了。这就像气球慢慢在膨胀，然后爆炸了。

生气的过程如果我们不能控制情绪，那么就会一发不可收拾。如果我们在气球第一次开始膨胀的时候，有一个觉察，意识到自己已经生气了，提醒自己"我已经生气了"，那么就可能把生气、愤怒控制在自己可控的范围里，留有一个制怒空间，有这样的一个觉察，可以让自己在当时"停一停"，不要再发火。

三、实践体验 >>>>>>>

一旦生气了，我们会不自觉地通过我们习惯的方式来呈现。当遇到压力的时候，我们往往采用习惯性思维来应对。好比我们生气的时候，不去很好地控制，我们就会像旋涡一样在惯性模式中越转越深，变成特别容易生气，脾气越发越大，难以控制，产生很多不良的后果。如果，我们在这个时候学会"停一停"，在这个点上"停一停"，会让我们有更多新的选择，而不是留在旧有、惯性模式中打转儿越陷越深。因为"停一停"，我们才能有空间，能够看到更多，感受到更多。这对于我们教师控制不良情绪是非常重要的。那么我们怎么可以在觉察到自己生气的时候，让自己"停一停"呢？大家想想，有什么好办法吗？

可以在发脾气的时候"深呼吸"。

要发脾气的时候可以两只手紧紧握住，提醒自己不要发火。

在课上看到学生有这样或那样的问题，用敲敲桌子的方式提醒是对的，不能停下讲课，否则会影响其他同学上课，所以生气的时候，应该提醒自己"这是上课，不能影响其他同学"，不能忘了自己做教师的任务。

可以当下离开这个同学一段距离，视线不要和他接触，就能让自己"停一停"。

也可以在这个时候心里默念：不要生气、不要生气，气大伤身。这样就算不能不生气，但是肯定可以"停一停"。

转移注意肯定最有效，这个时候看看其他学生，或者看看教案、看看媒体，都可以让自己停一停。

选择适合自己的方法让自己"停一停"，很重要。

四、学习方法

在生气的时候"停一停"，那么"停一停"后我们还要做什么呢？

我们参照学过的"ABC理论"（PPT）：A表示发生的事件，B表示对事件的一些想法，C表示情绪。所以，当一件事情发生时，我们可以先让自己"停一停"，再利用"ABC理论"进行分析，调整自己的想法。我们以"学生上课不认真听课让我很生气"为例，大家一起来试一试。

A是学生上课不认真听讲。

C是我很生气。

那么生气的原因是什么呢？

生气的原因可能是我觉得学生太不珍惜学习的机会，导致成绩不好。

也可能是觉得这样会影响其他学生学习，让其他学生有样学样。

会觉得这样很不尊重老师。

生气是因为这样会影响自己的成绩，也会拖累班级的整体水平等。

事件是一样的，情绪也是一样的，但是想法却各有不同。当你意识到有这些想法的时候，就有了可以调整的可能。所以，"停一停"，就能让我们更好地理解自己的想法。"ABC理论"能帮助我们认识到要管理好自己的情绪，其实就是一个调整想法B的过程。那么，如果在上述事件中要改变情绪C，我们应该如何来调整想法B呢？

可能学生身体不舒服，也可能孩子有其他原因无法控制自己的行为，非主观地不想听课。

树立班级的模范，就不怕这名学生造成不良影响了。

也许孩子是不喜欢这门课，或者不喜欢我上课的方式？

也可能学生自己已经在外面学过了所以不想听。

不要太关注成绩，但是可以和家长一起培养他的学习习惯。

对自己说自己尽力就好。

"停一停"以后，我们才会有空间看待自己"易怒"背后的想法、感受。总结一下，我们可以这样控制自己的"易怒"情绪。

一是换位思考。

作为老师我们要多从学生的角度看问题，要设身处地地为学生的处境着想，角度不同，看问题的思路也不同。

最近，有一条微信非常火爆，被媒体大量转载。上海市委常委、浦东新区区委书记翁祖亮同志在浦东新区落实"上海文创50条"调研座谈会上讲，"可以请B站的团队给区委中心组上上课"，"'60后'也要懂点'90后'的语言，不然真的OUT了"，引起了社会的巨大反响并受到网民的一致好评。这说明，看到和孩子们的不同，并尝试理解他们是很重要的。

看哔哩哔哩网站，大家对弹幕估计都不喜欢，可是孩子们喜欢，他们觉得有同感。我们的学生何止"90后"，甚至"00后"，他们会有很多想法和我们不一样。所以站在学生的角度就能更多一点感受到当代学生所面临的成长的烦恼，我们对孩子们一些不成熟的想法、做法多一分理解，对他们多一分关爱，这样更能得到学生的欢迎与支持。

二是回顾分析。

要想一想有没有另一种可能，自己的教学能力还有待提高，还不了解学生的特点，课堂不够吸引学生，要想方设法提高自己的教育教学水平。

三是顾全大局。

要想到自己需完成的教学任务，顾全大局，考虑大部分学生。课堂教学中要公平地对待每个学生，不因小失大，不顾此失彼。

四是考虑健康。

情绪对身心健康有很大的影响，就像充满气体的气球，如果充满生气的情绪，最终只能无法控制，损害自己的身心健康。如果能在第一时间觉察到自己的情绪加以控制调整，那么这个气球就会充满弹性，我们身心健康也就不会受到损害。

当情绪来临的时候，先停一停，然后再做决定，这样会让自己多一些选择，多一点空间，然后慢慢地就能控制自己的"易怒"情绪，不会再让气球爆炸了。我们在生活中还要不断练习，使自己更好地避免"易怒"。

点 评 >>>>>>>>

即使毛老师反复提醒，小乐依然不能认真听讲，最终毛老师对小乐发起了脾气而未能按照计划完成课堂教学。作者选取的案例是在课堂中很容易发生的情况，学生不遵守课堂纪律的时候，教师要如何控制自己的情绪？

在生气的时候始终停留在旧有、惯性模式中则会越陷越深，停一停，才能有更多选择的空间，才能看到更多，感受到更多。文中老师具有较强的教育科学理论意识，巧妙运用了美国心理学家埃利斯创建的情绪"ABC理论"，提出教师可以改变对事情的态度来控制自己的情绪，换位思考、回顾分析、顾全大局、考虑健康都是可以尝试的方法。苏联教育家马卡连柯说："不能控制自己情绪的人，不能成为好的教师。"调整心态，从工作中寻找快乐，做一名幸福的教师，这对于创造和谐的课堂气氛，提高教学效果，进而促进师生关系都是非常重要的。

北京师范大学教师教育研究中心教授　李琼

提升教师沟通能力及职业幸福感的团体心理干预探索

清华大学附属中学永丰学校　陈娜

习近平总书记在2013年9月9日向全国广大教师致慰问信中指出："教师是立教之本、兴教之源，承担着让每个孩子健康成长、办好人民满意教育的重任。"但是，近些年来，随着社会竞争加剧、工作压力加大、生活节奏加快，教师们的心理健康状况堪忧。为此，我们应高度重视教师队伍建设特别是教师心理健康的调节、疏导工作，帮助他们克服职业倦怠感，提高心理免疫力和抗压力，使他们安心从教、乐于从教。

沟通是老师在学校教育、教学工作中非常重要的内容。教师在工作中每天面对与学生、家长、同事、领导的沟通。而在沟通中，教师的心态、期望、教学能力、技巧和结果反馈，都在很大程度上影响着教师的工作成效。不良的沟通带来的冲突及消极的情绪是教师工作压力的主要来源，使心理能量大量消耗。而顺畅、有效的沟通能够提升教师的工作效率，减少教师的工作压力，提高教师的职业满意度和幸福感。

根据以上在学校实际工作中发现的问题，并结合"中国好老师"公益行动计划办公室提供的课题研究模块，我校确定2018年的课题研究模块为"教师如何有效进行心理调适、提升职业幸福感"，并结合该模块下的具体问题，明确本研究具体的研究内容为：提升教师沟通能力及职业幸福感的团体心理干预探索。我校试图在现有学校教师发展支持的体系之下，通过教师团体心理干预项目的探索和建设，提升教师沟通能力和职业幸福感。

一、研究问题确认

教师如何进行有效心理调适、提升职业幸福感，这个问题对于保持教师良好的身心状态，保持高水平的工作动机和投入，促进学校教育、教学质量稳步提升及教师队伍的稳步发展，都具有重要的意义。从前期调查来看，教师压力的主要来源分别有：个人专业发展，教育、教学工作量大，日常工作中与他人的冲突矛盾。个人专业发展和教育、教学工作压力大，从另一方面也反映出教师们对于教师工作的投入程度是比较高的。对此，学校在教师身心维护方面做出了大量的努力，包括新教师培训培养、师徒结对、教师教学基本功培训展示、邀请海淀区名师工作站专家长期来校指导教学工作，积极开展清华附中一体化教研、北部地区研修、支持教师参与各级课题研究，开通了中国知网、学科网、菁优网、百度文库等在线资源库，为教师提供了海量的在线学习资源，为教师们的专业成长发展搭建平台，提供支持。学校工会也在保障教职工权益的同时，积极开展体育锻炼、趣味比赛、养生保健、兴趣活动等丰富多彩的活动，提升教师的职业幸福感。

而在教师的压力来源中，日常工作中与他人的冲突矛盾这一点，是团体心理干预能够比较有效应对的。教师需要释放在沟通中遇到的问题和情绪感受，增进对自我和他人的认识理解。教师对于如何主动地进行心理调适、提升职业幸福感，希望有针对性的知识和体验。根据前期问卷调查，90%的教师希望了解更多心理调适相关的知识方法，64%的教师希望学校提供专门的心理调适培训活动。

因此，学校心理咨询中心试图根据教师的实际需求，提出具有针对性的团体心理干预方案，以提升教师心理调适的能力，内容包括：认识了解沟通的过程；认识情绪及情绪调整的知识方法，体验团体合作、沟通和情绪调节。

二、研究文献查阅

世界心理卫生联合会在第三届国际心理卫生大会上将心理健康定义为在躯体、智能和感情上与其他人不冲突的范围内，将个人心境发展成最佳的状态。

心理健康的标准包括：1.身体、智力、情绪十分协调；2.适应环境、人际关系中彼此能谦让；3.有幸福感；4.在职业工作中，能充分发挥自己的能力，过着有效率的生活。教师职业心理是教师在教育、教学工作中表现出来的直接影响学生身心发展及教育、教学效果的稳定的心理特性。

对教师心理健康的测评研究相对比较丰富，北京、上海、浙江及国家级课题都有对教师群体心理健康状况的测评研究。海淀区教委与北京师范大学合作开展教师心理健康测评工作，该研究数据发现，心理资本对于提升教师情绪管理能力和职业认同感有积极作用，可以有效帮助教师管理自己的情绪，缓解工作和生活中的压力，从而促进教师工作投入、提升工作绩效。具体而言，乐观和目标导向有助于提升教师职业认同感，灵活变通和韧性能够提升教师情绪管理能力。心理学相关研究表明，乐观有助于降低教师体验到的压力水平，产生积极的期望，提升自身的幸福感；目标导向有助于教师树立明确的目标，寻求不同策略和方法为之持续努力，提升工作效率。

俞国良教授等人的研究也对教师心理健康及其促进途径进行了分析，提出从社会、社区、学校、个人层面对教师心理素养提升的建议。从学校的角度来说，管理层面的工作必不可少，如降低学生和教师数的比率，缩短工作时间，提高行政管理人员对教师的压力源及其他问题的敏感性，提高群体支持，给予教师更多的工作灵活度和自主权，提供更多职前和职中训练等。[1]与此同时，一些具有针对性的干预研究也发现，针对教师的团体心理辅导等干预措施，能够有效提升教师的心理资本，提升教师心理调适能力，增强职业认同感和职业幸福感。[2][3]

基于已有研究和学校教师的切实需求，我校针对教师人际沟通这个主题，尝试开发团体心理辅导干预方案，以期提高教师自我调适的能力，从而提升职业幸福感。

---

[1] 俞国良、曾盼盼：《论教师心理健康及其促进》，载《北京师范大学学报（人文社会科学版）》，2001（1）。
[2] 万锐：《焦点解决短期治疗技术对自我效能感的影响》，载《科教导刊》，2017（10）。
[3] 潘恰、程素萍：《团体辅导在教师心理健康教育培训中的应用探析》，载《中小学教师培训》，2012（12）。

三、解决问题举措及实施

教师团体辅导以单个小规模的小组进行试验干预。小组成员通过自愿报名、报名顺序优先的方式在教师中招募。小组共13人，均为女性，年龄在28~40岁，包含语文、数学、政治、生物、舞蹈、美术6个学科。

团体辅导共计6次，每次1.5小时，利用午休时间进行。6次主题及流程内容分别如表1所示：

表 1 团体辅导主题及流程

次数	主题目标	团体辅导流程内容
1	建立小组关系，讨论每个组员对小组的期待，共同确立小组目标	1.组员及带领者介绍。 2.身体感知：不同节奏的行走。 3.情绪雕塑：分AB组用身体雕塑表达自己目前的状态和情绪感受，相互观察。 4.交流分享自己的情绪雕塑和对搭档的观察感受
2	通过活动探索工作中的压力，以及压力对情绪和沟通的影响	1.第一次活动回顾。 2.热身：抓手指游戏，"和尚喝水"的故事，听到"水"字一手抓一手逃。 3.合作画：每人画一笔表达自己当下的状态感受，然后传给下一位，在之前的基础上根据自己的理解感受加一笔，直到画传回自己手中。 4.分享交流：自己所画的内容，对他人画画的理解，说明自己的内容和感受
3	学习压力管理的方法，寻找自己的内部资源和周围的外部资源	1.游戏活动："我有你没有"。每个人伸出5个手指，然后每人轮流说一个近一个月以来想做还没有做的事，别人说的事情自己也有的话可以收一个手指，自己说的别人没有做过的话收一个手指。直到有人5个手指都收完了，没有收完手指的人，就来分享一下自己认为这些事情没做完的原因。 2.同样，说说接下来的一个月自己特别想做的事情。 3.分享活动的感受和对同他人分享进行回应

续表

次数	主题目标	团体辅导流程内容
4	通过活动练习情绪调节和压力管理。如：身体语言、绘画等表达方式	1.热身活动：情绪脸谱涂色。在活动单上将自己今天所经历的情绪涂上喜欢的颜色。 2.分享交流：分别是什么事件引发了这些情绪。 3.活动：心情涂鸦。在一个心形中用不同的颜色表示不同的情绪，涂鸦自己近期的状态感受。 4.分享：介绍自己的心情涂鸦，每种颜色分别代表什么情绪，主要由什么样的人、事所引发
5	通过活动，探索沟通中的情绪和压力，在活动中练习沟通	1.热身活动：Yes & No。两人一组，一人只说Yes，一人只说No，用不同的语气、肢体、表情，交替轮换。 2.分享：分享自己的说和听的感受。 3.带领者介绍沟通过程。 4.每人根据自己的实际情况，结合沟通过程，写一个例子。 5.分享交流自己的例子和可以改进的方法
6	回顾整个小组，总结和分享自己在小组中的体验和收获，以及在小组中发现的新的资源，讨论如何将小组中的收获应用到工作中	1.活动：我世界里的人们。选择喜欢的贴纸，代表生活中重要的他人，在世界地图里选择相应的位置贴上。 2.分享介绍自己的人际世界地图。 3.回顾6次小组活动及收获和改进期待

四、研究成效及反思

根据教师心理团体干预后的评估，教师通过团体心理辅导得到的收获分布如图1所示：教师在团体心理辅导中对情绪、沟通和压力相关的知识有丰富的了解，在生活实际应用方面也有不同程度的提升。根据2018年海淀区教师心理健康测评结果，参与心理团体辅导的教师整体心理健康水平优良，无危机预警。

结合教师团体心理干预，小组成员结合实际生活分享了个人的收获案例：

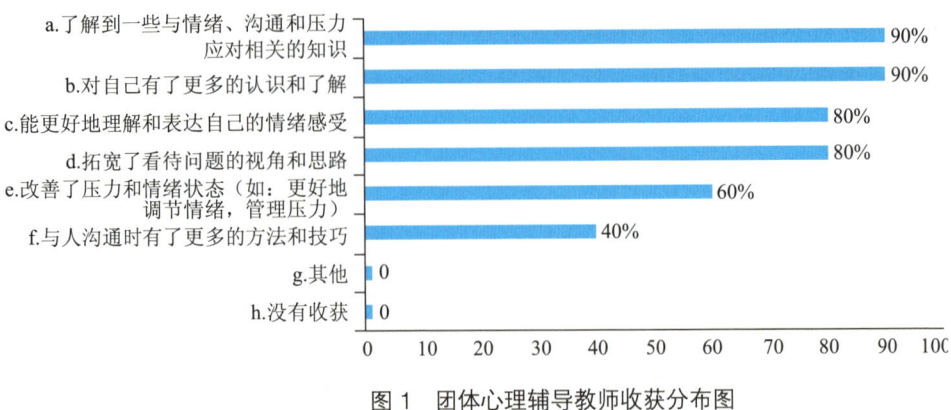

图1 团体心理辅导教师收获分布图

选项	比例
a.了解到一些与情绪、沟通和压力应对相关的知识	90%
b.对自己有了更多的认识和了解	90%
c.能更好地理解和表达自己的情绪感受	80%
d.拓宽了看待问题的视角和思路	80%
e.改善了压力和情绪状态（如：更好地调节情绪，管理压力）	60%
f.与人沟通时有了更多的方法和技巧	40%
g.其他	0
h.没有收获	0

这学期，在参加我校组织的教师心理素养提升小组6次活动后，我清晰地梳理了自己目前的工作状况，学习到一些人际沟通技巧和解压方式，对于缓解身心压力起到了重要的作用，同时，每次都满心期待参与活动也让我思考：小组活动究竟有何魅力让大家"深陷其中"？究其原因，一方面我认为教学形式活动化，激发了学习的兴趣。另一方面在丰富的活动中，组织者又总是引导大家从个体感受入手，进而开展活动，最后深度分享自己的所思、所想、所得，这种感受—活动—表达分享式的阶梯式学习方式吸引我们，使我们有所收获，因此非常受欢迎。而我本身教授的初中道德与法治课程，学习主题与学生的日常生活非常贴近，知识难度不大，重点、难点在于情感态度价值观教育，即学生真正的内化和认同，而活动型课程能够吸引学生全身心参与其中，价值深度分享能提升学生思维品质，使学生有所收获。基于此，我尝试借鉴其中的经验，并将其运用到我的日常教学工作中，打造活动型课程。

我感触最深的两次活动内容是"情绪调节和压力管理"和"我世界里的人们"。工作中，我觉得自己更习惯于使用理性脑，不习惯外显情绪，或者无意压抑了自己的情绪。所以在工作中，我很少和内在的自己对话，也很少接纳自己的情绪，经常处于疯狂工作，被"deadline"（截止时间）追着跑的状态，但越繁忙，我就越不关心自己，包括自己的情绪。这次的活动让我感受到了关注自己情绪的快乐和找回情绪脑的"正常状态"。此外，这也让我放下理智的外衣，学会变柔软，变成自己本来的样子，和自己重新联结，和家人重新联结。在"我世界里的人们"这次活动中，我更加享受，享受的原因在于我重拾了被自己遗忘了很久的人，比如我的爱人。这次活动中，李老师带领我们用小贴画的方式表达自己的人际地图，我第一个将女儿贴了上去，然后是我的家人和朋友、同事，回望自己的人际地图时，我竟然发现我的爱人被自己忽略掉了，于是我选用了他最喜欢的图案贴了上去。这次活动，让我反思在生活中，可能我误将我的爱人当成了另一个自己，所以很少关注他的需求。这次活动让我意识到了这个问题，还好悬崖勒马！

在活动中我们更好地观察自己从未细致感受到的情绪。通过简单的活动，我们更清晰地认识自己的情绪，以及进一步思考这种情绪背后的事情。只有了解了是什么引发了我们的情绪，我们才能更好地管理、控制自己的情绪。情绪稳定的教师，能在课堂中创造一种和谐与温馨的气氛，使学生如沐春风，轻松愉快，反之则使学生惶惑不安。所以，教师能够做到认知、管理与控制自己的情绪非常重要。

在一次又一次的心理活动参与过程中，我感觉到了心理学的强大力量，它让我在游戏交流座谈中一次次发现自己，更愿意打开自己的心扉，更清晰地靠近和认识了自己的内心，并让我越来越喜欢上了自己。我还把活动中用到的工具表格拿出来与我的家人和学生们分享，以期帮助他们更好地认识自己的内心世界。

本研究高度聚焦在教师心理素养提升的团体辅导方案探索上，通过设计实践，构建了6次教师人际沟通主题团体辅导干预方案。在此基础上，后续研究可以拓展参与教师的视野，并进行更加严谨的教师沟通能力、主观幸福感的前测和后测，从而更准确地了解团体辅导对教师心理素养的干预效果。此外，可以设置干预组和对照组，对两组教师的心理素养、主观幸福感和职业认同感进行对照分析。

与此同时，在学校层面，仍需继续重视教师队伍建设，加强对青年教师的培养，积极搭建教师成长平台，创设积极的工作氛围，给予教师更多的工作灵活度和自主权等，在现有良好的教师心理素养提升途径之上，积极探索科普心理健康知识、提升心理保健能力的干预活动。

点 评

习近平总书记指出："教师是立教之本、兴教之源，承担着让每个孩子健康成长、办好人民满意教育的重任。"要想教出心理健康的学生，首先要有心理健康的教师，但教师在成为教师之前，首先是一个"人"，具有普通人的喜怒哀乐。

在人人关注如何提高学生成绩的今天，文中的学校却能从源头关注教师的心理健康水平，积极进行提升教师职业幸福感的实践探索，通过系列团体心理辅导活动让教师探索压力及情绪来源，练习情绪调节和压力管理的方法，学会沟通、学会表达、学会合理地利用内、外资源，帮助他们克服职业倦怠，提高心理免疫力和抗压力，使他们安心从教、乐于从教，教师心理健康水平得到了大幅度提升。其研究成果不仅仅是教师个人之福，也是学校之福、学生之福，这种探索和实践值得推广和借鉴。

北京师范大学教师教育研究中心教授　李琼

学生第一，谈谈我心中的学生和分数

北京理工大学附属中学 相慧芬

一、背景

《义务教育学校管理标准》第1.2明确指出建立控辍保学工作机制。第1.2.6细则提出加强家校联系，配合政府部门做好辍学学生劝返复学工作。第1.2.7细则把对学习困难学生的帮扶作为控辍保学的重点任务，建立健全学习帮扶制度。从国家层面为提高全民素质而保证义务教育，避免出现因学困、贫穷、路途远等原因造成学生辍学的现象发生。但还有一种窘况就是学生出现厌学现象，人在课堂，心已辍学。前者在国家、政府、学校的共同努力下，解决起来相对容易。但后者的改变不是那么简单的事。在评价和分数的卡压下，教师教得辛苦，学生学得痛苦。这种唯分数论的意识有意无意地渗透于教师和家长心中，人们已经忽视了这种评价和考核的局限性。分数第一、分数至上，那么分数真的是最重要的吗？重要的程度甚至强过孩子的成长吗？分数和育人之间的平衡点在哪里？

二、案例和评析

这是一个普通的早晨，和往常一样，一路紧赶，因为第一节是我的数学课。我自己有个不成文的规定，第一节课一定要提前半小时到办公室，今天亦是如此。

来到工位，习惯性地翻看教案，发现教案本里夹着一个彩色信封。我好奇地展开里面的信纸，看到开头写着：

敬爱的相老师：

您好！我很想邀您静下心来听我讲一则故事：

一个七岁的小女孩，她和其他的小女孩一样，喜欢笑、喜欢唱，喜欢扎着马尾辫、穿着花裙子……她也拥有一个美丽的童年，一个无忧无虑的童年！

那天下午，就是那个可怕的下午，让小女孩的脸上失去了笑容！只见一个男孩子指着正在试新衣服的小女孩大声地对他的妈妈说："那个女孩脸上有一块黑，好丑呀！"只见小女孩下意识地捂住自己的脸，匆忙地脱下裙子，然后红着脸拉着妈妈就逃开了。从那一刻起，小男孩的话语好似泰山一样重重地压在小女孩的心上。小女孩知道自己和别人不一样……逃避、独处从此成了她的"庇护伞"！

幸运的是小女孩在小学遇见了一位像妈妈一样的老师，鼓励她、帮助她建立自信、悦纳自己，告诉她脸上的那块黑斑，是上帝在她脸上留下的爱的印记，丝毫不影响她的美丽。每个人都是上帝的宠儿，都是独一无二不能替代的。这让她的世界里充满了阳光。就这样，她在爱的呵护下度过了愉快的小学时代。现在她已经成长为一名初中生了，而且就在您教的班里，您能知道小女孩是谁吗？您愿意成为她的又一位老师妈妈吗？……

在信的最后写着"请保密！！！"

看到这里，毫不夸张地说有那种扎心的感觉，好像喉咙里有什么东西卡住一样，内心五味杂陈。觉得自己太粗心，开学已经两月有余，竟然没有关注到这位内心敏感的小女孩。我带着复杂的心情走进教室，课堂上当我的目光落在小女孩身上的时候，我能感受到她渴求的眼神。每个孩子都是上帝派来的天使，哪怕身有缺陷，他身上也蕴含着巨大的成长力量。我感受到她内心需要的不仅是一位妈妈般的老师，而且更需要一位懂她的心灵导师，去呵护她、保护她脆弱的心灵。在她心目中这个人一定是真诚可靠的，是她背后的那座大山。

下课后我的心情异常沉重，仔细想来，仅仅是因为粗心吗？怪只怪自己把注意力太多地放在学生的学业上，忘了每个孩子首先是一个立体的人，他们的喜怒哀乐都被学业分数这块冰冷的坚实的铁板遮住了，让我忽略了太多别的东西。美国通用电气公司首席执行官杰克·韦尔奇，小时候口吃，不幸中的万幸，他有一位会说"孩子，这是因为你的嘴巴无法跟上你聪明的脑袋之故"的智慧妈妈。此时的我不想找什么理由给自己开脱，我还有机会补救！我也想对小女孩说："每个人都是被上帝咬过一口的苹果，都是有缺陷的，只不过有的苹果格外香甜，上帝就在上面做了个印记，你就是那个格外香甜，被上帝做了印记的苹果！"想到这里我迫不及待地拿起笔，斩钉截铁地在信纸上写下：我愿意、我愿意、我愿意……

从我们走出师范院校，站在讲台上那一刻起，心中要培养人的梦想是不是随着日复一日的课堂与考试日渐消退呢？甚至看到每一个孩子的脸上写着的只有分数，被分数左右，在不知不觉中成了目中无人的老师！

究竟如何处理学生和分数的关系，看来不仅是我而且是我们做教师的都应该认真思考的问题。

教师眼中学生之所以有区别，很大一部分是因为学生和分数的爱恨情仇。对于那些学生是人、不是制造分数的机器，成长比成才更重要，把学生放在中央，放在突出位置等很多理念，教师不是没有，也不是不知道，只是评价的局限性使得教师在这二者之间游荡纠结。只关注分数不仅会毁掉学生的好奇心、求知欲，而且还对学生适应未来有百害而无一利！

至圣先师孔子，是学生喜欢和爱戴的老师。一次，子路问："闻斯行诸？"孔子说："父兄在，焉能闻斯行诸？"后来另一个学生冉有问同一个问题，夫子说："听了当然要去做。"另一个弟子公西华迷惑了，夫子解释道："冉有平日做事退缩，所以我鼓励他；子路行事勇气超人，我认为他太过刚勇，所以我压压他。颜回敏而好学，子路率直勇敢，子贡谦虚精明，冉有城府深厚，曾参老实勤奋，宰予大大咧咧，樊迟老实忠厚……"孔子对于自己弟子的长处和短处，做到个个心中有数，对学生的评价也是从学生的内在发展进行评价。孔子是因材施教的典范，与其说孔子是其弟子的老师，不如说孔子是每一位弟子的心灵导师。

学生首先是人，这就决定了教学是一个复杂的系统工程。从学习者的角度讲，学生的学业水平并不仅仅由智力因素决定的，还受非智力因素如学习的动力、学习的态度、学习的毅力和学习的方法等影响。因此,"育人教书"的说法应该蕴含一定的道理。试想教师目中无人,和学生的互动媒介只是书本里的知识,没有学生的积极配合,又怎能让学生愿意并学好您教授的知识呢?西方人研究有三种行业要靠合作,才能产生好的效果:农夫耕田靠天的恩赐;医生医术发挥要有病人配合;教师教书更离不开学生的配合。美国学者费朗斯·傅乐曾提出"教师关注阶段论":教学前关注阶段、早期生存关注阶段、教学情境关注阶段、关注学生阶段。由此看来,关注学生对教师而言是成长的高级阶段,是教师成熟的标志之一!

我曾对2009年刚毕业的初三学生做过问卷调查。在这次的问卷调查中发现,学生字里行间大都感谢教师给予他们的教育,尤其是学习出现滑坡、情绪波动、信心不足时,彼此的交流都给他们留下了深刻的印象,也都在问卷中表达感激之情。相反,教师教的学科知识孩子们却很少提及。多年以后学生淡忘的是书本里的a、b、c、1、2、3,记住的是爱和微笑,是那些在他跌倒时轻轻扶他站起来的,那些在他迷茫时给他指过路的,那些在他绝望时投来信任目光的老师。所以,从每一次学生留给我的只言片语中,我都深刻地感受到,学生会牢记、感恩于你的爱心,哪怕是你不经意的一句话、一个眼神、一个动作,都能在学生心里激起涟漪,可能都会给予学生无穷的动力!所以,教师的职业就是用大爱做小事!作为成长中的小大人,其特殊的成长期更加需要值得信任和能说心里话的朋友,承担着这一特殊阶段的教育任务的教师,要义不容辞担起这份责任。

难道说学生成长和分数之间有那么纠结吗?

还让我们回到寻求帮助的小女孩身上。当我写下"我愿意"三个字的时候,我也开始思考,如何当好这个"老师妈妈"?既让她感受到来自我的呵护和关爱,还要让她觉得舒服和自然。更重要的是如何让她的内心强大起来,这才是她永远的保护伞。为此,我采取多交流、共阅读的做法。比如,我推荐她阅读《简·爱》这本书,了解简·爱在最需要爱的年纪,饱受白眼、冷漠依旧坚强。她不仅不自暴自弃,而且用自己的努力,告诉别人——"你以为,因为我贫穷、卑微、矮、不美,我就没有灵魂,没有心了吗?——你错了,我也有和你一样的灵魂,和你一样的一颗心!如果上帝曾给我一点儿美丽、丰富财产,我也会让你感到难以离开我,就像我现在难以离开你一样。我现在是用我的心灵和你的心灵对话，站在上帝面前，我们是平等的。"是的，阅读会让人内心强大起来，阅人思己，才能独立面对许多问题和困难，才能让自己成为自己的保护伞，别人终究只是保你一时一事。就这样，我们以书为媒介，以她面临的问题和困难为靶子，经常谈心交流。更有意思的是，我还和她一道描绘将来的她——自信、气质、知性、友善！为此我推荐她阅读知性的杨绛、优雅的民国女子等相关书籍，也建议她学习一些克服心理自卑的方法，让她朝着描绘的未来的那个她去努力。带着自信与对美好的憧憬，小女孩的学习成绩不断提高，当她拿到中考高分成绩单的时候，带着灿烂的笑容来到我面前的时候，抱住我叫着"老师妈妈"的时候，我内心的幸福感是无以言表的。在这里我特别要说一句，我俩的交流很多，但这其中的学科交流却是少之又少的。

青春期的孩子有很多的不确定性，需要用我们的爱心、耐心、诚心启发孩子，通过细节做足教育的工作，就会迎来每株小花开花的季节！怕只怕因为我们的失误和不经意，让孩子对我们关上心门，从而错失教育和关爱孩子的机会。我很庆幸和感谢小女孩给我机会。因为这样的经历，我特别想对亲爱的老师们说，请您珍惜您手中拥有的教育权力和机会，让那些稚嫩的目光坚定地投给你！分数固然重要，但绝不是第一和全部。更何况分数和学生之间不是一对不可调和的矛盾，摆好学生在前、分数在后的位置，何愁没有分数，这就是不为分数赢得分数。

现在都提倡有安全感的课堂，这种课堂就是在协调学生和分数的关系。所谓安全感就是让教师和学生都能感受到关爱、平等、尊重、包容，学生在课堂上敢于说出自己的不懂，勇于提出关于学习的各种问题，不会担心因为课上的鲁莽和无知而受到否定和嘲笑。心理学研究表明，当学生的身心处于最佳状态时，他们学得最好。从生理学的角度说，稳定的、良好的心态是促成健康、快乐成长的重要因素。这样的课堂能让学生的思考和学习真实发生，安全感其本质就是先明确了学生是人，其次是人在学习，真金白银的分数是水到渠成的。

其实从学校的产生看，师生本就是平等的，尤其在知识面前师即是生，生即是师。路易斯·康说："学校源于一个人坐在树下，与另外几个人谈论自己的想法。谈的人不知道自己是老师，听的人不知道自己是学生。'学生'们听得出神，不禁惊讶万分，要是这个人留下来多好啊。他们就在那个所在地划出一个地方，于是世界上就诞生了第一所学校。学校的诞生是不可避免的，因为它代表了人类欲求的一部分。"学校是为了留住"高人"而产生的，这个"高人"就是理想中的教师！大学非高楼也，师生原本就是平等的，没有角色之分的。先知者和博学者就是老师。知之甚少者就是学生。提醒我们做教师的，当今获取知识的渠道很多，教师的权威性在下降，学生的视野和知识面未必都不如教师，老师就要时刻告诫自己，我们都曾经是一名学生，现在和将来也还是一名学生。为学生营造有安全感的、教学相长的课堂是解决学生和分数矛盾的主旋律，也是我们做到目中有生的好路径。

我一直好奇，小女孩为什么在教她的众多老师中，选择了非班主任的我，我没有去追问，也许因为我的某句话、某个动作、某个眼神，让她感受到了温暖，抑或我画在她作业本上的笑脸，让她感到安全和欣慰，总之我不得而知。但我清晰地知道，我的数学课从来都是多管闲事的数学课，评热点论人生，大道理没少讲。学生喊你一声"老师"，你就有责任承担教育的责任，教育学生从来都不是班主任的专利，全员德育也是做教师的义务。就让我们珍惜教师这一特殊的幸福职业，在平凡的工作中演绎好一个个精彩的教育故事，以良好的心态、阳光的精神在每一天的清晨，迎接上帝给予我们的天使吧！

比起"教师"这个称呼，我更喜欢"心灵导师"！当然，"老师妈妈"也不错！

点评

在本案例中，作者所说"立体的人"接近于一种人本主义的教育观，即对学生整体的关注，相信学生是发展的、有个性的个体，将教育看作复杂的系统育人工程。作者做女孩的"老师妈妈"，不仅付出了一片赤诚真心，而且十分讲究方法：利用阅读引导学生建立起强大的内心，正是体现出培养学生健全人格的终极目标。

从"目中无人"到"目中有人"，作者在课上课下"看见学生"，让学生感受到平等、被尊重、被包容，进而建立起有安全感的课堂，在这样的课堂上不仅有信息的交流，而且有情感的互动，学生全面的成长已经不能再用单一的分数来衡量，教育回到了最纯粹的模样。

作者的教育科学理论意识较强，也是一个突出的优点，例如其利用教师关注阶段理论来分析问题，说明作者对作为教师的专业发展有较强的元认知能力。行文中不乏引经据典，论证充实。

北京师范大学教师教育研究中心教授　李琼

坚守教师岗位，做幸福好老师

北京市信息管理学校　韩卫红

现代社会竞争非常激烈，中职教师也因职业状况产生种种心理压力。教师的心理压力问题不仅影响教师的身心健康、工作热情，而且降低工作效率，同时它也会影响学生的心理健康水平。教师是学生认同的楷模，在师生日常接触中，最能发挥潜移默化的作用。因此，有效进行心理调适，提升教师的职业幸福感必会对工作产生积极的促进作用，也会使学生健康发展。

根据学校在实际育人工作中发现的问题，并结合"中国好老师"公益行动计划办公室提供的育人模块，我校确定2018年的育人模块为"教师如何有效进行心理调适、提升职业幸福感"，并明确研究其中的一个问题，即：在高度紧张的工作状态下，教师心理放松的方法和途径。

一、设计调查问卷，初探教师心理健康情况

为了解学校教师的心理健康现状，我校在上半年对学校近400名教职工进行了问卷调查。问卷调查的结果显示，绝大多数的教师都认为自己存在这样或那样的心理问题，存在压力感。90%以上的教师认为自己存在过焦虑、职业倦怠、心情郁闷、情绪烦躁；80%的教师在工作上有压力感，存在不能以积极的心态面对工作和生活的现象；更有60%以上的教师很容易将负面情绪带到工作中来、缺乏热情和创造性。

二、形成教师心理压力以及职业幸福感下降的原因分析

结合问卷调查，分析教师产生心理问题的因素主要在于：

1.教师们有评职称的问题。对中职教师的要求既希望你是科研型、创新型教师，又希望你是学生学习的参与者、促进者、指导者，同时更要求中职教师是"双师型"教师，客观上要求教师要不断学习，不断提升自身素质。这些都需要教师们付出很大的努力。

2.中职教师还要面对教学改革的压力和繁重的工作任务。在校内，教师参加各种竞赛、各种考核，不仅要上好课，而且要迎接各种检查、推门课，参加课题研究、不断学习充电。另外，由于普高扩招，中职学校招收的都是被普高挑剩的学生，其中有很多的"问题"学生：学习基础薄弱、学习习惯差、叛逆心强、在初中学校得不到关注、缺乏积极向上的动力。教师们要付出很多努力与很长时间解决学生的问题。班主任还要面对调皮的学生、难缠的家长……8小时工作之外，还要备课、批改作业、家访、完成个人进修、写论文，回到家也不能得到休息。

3.社会、家庭对教师的期望值过高，希望教师多角色融于一身。教师还需在家庭和社会中承担一定的角色，就需要教师发展多种能力。这些都会使教师的幸福感降低，产生心理压力。回到家里，还要当人父、人母、人子，但是孩子学习成绩、老人生病住院、自己的身体状况、两点一线的单调生活等，都在困扰着学校的教师。

4.个人的理想与现实的落差，发展的要求与个人能力之间的矛盾，会使教师产生极大的心理负担，影响身心健康。

三、开辟多种途径有的放矢地减压，让老师们愉悦工作和生活

学校意识到唯有教师拥有持久的职业幸福感，才能在教育岗位上迸发出无限的教育热情和教育智慧。因此，学校针对教师的情况，关注教师的身心健康，重视心理疏导与减压工作，积极想办法给教师减压，提升教师的职业幸福感。

（一）加强机制建设，让教师在积极正向的氛围中工作学习

1.量化评价考核制度，多部门考核，公平、公正评价教师

为了维护正常的教学秩序，保证教学工作规范，同时，建立客观公正、正面激励的教师评价制度以满足教师的成绩感，学校出台了《北京市信息管理学校教师量化考核评价实施细则》。考核指标分为工作态度、教学常规、专业提升与教学效果四个一级指标。其中，教学常规又分为上课与管理、作业与考试、听评课三个二级指标；专业提升分为进修培训、教研活动、校内比赛及课题项目四个二级指标。该制度对每个指标的核定都有明确的要求，对教师开展教育、教学的各环节工作逐步细化管理和操作规范。通过教学、教育、教科研、教研组几个部门对教师一年的教育教学工作进行检查考核，体现公平公正。学校出台量化考核的规定，为教师提出了规范的工作要求；同时，激发教师化压力为动力，化他律为自律，自觉主动地开展工作。

2.健全学校的奖励机制

为了更好地体现绩效，强化激励，依据"多劳多得，优劳优得，兼顾公平"的原则，学校出台了《北京市信息管理学校绩效工资实施方案（草案）》，奖励教师在一年工作中的业绩，教师无论是发表论文，还是出版著作，还是参加大赛等，都给予相应的奖励，鼓励教师积极参加各种教育、教学活动。奖励机制的建立，调动了老师的积极性，也让老师们看到只要努力付出就会有收获。

3.多层次培养教师，让教师有归属感

这一年，学校建立以培养首席教师团队、骨干教师团队、竞赛教师团队为抓手，带动全体教师提升教学能力的培养模式，有序推进教师队伍培养，提升教师的整体素质。

（1）聘请首席教师，发挥领军功效

聘请专业系主任、教研组长为学校首批首席教师。利用他们的专业优势，在师德、教学实践、专业技能、科研开发等方面发挥示范、引领和辐射的作用。

（2）培养骨干教师，打造职教名师

学校对全体教师进行梯队培养，制定分级培养方案，搭建发展平台：普通教师向骨干提升，骨干教师向学科带头人提升，学科带头人向特级教师提升。

（3）以竞赛为契机，培养教练型教师

以竞赛（教师大赛、学生技能大赛）为契机，组建竞赛团队，培养教练型教师。

（4）面向全体教师，进行多样化培训

在培养各个团队的基础上，整体把握师资队伍建设，适时开展对全体教师的培训，提高教师综合能力。开展面向青年教师、骨干教师和全体教师的分层培训，面向公共基础课、专业课教师的分类培训，开展教法学法、信息技术应用、科研课题、企业实践等分项培训，促进教师的专业能力、职业能力与科研能力的提升。

在实际工作中，教师急需学习充电，又苦于时间和精力不够。学校积极开展校本培训，解决教师在学习与工作中存在的问题：从专业建设、课程建设、课堂教学、现代教育技术、岗位实践、课题研究多方面设计课程，邀请教育教学专家、企业顾问、校内优秀教师做讲师，采用培养与引进相结合，专职与兼职相结合，讲座与实训相结合，参加与体验相结合的培养方式，教师各取所需，有所收获，在一定程度上取得进步。教师通过校内培训，在一定程度上解决工作的问题，降低了工作的压力感，从而提升了幸福感。

（5）师带徒，结对子

虽然近几年学校一直没有补充年轻教师，但我们始终秉承"传、帮、带"，聘请在本学科具有丰富的工作经验和方法、扎实的专业知识及良好的职业道德和工作作风的骨干教师为师傅，帮助在教学理念、教学经验、教学方法、教科研水平等方面有意愿提高的教师成长，打破年龄界限，通过"结对子"的模式，互帮互学，各取所长，共同进步，进而全面提高学校师资队伍的整体素质，全面落实教师专业化发展梯级培养。本学年学校共有52对教师结为师徒关系，师徒人数占一线教师的三分之一，涉及23个专业方向，分别在课堂教学设计、教材编写开发、教法学法指导、课题研究、论文撰写、创新能力、大赛指导等方面进行学习研究，互学互助，共同提高。师徒间履行师徒职责，师傅尽心指导，徒弟虚心学习。每学期制订培养计划，开展定期指导，学期末进行总结交流。通过师带徒的方式，许多教师在不同方面取得了进步，教学能力得到了提升，降低工作中的困惑，提升职业成就感，从而让教师感到工作的幸福。

（二）学校多角度、多层次投入，关注教师心理健康

1.校领导的支持与关心，有效减轻教师的心理压力

学校领导经常深入基层，了解教师的实际需求，为教师排忧解难。同时，学校也为教师搭建发展的舞台，提供各种机会让教师们学习提高。送教师外出参观、培训、进修，增长见识；鼓励教师参加各种比赛，聘请专家为教师们做指导，让教师展现更好的自己。为支持教师创新创业，学校建立萤火创客空间，集创新、创业、创意于一体，师生可以一同开展项目合作，也可以进行分享、创造与交流。

2.改善环境，让教师在愉悦的氛围中工作

学校在每个校区开辟一片区域，作为教师活动休息场所。大家可以促膝谈心，也可以杀一盘象棋，旁边设立的书吧提供热气腾腾的咖啡……同时购置健身器材，让老师们在繁忙的工作中锻炼身体。改善就餐环境、提高饭菜质量，给老师们家的感觉。同时，美化校园环境，增设花园式教学园区，让老师们在紧张的工作之余放松心情，减缓压力。

3.关注教师身体健康

俗话说："身体是革命的本钱。"没有一个好身体，就无法好好工作。学校每年都组织教师进行体检，适时增加有针对性的专业体检，如女教师两癌筛查等，让教师们及时了解身体状况，防患于未然。

为减轻教师的工作压力，丰富教师的业余生活，让教师在紧张的工作之余放松心情，学校组织开展多种形式的活动。

（1）开办心理健康讲座，进行有效疏导

针对教师工作及心理上存在的问题，学校的心理教师为教师们开办心理健康教育专题讲座，利用坐班时间组织教师们进行心理疏导，同时经常性地为老师们提供减压小常识，以此让老师们关注自己的心理健康。

（2）开展多种形式的减压活动

①开展多种形式的文体活动

学校注重教师的身心健康，提出"每天锻炼一小时，健康工作五十年，快乐生活一辈子"。四个校区均购置了健身器材，教师们利用课余时间，跑跑步、伸伸腰、出出汗，舒缓身体，心情顿时放松了不少。利用校区位置优势，

学校组织教师到北土城元大都遗址公园和奥林匹克森林公园赏秋观花，健步走。学校组织教职员工参加海淀区工会组织的"长春杯"越野赛；组织教职员工参加春、秋两季校区运动会，乒乓球、羽毛球等比赛，与学生一样在赛场拼搏，挥洒汗水。通过多种体育活动，提高了教职员工的身体素质和健康水平。

另外，学校在秋季组织教职工摄影比赛，发现校园之美、生活之美、秋天之美。组织教职员工学习插花、制作小点心，邀请银行工作人员为我们讲授理财知识，请老中医传授养生常识……

②有针对性的减压活动，丰富教师的精神生活

利用校区专业优势，发挥教师专长，全面铺开，有序推进，组织有效的减压活动，让教师们释放压力，快乐工作，轻松生活。

清河校区，以"开心课堂"的形式组织减压活动，由服务系的王秀娇老师为老师们带来"压花制作——书签和钥匙链"的释放压力的体验活动。压花就是利用物理和化学方法，将植物材料包括根、茎、叶、花、果、树皮等经脱水、保色、压制和干燥处理而成平面花材，经过巧妙构思，制作成精美的装饰画、卡片和生活日用品等植物制品的一门艺术。

中关村校区，开展的是以"健康是最大的利益，心安是最大的幸福"为主题的心理减压活动。活动由国家二级心理咨询师、校区心理老师贾云鹰老师主讲，德育组徐跃跃老师担任活动总指挥，校区全体教师参加。心理减压活动由热身活动天气预报、看谁反应快，抓手指游戏、正念减压，吃一粒葡萄干三部分组成。全体老师在贾老师的指导下集体或分组完成。减压活动快慢结合，活跃有序，在紧张工作之余让生活慢下来，无论做什么事都要专注，用欣赏的心态来完成工作，心情也会愉快。

花园路校区，通过沙画制作缓解职业压力，此次活动由国家二级心理辅导师于晓敏老师主讲。在藏语中沙画的意思是"彩粉之曼陀罗"。佛教沙画富有深奥的佛理，僧侣本身的创作过程也契合了图画的意境。创作沙画就是一种减压方式，亦是一种修行。沙画的制作需要组员共同选色、配色，对沙画进行整体结构的统一，每人完成不同部分相同内容的制作。老师们抛开忧愁，专心制作，互相交流，共同协作，欢声笑语萦绕在耳边，此时感受到的只有和谐与从容。随着第一把彩沙的入画，粉艳的西瓜红打开了大家僵硬笔直的大脑，各色细沙在手指尖滑落，高山、流水、田园、农舍、绿草、鲜花……纷纷展现在

眼前。活动历时一个小时，大家眼看着眼前的黑板纸一点点变成五彩斑斓的画面，又一起动手将细沙汇聚一起，观看色彩的奇妙变化，大家的心情也越来越轻快。

蓟门桥校区，开展的活动分为歌唱活动、巧手制作和经络养生。歌唱活动，利气舒心健体，唱出激情活力，前半场由张子萌老师教大家学习民族歌曲演唱，后半场由白天华老师教唱流行歌曲。每个神经都跳动着喜悦，拂去所有烦恼与不快。巧手制作，动动手指，美化生活。包艳群主任介绍了花的结构，指导花的剪法及配色的技巧，耐心指导老师们开始非洲菊的制作实践。轮到老师们动手，大家都认真地剪起花蕊，有说有笑，相互看看对方的花蕊模样，再讨论怎么做更好看，整个活动欢乐有趣，让人忘记了工作的疲劳。经络养生，守护健康。张冶老师精心设计了活动内容，摒弃了经络行经路线的密集讲解，增添了艾灸穴位疏痛法，既保持了养生体验课的连贯递进和丰富多样，又侧重了减压活动的喜闻乐见和简单易行。艾灸透入肌肤的温热舒适让老师们放下矜持、抛却迟疑，相继点燃艾条，在身体痛区感受自然中另一种生命散发的奇异热量和动人光晕。一缕青烟袅袅、一丝艾香幽幽、一团殷红明灭，如来自浩瀚宇宙的轻声低语，带着老师们神游于无垠、思接于千载。与此同时，部分老师三三两两相互拔罐、刮痧，体验微痛之后身体的轻松和舒朗。

一位老师写下的感想：

> 减压的活动让我们感到快乐和放松，我觉得这仅仅是个引子，它启迪我们的才是最重要的。一是要活在当下，既不对过去满怀忧虑，也不对未来心存迷惘，抛掉一切负能量，愉快、充满活力地生活工作。二是要放慢生活的节奏，用身体心灵觉察品味生活中的美好，就像阿尔卑斯山路上的标语提示的那样：慢慢走，欣赏啊！这样才会活得有趣味。三是在日常生活中要不断给自己正面的心理暗示，这样才能身心健安，当然这不是逃避，而是不知不觉中增强了自己的抗压能力。

各校区开展的减压活动，让老师们更加关注身心健康，更加关注心情愉悦，用更多的微笑、更多的从容、更多的生机构筑和谐美好的工作。

（三）鼓励教师自我调适，用平和的心态对待工作

1.正确地评价自己，建立合理的职业期望

教师要能够正确地认识自我，承认自己的优缺点，同时要自信，相信自己的工作价值，乐观、积极、自尊而不自卑。保持正确的心态，对不平、不满能泰然处之。

2.培养自己良好的品格和积极乐观的心态

保持积极乐观的心态是提升幸福感的一剂良药。在困难面前想办法应对，而不是唉声叹气。学会控制自己的情绪，选择适合自己的方式宣泄，听音乐、旅游、看书，向朋友倾诉，都不失为好办法。

3.学习一些心理学常识，及时进行自我调节

鼓励教师学习一些心理保健知识，随时调整不适心态，减轻心理压力。同时，学会善待自己和正确评价自己。

4.以宽容的心态对待学生

正确地看待学生，学生出现的问题其实都是成长中的问题，摒弃老旧观念——学习好就是好孩子，多看学生的优点，多挖掘学生的长处。

针对年初调查问卷反映出的教师存在心理压力等问题，学校这一年积极尝试多渠道、多形式对教师减压开展活动，使教师在愉悦的氛围中工作，心情更为舒畅，进一步提高了工作满意度与工作效率。我们对部分老师进行了访谈，很多老师表示学校重视教师的心理减压，重视教师的心理健康，重视教师的专业发展。学校关注每个教师的成长进步，创造更多的机会实现教师的自我价值，从而让教师觉得幸福，在繁忙的工作中享受教书育人的快乐。

在"教师如何有效进行心理调适、提升职业幸福感"研究上我们依然任重而道远。

附录

北京市信息管理学校教师心理健康现状调查问卷

亲爱的教师：

您好！

为了进一步了解学校教师的心理健康状况，现进行心理健康调查。本次调查旨在了解学校教师的心理健康状况，后期有针对性地进行心理调适。请您根

据自己的实际情况完成此份问卷。感谢您的参与，祝您工作愉快！

1.您的性别：男（ ） 女（ ）

2.您的教龄（年）：6~10（ ） 10~20（ ） 20年以上（ ）

3.您的职称：中学二级（ ） 中学一级（ ） 中学高级（ ）

4.您所担任的学科：文化课（ ） 专业课（ ）

5.您学校的岗位：普通教师（ ） 行政人员（ ）

6.您是否担任班主任：是（ ） 否（ ）

7.您认为您自己的身体状况：很健康（ ） 良好（ ） 一般（ ） 很差（ ）

8.您平时有失眠现象吗？

经常（ ） 偶尔（ ） 很少（ ） 基本没有（ ）

9.您是否遇到过心理问题？

经常（ ） 偶尔（ ） 很少（ ） 基本没有（ ）

10.您是否急躁或容易发火？

经常（ ） 偶尔（ ） 很少（ ） 基本没有（ ）

11.工作中，您觉得以下哪个方面给您带来压力？（可多选）

职称评定（ ） 个人成长需求（ ） 岗位竞争（ ）

迎接各种检查（ ） 课堂教学（ ） 学生难管（ ）

社会与家长的压力（ ） 人际关系（ ） 家庭原因（ ）

12.您觉得学校带给您的工作压力大吗？

非常大，快让人受不了了（ ） 很大，但我还能接受（ ）

一般，应对自如（ ） 没觉得有压力（ ）

13.您希望学校开展心理辅导或干预吗？

需要（ ） 不需要（ ）

14.您是否需要学校开展心理减压活动？

需要（ ） 不需要（ ）

14.您希望学校组织开展哪种形式的减压活动？请举例说明。

点 评

  北京市信息管理学校就如何有效进行教师心理调适以及提升职业幸福感进行了调查研究。首先设计调查问卷，探究了教师心理健康情况，发现大多数教师存在心理问题，感受到压力。造成压力的主要原因包括评职称等标准、教学改革压力和繁重的工作任务、外界的期望值过高，以及个人理想与现实的落差等。从而提出多种途径进行减压，包括加强机制建设，让教师在积极正向的氛围中工作学习；学校多角度、多层次投入，关注教师心理健康；鼓励教师自我调适，用平和的心态对待工作等。

  学校重视教师的心理健康与专业发展，使教师得以不断进步，实现自我价值，提升职业幸福感，在压力中迎难而上、获得成功。教师作为教育教学的主体之一，需要具备充分发展的机会，才能导出优质的教育教学，从而培养出全面发展的、身心健康的学生。因此教师的心理健康与职业幸福感等问题应该得到充分重视。

北京师范大学教师教育研究中心教授　李琼

聋校教师心理健康现状分析与对策研究

北京市健翔学校　顾燕

素质教育的深化不仅对教师的知识结构、教学技能提出了较高的要求，而且也对教师的心理健康有了更高的期待和要求。聋校教育的特殊性令教师承受了比普通学校更大的压力，对他们的身心健康也产生了严重影响。[1]分析聋校教师的心理健康状况，并提出合理的应对策略，是提升聋校教育质量、深化聋校素质教育的重要保障。

一、聋校教师心理健康的重要性

教师是教育教学活动的组织者和领导者，是学生健康成长的引路人。教师的心理健康状况不仅影响其教学方法和教学效果，而且也会对学生的身心发展产生潜移默化的作用。由于聋孩身体和心理的特殊性，聋校教师不仅需要掌握特殊的教学手段和教学方法，而且需要极大的耐心和心理承受能力，甚至需要极强的心理辅导能力。聋校教师自身的心理健康对教育教学效果及聋孩的健康成长至关重要，主要表现在以下几个方面。

（一）提高自身教学能力，提升整体教学效果

聋孩感知范围窄、语言形成困难、发展缓慢、智力水平相对较低，导致其

---

[1] 徐美贞：《特殊教育教师心理健康状况的调查研究》，载《中国特殊教育》，2004（2）。

接受能力比正常孩子差，因此，面对聋孩的教学需要有多样化的手段，需要教师付出更多的时间去不断更新教学方法。这不仅考验着教师的耐心和心理承受能力，而且更是对教师是否热爱聋孩教育的检验。只有自身心理健康、对聋孩有爱心、热爱特殊教育的教师才有热情去付出更多的努力不断完善自己、不断提高自身教学能力，从而带动聋孩教育整体水平的提升。①

（二）融洽师生关系，引导学生形成正确的人生观和价值观

聋孩渴望美好世界的心理比正常孩子更强烈，感知教师影响的能力相对更强。聋校教师与聋孩每天长达十几小时的相处，必然对孩子产生潜移默化的影响。一个心理健康的聋校教师会自然地将其阳光、正能量的生活传递给学生，在营造融洽、和谐师生关系的同时，强有力地引导聋孩形成正确的人生观和价值观，乐观面对各种困难，从而快乐、坚强地生活。

（三）活跃学习氛围，大力提升学生学习兴趣和学习效果

榜样的力量是无穷的。具有良好心理素质的老师，在面对各种聋孩问题的时候会用自己的耐心、热情、乐观来化解矛盾，鼓励甚至感染学生形成一种轻松、快乐的学习氛围，从而促使学生产生强烈的求知欲和学习兴趣，愉快地接受老师的教育，并积极发挥自己的主观能动性和学习潜力，其学习效果不言而喻。

二、聋校教师职业压力和心理健康现状

由于教育对象的特殊性，聋校教师面临着更大的职业压力，主要有以下几个方面。

（一）学生管理方面

失聪让孩子损失的不仅是听力，而且还有感知世界、理解世界和接受世

---

① 吴樟兴：《中学教师心理健康状况的调查研究》，载《教育探索》，2002（5）。

界的能力，因为聋而缺乏安全感、自卑、自闭的不在少数。因此聋孩的管理工作远不止生活管理那么简单，大量的心理疏导和帮助必不可少，教师的陪伴显得尤其重要，这需要教师投入大量的时间和精力。

（二）教育工作方面

聋孩接受能力差甚至有抗拒教育、封闭自己的情况，教育工作方面需要教师能走进孩子心里，把握孩子的变化，激发孩子的学习兴趣，不断更新教学手段和方法。因此，聋校教育提高教学水平需要付出更加艰辛的劳动。

（三）能力素质要求方面

聋校教师需要有更高的专业技能和自身素养，专业技能上要求教师要有广博的科学文化知识和不断更新创新教学手段的能力，自身素养上要求教师关心聋孩、热爱特殊教育、具备较强心理辅导的能力，因此聋校教师面临更高的能力素养要求。

（四）环境条件影响方面

教育教学活动中的影响是相互的，聋校教师在用自身正能量影响孩子、教育孩子的过程中，不可避免地会受到各种情况的影响，特别是诸多消极因素的影响，这就要求教师要有抵抗消极影响，无障碍发挥积极影响的能力。

（五）待遇价值方面

聋孩教育烦琐而艰辛，但收入待遇提升和自身价值体现方面的机遇却微乎其微，一辈子努力的结果也可能仅仅是一定数量的聋孩较好地融入社会自主生活，但这却很容易湮灭于世界巨大的经济浪潮之中不受人关注，因此要求教师要有淡泊名利、俯首甘为孺子牛的精神。

鉴于工作对象的特殊性、工作环境的特殊性和较高的职业压力，聋校教师更容易出现职业倦怠和各种心理健康问题，包括强迫症、抑郁、焦虑、敌对、恐惧、偏执等，轻微的也有神经衰弱、食欲不振、人际关系敏感、易怒、精力衰竭等症状，由此引发的同事关系紧张、家庭不和谐，严重的则造成自身身体出现健康问题，聋校教师癌症患者比例较高就说明了这个问题。[1]网上调查结果表明，聋校教师心理问题检出率显著高于普校教师，且不同因素的聋校教师心理健康问题不同，比较结果为：①性别差异，女教师在角色认同和自我调适方面均逊于男教师；②年龄差异，35岁以下的低年龄教师心理承受能力和处理复杂事务的能力显著偏低；③学历差异，存在两极分化现象，低学历教师自然认同感强，高学历教师素质性认同感强；④特教教龄差异，职称级别低的教师心理承受能力、处理复杂事务能力弱；⑤家庭收入差异，家庭收入低的教师心理承受能力、人际关系显著低于家庭收入高的教师。[2]

因此可以得出结论，聋校教师面临的职业压力、工作环境、教育对象的特殊性导致其更容易出现心理健康问题，其中女性、低年龄、中等学历、特教教龄不长、家庭收入较低的教师更容易出现心理健康问题。

三、聋校教师心理健康问题原因分析

除了职业、环境和对象造成的压力外，聋校教师心理健康出现问题还有四个方面的原因。

（一）教育管理不合理是教师承压的重要原因

聋校教师本来在教学能力、自身素质等方面就承受了较大的压力，教育管理不合理则进一步增加了教师的工作压力。俗话说，幸福的人一个样，不幸福的人则各有各的不同。聋孩也一样，聋校学生普遍存在数量少但来源广、年龄跨度大、自身情况变化大等特点。大部分教师都承担着从小学到高中的跨学段、跨学科的教学任务。教师除平时承担大量的教学任务之外，每学期要同时编写不同学科、不同学段的教案。此外，很多教师还承担着班主任的工作，每周固定有4节课时参与教育时间，还要组织学生参加各种校内外活动，

---

[1] 梁盼：《我国教师心理健康状况研究综述》，载《西部素质教育》，2016（1）。
[2] 徐美贞：《特殊教育教师心理健康状况的调查研究》，载《中国特殊教育》，2004（2）。

加上值周工作、早读、课间操、中午食堂管理等，教师只要一到学校，就基本没有休息时间，不停地忙着备课、上课、批改作业、处理班级事务、联系家长等。除了教育教学方面，教师们在聋校课改、教学研究方面也投入了大量时间与精力，很多教师都处于超负荷状态，这就给教师带来了很大的心理压力。

（二）家校合作的不顺畅无形中给教师增加了大量压力

聋校学生大多采取寄宿制，学生大部分时间在学校度过，从而造成孩子与父母沟通少。由于90%的聋孩出生在有听觉的父母家庭里，但大部分父母不懂手语，而且不愿意学手语，造成了家长与孩子沟通困难。聋孩家庭普遍收入低，家长本身受教育程度不高，聋孩在家受重视程度不够，所以大部分家长在教育投入、学习环境及教育方法上都有很多不足，造成了家长的教育部分也推卸给了学校教师，尤其是班主任。教师的精神状态经常处于持续紧张和长期得不到放松的状态，从而导致教师心理不堪重负。

（三）社会的淡忘使得聋校教师难以获得应有的认同感

聋孩是少数群体，也是弱势群体，为聋孩教育付出了大量辛勤劳动的教师们在国家经济快速发展、社会环境快速深刻变化的今天很难引起社会的关注。人们知道歌星、影星、大商人、科学家，却很少知道特殊教育是什么，搞特殊教育的人们在干什么。他们的付出常常得不到社会的认可，难以获得应有的认同感。这也是造成聋校教师价值危机和心理压力的重要原因。

（四）个人缺乏奉献精神也是造成自身困扰的内在因素

内外交困最考验人的意志。聋校教师在收入不高的情况下很容易陷入内外交困的局面，意志不坚定、缺乏奉献精神的教师，必然面临巨大的心理冲击和感情困惑，如果得不到及时疏通，发生心理健康问题的概率必然大增。

四、聋校教师心理健康问题对策建议

针对上述问题，本文建议从学校教育管理与教师自我调节两方面着手，来应对可能发生的心理健康问题。

（一）学校教育管理的优化

1.教育管理部门要加大教师身心健康关注力度

教育管理部门应当以人为本，关注教师的身心健康，主要做法包括：建立合理的管理制度，创设公平的竞争环境，实施民主管理；合理安排工作量，建立相对完善的评价机制；建设和谐进取的校园氛围，积极协调学校人际关系；切实关注教师工作环境，特别是一线教师的工作环境。通过制度建设和环境建设，为教师搭建健康发展的平台，为他们的心理健康保驾护航。

2.充分利用心理辅导设备和资源

聋校通常有专门的心理教师和为学生准备的心理咨询室、减压室、发泄室，但却很少对教师开放。通过有序开放和举办经常性的心理讲座，充分利用这些优良的设备和资源为教师服务，可以为普及心理健康知识、缓解教师们的心理压力、及时发现并排除教师们的心理障碍做出贡献。

学校也可以聘请特殊教育领域的心理咨询专家，针对聋校的特殊环境、特殊学生和教师面临的特殊问题，制定专门的检测量表或指标体系，分类开展系统性的教师心理健康状况检测，根据检测结果制定有效的对策和建议。为教师们建立个人保密心理档案，让每个教师都能了解自己的心理状态，正确地认识自我，并根据专家建议及时调整自己的生活、工作，在实际工作中不断完善自我，提高"耐压"度，化压力为动力，把工作做得更好。

教育管理部门做好教师服务和保障工作，为教师们建立常规化、制度化的心理辅导机制，定期开展教师心理咨询活动和排压活动，力争做好预防、预警、干预三级配套应对预案，做到心理健康问题及早发现、及时预防、有效干预，把问题消灭在萌芽状态。

（二）教师要学习自我调节和维护

1.完善角色认同，保持积极的工作态度

聋校老师要及早完善自己的角色认同①，正确地认识自我，树立正确的工作观念，热爱自己的工作，投入自己的热情，克服由角色模糊和角色冲突带来的心理困扰。学会自我调节并合理地宣泄自己的情绪，及时解决心理困惑；培养多种兴趣爱好，学会自我放松并及时释放压力，始终保持积极、乐观、豁达的态度。

2.建立良好的人际关系

良好的人际交往是工作的动力和助推器②。聋校教师因工作环境所限，存在活动范围小、交际面狭窄等客观问题，这也是诱发心理问题的一个重要原因。聋校教师在工作中要力争树立良好的合作意识，坚持平等交往、互相包容、互相信任的信念，在同事之间建立良好的人际关系，为自己创造一个舒适的工作环境。教育管理部门可以为教师们举办多种多样的教学交流、学术交流、校际交流等活动，拓展交际范围。

3.增强保健意识，促进身心和谐发展

聋校教师要增强保健意识，要充分认识到心理健康主要靠自己维护，外部的帮助是间接的，心理专家的建议最终也要靠自己去落实。要掌握科学的心理调适方法，充分利用各种资源，通过有效刺激个人内部健康的机体运行机制来维护自己的心理健康。重视自身素质提升，通过多方式、多渠道、多内涵的立体式学习，培养自己坚定的意志和为特殊教育奉献的精神，努力使自己成为一名合格的聋校教育工作者。

4.确保休息时间，避免过度劳累

聋校教师要针对聋校教育劳动强度大、工作烦琐、休息时间少的特殊性，根据每天心理状态和精力充沛程度的变化情况，合理安排休息时间，使自己能够在长时间工作的间歇进行适当的休息，实现劳逸结合，避免因过度疲劳产生心理健康问题。

综上所述，聋校教师心理健康问题突出，原因复杂多样，面对问题采取有效的措施进行预防和制止，保持心理健康，是为特殊教育做出更大贡献的有力保障。

---

① 吴思孝：《教师心理健康现状分析及调整策略》，载《教育探索》，2003（5）。
② 北京教育学院心理系：《教师实用心理学》，北京，开明出版社，2000。

点 评 >>>>>>>

近年来，教师的心理健康问题引起了人们的高度关注。普通教师面临很多问题，鉴于对象的特殊性、工作环境的特殊性和较高的职业压力，聋校中从事特殊教育的教师们更容易出现职业倦怠和各种心理健康问题，他们面对的困难更是我们无法想象的，他们也承受了更大的压力。教师的心理健康不仅是教师自身，而且也是孩子健康成长的重要保证。教师只有自己具备良好的心理素质，才能有效地进行教育教学工作。

顾老师在文章中针对聋校教师的心理健康现状分析其原因，并提出应从学校教育管理与教师自我调节两方面着手来帮助教师保持心理健康。影响教师心理健康问题的原因是复杂的、多变的，因此维护教师心理健康的工作也应是系统的、与时俱进的。我们对于特殊教育的关注也应该更多，对于特殊教育的教师也应该给予更多关怀、理解和支持，帮助教师以更加积极、乐观的心态去面对工作、学习和生活。

北京师范大学教师教育研究中心教授　李琼

我的小幸福

云南省芒市第四小学 董桂兰

有人调侃用三句话概括基层教师的现状:"学生敢顶撞;家长敢告状;媒体敢指责。"现在的教师确实面临多方面带来的压力与风险。那么,教师该如何在压力与风险中寻找自己的职业幸福感呢?

李镇西说:"幸福源于心态,不幸福也源于心态。"是的,幸福是一种感受。从某种意义上来说,拥有好的心态,就会多一些快乐,多一些幸福的感觉。在这里,我想和大家分享我的小幸福。

一、追梦——幸福的源泉

"追梦的人最快乐,有理想的人最有动力。"这是一位教育专家的箴言。第一次听到这句话时,我不由得回想起刚踏上工作岗位时的情景:当时,一个月的工资只有六七百元,生活捉襟见肘。学校很偏远,到城里每次要走几小时的山路,工作条件也相当艰苦。但是,年轻的我工作起来好像就没有感觉过累,因为,当时自己心中总在想:让大山里的孩子们,都学到更多的知识,帮助他们脱离这恶劣的环境,奔向美好的未来。正是为了圆这个梦,自己身上似乎总有使不完的劲儿。可如今,不知怎么的,对于踏上三尺讲台20个春秋的我来说,年轻时的梦已渐渐模糊,原有的那一份激情也在慢慢地淡化……也许,这就是职业倦怠吧!因此,我又给自己确立了一个目标:在引导学生健康成长的同时,不断成就自我,让孩子们的明天比今天更优秀,让自己的明天比今天更精彩！因为，教育路上，我们都在努力奔跑，教育路上，我们都是追梦人！

如果作为教师的我们能怀揣梦想，我们就有了奋斗的目标。当自己努力追寻梦想时，就会少许多抱怨；当一个个梦想成真时，就会感到无比的快乐与自豪，幸福感就会油然而生。因为，追梦是幸福的源泉！

二、学习——幸福的基石

作为教师，业务水平低，不仅会影响学生的学习成绩，而且也会给自己带来许多压力。2007年，我所在的学校安装了电脑和一套投影设备。当知道可以使用信息化教育技术产品——投影设备上课时，我无比兴奋。于是，我每天利用下班时间抓紧时间学习电脑。从学习打字，选择字体、字号，调整段落与格式到制作表格、课件等，开始一步步学习。一学期下来，我的进步非常快，不仅能打字，而且能制作出有动画效果的课件。课堂上，只要有机会，我就用课件来上课。学生对信息化教育技术的课堂相当感兴趣，利用这个设备来上课，不仅激发了学生的学习兴趣，提高了课堂效率，而且让学生的学习成绩有了大幅度提升。我班的成绩从原来的中上水平一下子提升到了全镇第一名。

后来，在信息化教育技术的路上，我又继续向更高的目标努力。一个学期后，我已经能在课件中插入音频和视频了。虽然这一年的工作和学习非常繁杂，但是，当在信息化教育技术路上又迈进一步时，当看到学生的成绩又有提高时，我都会感到无比的快乐与幸福。

2015年7月一场大病降临到我头上，这年的秋季学期，我都没法上课。在我生病期间，正好赶上三年级推行课改，而我却遗憾地错过了课改的起步。到春季学期，我来上课时，同年级其他6个班的老师已经实施了一学期的课改，而我才刚刚开始。我迷茫，我不知所措，加上生病以后体力不支，思想上也有些消极，因此工作起来总不在状态。5月，我们年级开展课改过关课时，我的课在全年级7位老师中排在最后。那一刻，我甚至焦虑到晚上睡不安稳。"怎么办呢？我不能成为学校的短板教师！"于是我开始学习：研究教材；学习编写新课改教案和导学案；向身边的老师请教如何上课；观摩优秀的教师上课……通过两年不断摸索，不断学习，五年级时的课改班教学竞赛课，我获得了第二名的好成绩。这次竞赛，又让我重拾了信心。我更加坚信，作为老师，必须要活到老、学到老，才不会掉队。我也深深感悟到：学习，是幸福的基石！

三、爱——幸福的见证

刚参加工作时，我一个人带21人的一个一年级班级。21个孩子都是住校生，每周回家一次。我不仅是他们的老师，而且是他们的妈妈。晚上有想家哭鼻子的，我得去哄他们睡觉；有踢被子的，我得去帮他们盖上被子；周日他们从家返回学校时遇到下雨，一个个被淋得像落汤鸡似的，我得赶紧烧火给他们烘干；有个别孩子交不起书费，我得帮他们垫付……小强是个家庭特别困难的孩子，一年穿不到一件新衣服，大冬天，寒风刺骨的，也只穿一件破烂的衬衫，并且赤脚上学。他的父亲在他5岁时就过世了，妈妈又是个聋哑人，一人抚养他和弟弟，家庭十分困难。二年级开学时，小强没有到学校报到。两三天过去了，还不见他的踪影。于是我便到他家家访，想了解一下孩子为什么没来上学。走了将近两个小时的山路，终于到他家了。走进他家，我傻眼了：小强一手搂着3岁的弟弟，另一手还拿着我上学期送他的童话故事书如饥似渴地看着。再看厨房里，只有一口煮菜的锅，一口煮饭的锅，几副旧的碗筷和半袋米，客厅里除了摆着一张破烂的饭桌和三个小木头坨做的凳子以外，再也看不到其他的物品了。看到这情景，我突然感觉一阵心酸，喉咙哽了，很多想说的话怎么也说不出，眼泪不争气地流了下来。待缓过劲儿后，我才跟小强拉起了家常。当聊到不上学的原因时，他眼里含着泪跟我说："老师，我没办法去上学了，因为我要在家里带弟弟，妈妈才能去干活。最主要的是，我妈妈也没钱让我上学了。""那么你想上学吗？"他一个劲儿地点头。"那你还有其他亲人吗？""有我大妈一家。"他低声说。于是我找到了他的大妈。还好他大妈是个通情达理的人，我和她商量之后，她决定帮衬着小强家，让小强继续上学。小强回到学校后，我更加关注他：他交不上书费，我就主动为他交；每到节日，我悄悄地买来文具、新衣物送给他；周五时，我故意多做一些菜，然后借口吃不完，让他带回家……小强知道学习的机会来之不易，也感受到老师的爱，所以，学习特别刻苦，在班级里成绩总是数一数二的。

小强上六年级时，我调到了镇上的另一所小学。7月的一天，我收到一封信，看到字迹，我就知道这是小强给我写的信。信上说了很多很多，有一些话我已经淡忘了，但有几句话却深深刻在我心上："老师，如果没有您的帮助，我就没有机会学习那么多知识，是您让我拥有了美好的校园时光！""老师，您就是阳光，照亮了我的人生！""老师，插柳之恩，终身难忘，我在这里向您鞠躬，感谢您对我的帮助！"那一刻，我的眼泪再次忍不住流了下来。这，是感动的泪水，这，是幸福的泪水，那一刻，我觉得自己的付出没有白费！因为，我感受到：爱，是幸福最好的见证！

其实，作为教师的我们，幸福很容易。我可以不去考虑自己的收入，可以不计较课后牺牲自己的休息时间对学生进行辅导，可以不计较调皮的孩子对自己的顶撞，可以不计较个别家长的不理解……当自己实现梦想时，当看到自己的学生有进步时，当自己学到了新的知识与技能时，当帮助了需要帮助的孩子时，当看到桃李满天下时……我都会感到无比的快乐与幸福！

今天，我与大家分享我的小幸福，因为：幸福源于心态，我希望每一位教师都拥有属于自己的职业幸福！

点 评

基层教师在现实中面临着多方面的困难与压力，也是完成优质教育教学的一大阻碍。董老师却提出在压力和风险中寻找教师的职业幸福感。董老师通过自己的亲身经历与观察，总结了三条提升教师职业幸福感的途径，分别是追梦——幸福的源泉，学习——幸福的基石，爱——幸福的见证。

具体来讲，教师想在充满压力与困难的现状中获得职业幸福，首先需要有一个理想，比如董老师的理想是在引导学生健康成长的同时，不断成就自我，让孩子们的明天比今天更优秀，让自己的明天比今天更精彩。怀揣理想，就能确定奋斗的目标与方向，在成功时获得喜悦与自豪，也就有了克服困难的根本动力。其次，教师需要有过硬的专业知识素养，才能在工作中施展抱负，教学达到理想的效果。想要实现梦想，就需要有与之相匹配的实力。最后，师生在交流相处过程中正向的情感互动也能为教师带来莫大的幸福。

董老师的经历分享，有助于让其他基层教师学习经验、产生共鸣，最终提升教师的职业幸福感，完成优质的教育教学。

北京师范大学教师教育研究中心教授　李琼

我只是一名麦田的守望者

云南省芒市第四小学　刘琨曼

"有那么一群小孩子在一大块麦田里做游戏。几千几万个小孩子，附近没有一个人——没有一个大人，我是说——除了我。我呢，就在那混账的悬崖边。我的职务是在那儿守望，要是有哪个孩子往悬崖边奔来，我就把他捉住——我是说孩子们都在狂奔，也不知道自己是在往哪儿跑。我得从什么地方出来，把他们捉住。我整天就干这样的事。我只想当个麦田里的守望者。"《麦田里的守望者》中霍尔顿向妹妹菲芘诉说自己的苦闷和理想时说的这段话让我感触颇深，我何尝不是一名麦田的守望者，站在悬崖边守望着那些狂奔的孩子，让他们每一人都能平安、快乐地玩耍、学习。

回顾自己从教的十年，许多事情是我没办法选择的，但我可以选择态度。正如做班主任不能选择学生，什么样的学生进来，我都得接受，作为生活辅导老师也是一样的，但只要我们尽心尽力，问心无愧，积极面对学生的实际状况，总有一天，学生会提高、会进步的。

还记得自己刚毕业时，带着满满的激情走进了一所乡村寄宿制学校。那些孩子给我的第一印象是太能干了。六七岁的孩子已经远离父母开始了寄宿制的生活。虽然小女生的头发扎得还不是那么整齐，总有几个小男生挂着长长的鼻涕，无论冬夏总穿着那双人字拖，全身唯一干净漂亮的要数那套入学刚买的校服了，但他们的脸上总能洋溢着灿烂的笑容。第一次见面时有个小男生问我："老师，你能像刀老师一样买方便面给我们吃吗？"后来在我的追问下才知道，刀老师是他们幼儿园时的实习老师，在分别的时候给每人买了一碗桶装方便面，在他们的认知里那就是最好吃的东西了。于是我对这群小不点说："只要你们努力学习，就可以吃上最美味的东西！"他们用似懂非懂的眼神看着我，拼命地点头，就这样，带着对美味的向往，带着对知识的渴望，我们成了师生。

在相处的过程中，除了教他们知识和道理，我觉得自己更像是一位母亲。"刘老师，我几天拉不出大便了。""刘老师，景颇族小男孩发烧了！"……只要他们有个头疼脑热，不管什么时间，都是我最先处理。还记得那个景颇族小男孩发烧，带到卫生院后需要先抽血，我会晕血，可他的父母却还没有赶到，只能拜托医生，可我在诊室外面却听到孩子哭，死活不肯让医生抽血，最后没办法，我只能硬着头皮走进去，两只手按住孩子的手腕处，结果奇迹发生了，那个大哭大闹的孩子居然乖乖地让医生抽血。很多年过去了，我还在作文中看到这个景颇族小男孩说起这件事，他觉得老师的手充满了魔力，让他感受不到针刺的疼痛，也让他觉得自己是有人关心的孩子。这就是我为人师的幸福，孩子的心里装着我为他们做的每一件事。

就这样，在这平凡的工作岗位上，我们一起走过了六年的时间，他们成为我的开门弟子，同时也成为我在农村的最后一批寄宿制学生，他们就像一群可爱的精灵为我的生活演绎出美妙的乐章，但其间也有过太多的精彩与无奈。还记得有一次因为座位，我和班上的一个男孩起了冲突，那个男孩为了捍卫自己的领地，誓死不和现在的同桌分开，把自己和同桌所有的课本扔到地上，把周围的桌子全部推倒，还握紧拳头想和我打架。这时班上的男生马上把他按住并劝说，女生赶紧收拾散落在地上的东西，看到自己辛辛苦苦带了六年的孩子居然这么没礼貌，心中那恨铁不成钢的感觉深深地刺痛了我，便没有管住自己的情绪，开始从他们一年级进校的点点滴滴说起，毕竟这是自己带的第一批学生，付出太多，所以我越说越激动，忍不住眼泪流了下来。我边哭边说，孩子们也边哭边听着，这时一个阿昌族小男生跑到我面前，拉着我的手说："刘老师，别难过，要知道您的背后还有我们啊！"孩子的一句话让教室马上安静了下来。多么有震撼力，多么有哲理的一句话啊！瞬间，我觉得我一点都不孤单，我的付出有人能理解能明白，我是幸福的。

下了晚自习，那个男孩也写来字条跟我道歉，说自己知道错了，可从小就是这个牛脾气，发起火来几头牛都拉不回来，希望我原谅。

本以为这件事到此结束了，可孩子的心事还真难猜。几个月后毕业考试的头一天晚上,我和孩子们聊着天,那个男孩拿着抹布走到我面前,一边帮我擦鞋子一边说:"刘老师,你的鞋子上都是粉笔灰,让我最后帮你做件事吧!"旁边的景颇族小姑娘阿写说:"刘老师,你知道吗,那天晚上你用眼泪征服了阿康(那个小男孩),用眼泪让我们看到了老师对我们的关爱,当时我还以为你再也不理他了,可没想到你那么宽宏大量,我们在私底下都说很佩服你的气量呢!后来我还写了首诗,现在就当作毕业礼物送给你吧!"于是在这场毕业前的座位风波后有个孩子送给了我一首诗。

> 青春是什么?
> 青春是一首歌,一首充满朝气的歌,它奋发向上,意气风发。
> 青春是什么?
> 青春是一张面庞,一张布满自信与欢笑的面庞,它笑脸灿烂,漂亮动人。
> 青春是什么?
> 青春是一次次拼搏,它充满激情,在人生的旅途中不懈努力。
> 青春是什么?
> 青春是在你恨铁不成钢的时候敢于怒斥,敢于流泪。
>
> 老师,我只愿你青春永驻,继续用你的宽阔的胸怀包容犯错的孩子,用你激动的泪水唤回迷途的孩子。

后来搭档老是说我最会搞悲情教育了,其实我这个当局者是真正体会到了作为一名小学老师,我们对孩子们讲的道理他们能听进去的少之又少,他们真正需要的是真情的流露,是一种榜样的力量。这种榜样就来源于言传身教,甚至在必要的时刻,我们更需要放开自己的情感教育维护孩子们。就像我至今还记得自己小学时的班主任用自己的身体替班上最调皮的一个男孩挡住了拳头。她在班会上一边教育一边哭,甚至让我们看她被拳头打得乌青的背。当时我们为能有这样一位像妈妈一样保护我们的老师而骄傲。老师也因为舍身的保护挽救了那个调皮的孩子。这对于老师来说不就是最大的收获吗?

所以我只想做一名麦田的守望者,给我的麦子浇水、施肥、除草,只为他们能茁壮成长。雨果曾说过:"生活中最大的幸福就是有人爱我们。"教师能拥有学生和家长的尊重和爱戴就是最大的幸福。当一个成绩落后的学生由于我们的点拨成绩突飞猛进时；当一个个家长放心地把孩子的手放到我手上时，当他们看到孩子健康成长而给我投来赞许的目光时，当我们走在大街上被不知名的家长喊着"老师好"时……我相信，我们每一个教师都能感觉到硕果累累的喜悦。

所以我只想做一名麦田的守望者，因为我深知为人师所担负的教育不是管也不是不管，在管与不管之间有个词叫守望。我用自己的爱守望着那片麦地，守望着那些麦子，让自己的每一天都能感受、触摸、认同他们的成长，和他们一起欢笑、一起流泪、一起沉思、一起震撼，那我就是一名最幸福的麦田里的守望者。

点评

本文作者回顾了自己从教十年的经历，包括与学生之间相处甚至产生矛盾的细节，表达了自己想成为一名"麦田里的守望者"的教学信念。刘老师除了教授学生知识外，在生活的点滴上也对学生进行了关心与照顾，这也正是一种潜移默化的教育。

在教学过程中，老师与学生之间除了温馨的点点滴滴，也难免会有矛盾的产生。这时候通过讲道理是很难说服小学生们的，需要以榜样的力量，用真情去打动、维护孩子们，将情感教育寓于言传身教之中。

本文描述的教育是一种温和的、平等的、默默付出的过程。教师是一位"守望者"，给予学生的是一种春风化雨的、潜移默化的、感同身受的陪伴。这样的师生关系必然是和谐的、互助的、共同进步的，这样的教育不是说教，在尊重学生的个性发展的同时也引导着学生向善，最终达到立德树人的教育目标。

北京师范大学教师教育研究中心教授　李琼

学会"享受"当教师

北京市二十一世纪国际学校　冯玲

从我记事以来，奶奶经常对身为教师的姑姑说这么一句话："家有半升粮，不当孩子王。"诚然，传统观念里，对于教师身份的认识就是"孩子王"，每天和各种各样的孩子打交道，经常被气得半死。然而，研究生毕业的我，也毅然地走上了讲台，成了一名中学历史教师。那会儿稚嫩的我，对于教师是什么，理解很简单，觉得教师就是知识的传播者，可以将自己多年所学的历史知识发扬光大。其实不然，在我从教两年多的时间里，时时刻刻都在发生着许许多多平凡而又不平凡的事情，使我渐渐明白，作为一名新教师，不仅要管控好课堂，而且要学着如何去当教师，更重要的是怎样去"享受"教师这个职业。

一、明身份，善反思

我本身个子不是很高，说话声音也不大，性格不属于强硬型，所以在我上第一节课的时候，就遇到了这么一幕，我的自我介绍由于说错了一个字，有点紧张，引来了学生的哄堂大笑。可能是学生嗅到了我是个新教师，看起来也不是很厉害的这个味道，以至于在接下来的课堂中，他们小动作频繁，时不时地接我话茬……我曾尝试着和他们交流，让他们明白自己的行为已经影响到了课堂，但是效果不佳，这也导致我那一段时间各种负面情绪蜂拥而至，甚至有时候无助得都想哭。但是有一次和同事聊到这个问题，她安慰我，我虽然能明白每个新教师都会有这种经历，但是我也开始了自我反思。我的课堂为什么会出现这么多的问题，其实是因为我在登上讲台之前，并没有想明白"我的身份是老师，我希望的课堂应该是什么样？"这个问题。当我登上讲台的那一刻，我是一名教师，而不再是学生，我希望的课堂由我和学生共同组成，所以我们一起制定了课堂规则，我也向学生说明，我们的课堂属于"协约型"，若有人触犯规则，应受到相应的惩罚。渐渐地，我的课堂变得有序、民主。经历了这些事，我意识到了一名新教师的成长离不开"反思"。

二、教师需要热忱

随着时间的推移，工作就成为我生活的第一要义。我常常被教育大舞台上平凡不平凡的事激荡着心灵，启迪着思维。上班和各种学生状况打交道，下班和家人不停地唠叨学生的各种事情，甚至晚上做梦都在演习自己第二天要上的公开课。我的工作热情慢慢地开始减退。对于每天重复的生活，我开始惶恐，因为感觉自己的生活已经被工作全部侵入，只看到了工作，看不到自己。其实生活并没有变，那么是什么造就我们、改变了我们？是"态度"！态度是内心的一种潜在意志，是一个人的能力、意愿、想法、价值观等在工作中的表现。与其每天面对工作得过且过或者牢骚满腹，不如积极进取。由于教师是个特殊的职业，它不仅需要知识的教，而且还需要品行的育，所以教师在日常工作中克服困难，勇气、坚毅和高尚的品格也就慢慢产生，进而能去影响学生。而常常抱怨工作的人，终其一生，决不会感悟到教育真实的含义。

三、学会释放压力

教师这个职业不是野餐会，一个人无论多么喜欢自己的工作，工作多多少少都会给他带来压力。我入职第一年被分到了初三毕业班，这对于初出茅庐的我来说，真的是一件极具有压力和挑战性的工作。开学初期，我甚至一度想找学校领导给我换个年级，一想到初三的历史课要参加中考，而我又是一名毫无经验的新教师，真是难负重任啊。但是我家人和我说了这么一句话，"凡事依你算，世上无穷汉"。这句话的意思是，遇事要有一颗平常心，不能自乱阵脚。听从了家人的建议，我留在初三年级。从此，我开始请教年长的老师，研究中考历史的考点、试题类型，尝试课堂上调动学生的积极性去学习，并把一些复杂、难理解的知识，类比到生活中容易明白的例子。期中、期末、市调研、一模、二模……在每次考试中，我分析每一位学生的失分原因，并根据学生的学习情况，制作了相应的学习计划单。经历了一年初三的洗礼，我渐渐明白了，新教师要学会释放压力。面对压力，有些人一味忍受，有些人只顾宣泄，忍受会导致死气沉沉，宣泄则会带来无尽的唠叨。应该学会管理压力，并科学地宣泄压力，减少对工作的恐惧感，心情放松才容易重燃激情。对工作保持激情，做一位爱笑的老师。试想一下，一位爱笑的老师，每次笑着走进教室，把快乐带进教室，用自己的快乐感染学生，有利于学生学习中的信息反馈。这样既有利于自身的身心健康，又有利于面对的对象学生。相反，老师每天上课都愁眉不展，这样的课堂如何去做到高效？

四、良好的生活习惯 ▷▷▷▷▷▷▷

教师不仅是个脑力活，而且还是个体力活。既要每天都认真备课，又要早上组织学生跑早操、晚上监管学生上晚自习，从早忙到晚。这一过程就需要教师有积极健康的生活习惯，保持学习的习惯，还有加强体育锻炼。我算是一个幸运儿，我爱人虽是个工科男，但是对历史很感兴趣，所以我俩养成了看历史书的习惯。比如，讲到古代史了，我们一起看《万历十五年》《中国古代政治之得失》，要讲近代史了，我们会看《中国近代史》，或者电视剧《走向共和》，看完书我们一起分享看书的心得，每次都会有来自非专业的不同的见解，这对于我备课、上课产生了积极影响。除此之外，他还是个羽毛球爱好者，每周我们会固定时间去球馆里打球。家人的陪伴和督促，使我养成了良好的勤读书、多运动的好习惯。

在美国宾夕法尼亚州的山村里有个卑微的马夫，后来这个马夫竟然成了美国著名的企业家之一，他用惊人的魄力和独到的思想撑起了事业的大厦。他就是查尔斯·齐瓦勃先生。有人很好奇他为什么能获得成功，他的秘诀就是：每谋得一个职位，他从不把薪水的多少视为重要的因素，他最关心的是新的位置和过去的职位相比较，是否前途更好和希望更大。教师这个职业给予我们的报酬远比薪水更宝贵。前几天，开家长会，有个家长专门走到我面前，对我表示感谢，说她家孩子在初三这一年变化太明显，由初二时期对学习的"佛系"，到初三选课走班后，开始关注自己的学习，回家会主动要求家长给她买各种复习资料，而且成绩也在逐渐上升，而这些变化离不开老师的辛勤付出。在讲述这些的时候，我看到家长的眼中泛起了泪花。看到这一幕，我才真正明白，教师这个职业收获的报酬大概如此，它远比薪水更宝贵，所以我要好好享受这份职业带来的报酬。

点 评

作为一名新教师，作者从起初的紧张无助，到现今的热爱与"享受"。在这两年多时间里，她经历了许许多多的磨砺与成长，也渐渐学会了如何"享受"当教师。诚如文中所总结的那样，一个教师如果不能提升自我的身份认同，她将难以在讲台上长久地立足。而"享受"当教师的过程，不仅使作者找到了教师的意义和价值，而且也在最大程度上引领着她专业的发展和精神的成长。

本文记录了一位新任教师的成长之路，且为广大准教师和年轻教师总结了许多行之有效的从教经验，具有一定的代表性和较强的借鉴意义。而这些都源于一个教师的反省与总结。我们看到，一个优秀的教育工作者，必是一个富有热情，善于反思之人。而保持热忱的心态，正需要教师及时释放自己的压力，养成良好的生活习惯。在教育这条漫漫长路上，每个教师都当如此，学会反思，学会享受，让从教生涯充实而快乐。

北京师范大学教师教育研究中心教授　李琼

做一片快乐的绿叶

湖北省麻城市第二实验小学　陈英

有人说过："花的事业是甜蜜的，果的事业是尊贵的，让我们做叶的事业吧，因为叶总是谦逊的垂着她的绿荫的。"教育事业就是叶的事业，每一名教师就是一片绿叶，化作春泥更护花。这是教师的责任与使命！教育在我的心中就是这样一个伟大而神圣的事业，选择了教育就意味着选择了生命中最完美的事业。如果说教师的工作是辛苦而繁杂的，那么我更愿意做一片快乐的绿叶。

回想一下我的教学生涯，不知不觉间竟已过了30年光景。其间也有过一些教学成绩，一些坎坷挫折，但坚守的杏坛事业一直顺利充实而快乐。

一、不叫光阴逐流水

我们那个年代就业早，我18岁从师范学校毕业就走上了三尺讲台，从此与教育结缘，经历了从乡村到城镇、从懵懂到理性、从青涩到成熟的成长轨迹。我最早从教的学校是白果镇小学，年轻的我满怀热情、不知疲倦地学习与工作着，浑身似乎有使不完的劲儿。虽然课时多工作量大，但我总要求自己当天事当天毕。作业当天改完，无论多少；试卷当天改完，无论多晚。我向同事请教，与学生相伴，充实也有乐趣。记得有一次同班的数学老师外出学习一周，我接过他的数学教科书，一边上我的语文课，一边上他的数学课。加上早晚自习，整整一周和学生在一起，精力充沛得感受不到半点疲劳。后来我调入一小工作，正是孩子的哺乳期，刚好也接手一个差班，学生的状况让人揪心。为了方便照顾幼儿和辅导学生，我搬到了学校居住。白天分成了两半，学生一半孩子一半，重叠起来的是抱着孩子辅导学生。晚上的时间才是我自己的，备课改作业，钻研教材，学习优秀案例。生活几乎两点一线，出了家门就进教室门，仅有的娱乐也是和学生一起做做游戏。一学期结束了，学生的期末平均成绩提高了30多分，那一瞬间我的成就感爆满，激动与自豪充盈着内心。付出就有回报，辛苦一点也是乐事！班级刚刚有所起色的时候，又接到了学校组建三科联赛班级的通知。于是，我的时间又一次被重新分配了。白天一半给了我带的常规班，另一半给了我兼任的竞赛班，剩下的空隙是给孩子的哺乳时间。晚上先是给竞赛班上课，下自习后哄孩子睡觉，深夜才是属于我个人的，备课两份，作业两份。那段时间过得很充实，还因为学校的看重，生怕自己做得不够好，整天像打了鸡血一般斗志昂扬。最艰苦的时候也莫过于此吧，所以后来调入二小，再强大的负荷也都能很轻松地接受。人生总得要经历一个巅峰，其后就发现很多的困难也不叫事了。

二、不畏浮云遮望眼

2011年是九年义务教育人教版教材首发的一年，我们是全国第一批教材实验教师。只有课程标准，没有教师教学用书，没有学生练习资料，没有现成的教案课例，一切都要你去创造，去发现。没有前例可学，只能一边摸索，一边寻找最优方案。面对新的教材教法教学理念，以前储备的知识显然是远远不够的。怎么办？唯一能做的就是学习。学课程标准，学新的教学理念，学专家的指导发言，学实验教师的新成果。要学习的知识太多，一股脑儿先装进脑袋，再慢慢消化，最后运用在自己的教学实践中。新教材实验到六年级刚好一轮。六年的探索、六年的求知、六年的自我创造，奠定了我以后教书育人的思想，形成了自己的教学风格及教育教学的思考。教书于我来说，不再是养家糊口、安身立命的职业，而是神圣美好、值得追求的事业。

三、不信春风唤不回

教师有三乐：学生爱戴是一乐，家长信任是一乐，社会肯定是一乐。学生有许多种，难得的是对每一个人给予充足的爱心，尤其是有困难有问题的学生。教育是心灵对心灵的呼唤。用爱心去善待学生，你收获的就是被爱戴、被尊重。不要以为学生年龄小不能感知，实际上他们能更直接地感受并加倍地爱戴他们的老师。我为学生开小灶，对象是学习困难的学生，内容是没有弄懂的知识。我和学生开交流会，对象是纪律观念不强、学习目标不明确的学生，内容是针对某一现象谈谈自己的想法，畅所欲言，不着痕迹的引导。我参加学生的联欢会，一起策划，同台表演，一起欢呼，共同享受美好的时光。我在"访万家"活动中，走访了班级所有的家庭，与家长倾心交谈，帮学生出谋划策，谈优势、找缺点、多激励，制订最适合本人的学习方案。师生间的差距小了，教师的地位上升了。学生爱戴你，想和你说心里话；学生信任你，你一呼百应。爱的教育让学生更加热爱学习阳光生活积极上进。我也在孩子们一张张奖状、一道又一道喜报中感到幸福、如沐春风。当得到我的学生被黄冈一中预录，考上重点大学，成为地、市高考状元，拿到清华、北大入学通知的时候，我都会热泪盈眶，深深地为教师这一职业感到光荣。

四、不经风雨难有成

教师的职业注定了它的任重道远，过程艰难，我亦难以躲过它的繁杂单调。在从教的30年间，也有过几次唾手可得的改行机会，却被我一一放弃，在左右为难权衡利弊的时候，我越来越感觉到我对教书的热爱，以至于后来遇到再大的困难都不会向家人抱怨。随着年龄的增长，身体也随着自然规律变差了。2014年我做了一个大手术，在病床上躺了3个月。本该养病好好休息的时候，我偏偏一门心思挂念着自己的学生，梦里全是和学生在一起的情景。那种感觉不亲身经历一回还真难得感受。没有一个好身体怎么能站好讲台呢？我投身锻炼的行列中，寻找适合自己的锻炼方式。我把上下班的电动车改成自行车，不赶时间的话就步行。没时间去广场跳舞就置办了一辆健身车，有空就上去骑一会儿，把健身的理念贯彻到日常的生活中。教学查岗的时候，五栋楼房，上下五层，走满一轮就得一节课的时间。我一边检查教师上课常规，一边宽慰自己：你看多好啊，我工作做了还锻炼了身体。腿走酸了，心中也是快乐的。我就怕生病倒下，耽误了孩子们的学习。一个教龄30年的老教师，说得好听点是经验丰富的，难听点是思想僵化、教法老化的。一个不能与时俱进的教师怎么能培养出优秀上进的学生呢？唯有不断学习、不断更新。于是，我认真学习信息化技术，应用电教手段教学，也能自制课件丰富我的课堂，让课堂灵动起来。跟随二小的课题组，我先后参加了全国教育科学规划课题"社区德育理论与实践研究"子课题梯级表彰激励积累的研究，通过总课题组的专家评审。我顺利完成黄冈市教育科研成果"小学生中华经典诵读的实践研究"，并被评为教科研先进工作者。积极投入校级课题"群文类读""绘本阅读"的研究和实践中，与青年教师一起提升自我。我利用QQ、微信建立家校联系，与家长交流，给学生讲解。虚拟的网络世界拉近了师生家校的距离。在微信里，我也常到"镇西茶馆"做客，聆听大家"祖庆说"。我直面教改的春风，感受新教育的真实，进入卓越课程的探索。

五、不忘初心有始终

在学校，我担任着一个普通语文老师的工作量，同时担任教务处主任之职。学校人多事杂，76个教学班，4000多名学生，200多名教职工，维系简简单单的教学常规都不再是一件简单的事。于是我又把学校当成了家，每天早出晚归、忙忙碌碌。一半的精力放在我教学班的学生身上，耐心教导、精心培养。另一半的精力用于学校常规教学管理上，教学巡查、教师培训、教务安排、上传下达、履行职责、率先垂范。在准备小运会"希望杯"的那段日子里，我们和小运动员们一样在操场上迎接晨曦初绽，在暮色中带着希望和决心回家。真诚的陪伴、多方的鼓励，小运动员们挥汗如雨，终于取得总分第一的佳绩。新年临近的时候，在一片冰天雪地中，我依然在学校陪同即将参加"麻城春晚"节目表演的孩子们，看他们一次次奉献出精彩的演出。在活动中发展的不仅仅有一届届的学生，还有我似乎不会衰老的童心。在紧张与繁忙中品尝了成功的喜悦，在压力与动力交错中找到了充实和快乐。我时时忘记自己奔五的年龄，是因为懂得享受教育的精彩吧，让我一如当年般保持教育的热情。

做一个幸福老师的标准是胸中有梦，身上有情，手中有书，眼中有事，工作有心。我是一名平凡的教师，愿做一片快乐的绿叶，在经济快速发展的今天，无限地热爱自己、热爱学生、热爱教书，保持一份内心的安宁。

点评

绿叶用自己的身躯呵护花的成长，又用自己的素淡衬托花的浓艳，不论烈日风雨，它只静静守护，默默奉献。但世人却耽于欣赏花的万紫千红，而往往忽略了叶的品高质洁。作者明知如此，却仍甘做一片绿叶，并愿做一片快乐的绿叶，何等达观，又何其宝贵。这不正是一个真教育者的本色人生吗！

回顾杏坛三十载，陈老师用"五不"诗道出了自己的教育智慧与教育人生。从师范毕业，到升级人母，再到教学改革，她奋勇拼搏，积极探索，勇攀高峰，实现了从无到有，从有到优的教师专业发展过程。但她更善于引领和帮助学生的学习和成长，甚至愿意为此忍受病痛，想方设法地善待学生，成就学生。从陈老师身上，我们看到了教育者的幸福与尊严。

每一个教师，都要效法陈老师，勤勉、热忱与坚韧；也当像绿叶那样，努力恢复教育的绿意，激活教育的生命！

北京师范大学教师教育研究中心教授　李琼

寻找职业幸福感，保持工作热情

吉林省前郭尔罗斯蒙古族自治县哈萨尔路小学　焦雪莹

回想起自己刚刚参加工作时的热情饱满，到有些灰心，再到现在的持续热情，不得不说，面对职业压力，我们有必要结合心理学知识，适当地进行自我心理调适来提升职业幸福感。

一、正确把握动机

每个人在刚刚参加工作的时候，一定都很努力，仿佛只有努力才对得起自己得到的工作机会，我也一样。对我来说，向老教师请教管理方法，通过校领导组织的听课、评课和集体备课等活动改进不足……这些社会性活动，都是我在教育教学工作中激发自己的内在潜能、朝向理想目标前进的内部驱动力，这些活动成了我在工作中努力提升自我的社会性动机。

同时，我在活动中，明确了自我定位，设立了教学榜样和追求的目标，想通过内在的心理驱动力，努力实现理想并得到家长和领导们认同，也是一种内在动机与外在动机的结合。

在这段时间里发现自己正在不断成长，我逐渐喜欢上了小学教育工作，我觉得这是内部驱动力在给我力量，每天乐此不疲地证明着自己在小学教育这个领域中发挥的作用。这也正是动机的指向功能和激活功能之所在。

二、合理利用自我调控系统

我还记得当时几乎每周都会有一节公开课，由领导听课评课，告诉我们哪里不足，需要怎样改进。我最大的缺点就是对学生的关注不够，不知道学生接受了多少，不能够做到调动学生的积极性，不能对学生进行合理评价，也不会设计活动，使学生全体参与课堂。

几次磨课之后，我找到了自我定位，对自己的经验、教学风格、授课思维等方面有了一定的觉察，对自己的想法、期望、行为及自我特点也进行了进一步判断与评估。当我意识到在教学行为上的表现后，我决定通过自我反思、自我监控和自我激励的方式，对自己的教学进行调控。

在领导的亲临指导下，我看到了自己的进步，也感觉到了自己在这个岗位中的意义。我感觉到了领导对我们的期望与用心，我想我应该努力成长起来，从而体现出自己的价值，于是我愈加努力。

三、避免习得性无助感

习得性无助感是当个体感到无论做什么事情都不会对自己的重要生活事件产生影响时所体验到的一种抑郁的状态。这种状态最容易出现在失败并把失败归于自身原因的人身上。我就是这样，由于刚参加工作完全没有经验，再加上学生各种各样，不了解学生的生理和心理特点，我看不到自己在工作中的优点，不知道自己在小学教育中能否继续走下去，在这个过程中信心慢慢地就丧失了。在看不到学生的进步之后，我就开始灰心丧气了，我想：为什么我这么努力地工作却无法得到相应的回报呢？难道不是越努力工作，改进自己的不足，学生就会越学越好吗？我失去了信心，工作没有以前积极了，没有以前那么努力地改进自己了，备课也好像没有之前那么用心了，仿佛这份工作对我来说失去了意义。

就在我不断沉浸在习得性无助的时候，同事和领导见我与之前工作状态大不一样，奇怪地问我并关心我最近是不是家里面烦心事有点多。在这样的关心下，我慢慢地开始反思自己。我的努力一直是被认可的，为什么现在就不努力了呢？我才工作两年多，刚刚开始迈步，难道现在要止步了吗？我不停地问自己，我难道真地要在未来的许多年中一直这样碌碌无为，因为看不到希望而选择不努力吗？如果我继续不努力，岂不是更看不到希望了吗？

四、利用罗森塔尔效应

我想起自己曾经在考研的时候看到的一句话："我们不是因为有希望才努力，而是因为努力了才有希望。"就在新学期开学前，正在为新学期做准备的时候，我问自己：这学期我将以什么样的状态去工作？是像前一阵子那样昏昏沉沉的，还是拾起信心努力，不管结果如何问心无愧呢？

最终我选择了后者，在开学的前几天就非常详细地做好学期计划，并告诉自己终于找回了原来那个努力的自己，工作状态非常好，甚至比刚入职时候的状态都好。也许是因为经过了挫折和挫败，我知道了哪里会摔倒，也知道了怎样才能站起来，现在站得比之前更直，现在走起路来比以前更加有力。我知道这条路很远很远，我知道我必须有好的状态，走完这条路。

罗森塔尔效应，也叫教师期望效应，虽然我对我和我班学生的现状并不满意，但是我的心中始终有对我和他们的进步的期望，我相信只要每天前进一小步，时间久了，就会前进一大步。

教师对学生的殷切希望总能收到预期效果。我们班级的学生也和我一样努力，随着学生们的成长，我也在与他们的相处中，更了解他们了，也看到了我们共同的进步，我们共同努力着，在点滴中改变自己，这个过程是幸福的，我找到了职业幸福感。

五、利用好元认知策略

我认为元认知策略和自我效能感理论很像，在工作中对自己能否改进教学，提高我班学生的学习成绩这件事总会及时地自我判断和评估，并会经常性地进行自我反思，然后在改进课堂教学和工作各方面，对自己进行监控和调控。

一是计划策略。我根据自身存在的问题，在一段时间内每次课的教学活动之前，做好计划，涉及各种教学活动、对课堂中可能出现的问题的预设、预计结果、选择策略，设想解决问题的方法，并预估其有效性等。

就这样，我每天早起在工作笔记本上写好今天的计划，今天都要讲什么，班会上是什么主题，今天要留什么作业都按计划提前写下来，课堂上与学生有效互动，课后还会想一想下节课做什么，当天讲完一节课，当天就巩固相应习题，做完之后马上收上来批。有时候放学前要弄一些材料，练习册攒到下班才批，加班也要批完。门卫大爷在巡逻的时候看见我，问我："今天又加班了？"我笑了笑，虽然知道加班可能会给大爷带来麻烦，但是我想把上学期落下的都补上，趁羊还没丢，不用等亡了羊再去补牢。

二是监控和调节策略。在工作中，我根据自己内心确定的目标，及时检测过程，寻找二者之间的差异，并对自己在课堂教学中的教学过程及时进行调整。我试着在自己的课堂教学中改变教学设计，通过课件中的动画和一些稀奇古怪、五花八门的小游戏，吸引学生的注意力，调动学生的学习积极性。在这个过程中，我亲身体会到了低年级孩子的心理特点就是贪玩，利用这个特点设计课堂活动，想让他们在这类活动中玩得开心、学得开心，然而忽略了"学中玩"和"玩中学"的不同。我没有挖掘出想让学生通过游戏得到什么东西，课堂上他们玩得很开心，但是学的东西还是不够透彻。

就这样，我用类似的方法不断地发现和改进自己的一些不足，并尝试通过公开课各位老师的评课改善自己的教学水平。在这过程中希望自己能够一点一点地进步，就像一只蜗牛，哪怕爬得再慢，它也是在努力地往前爬。

六、合理看待群体力量

群体的力量是强大的，个人作为群体的成员，心理上也必定会受群体的影响。一个人心情不好时，欢乐的群体心理会化解他的不快乐。学校领导对我们的课堂教学十分重视，利用集体备课、公开课、同课异构、集体评课、教师成长论坛、演讲、三笔字比赛、课程标准考试等活动，让我们锻炼自己，快速成长。

在这个过程中我感觉到自己就像一滴水，这滴水只有汇入汪洋大海才能体现自己的价值。如果作为一滴独立的水滴，早晚会被晒干。工作也是如此，只有在团队中才能体现出自己的价值。现代社会是合作的社会，校长和各位领导组织的集体活动，给我们搭建了成长的平台，也给了我们团队合作的机会，使我们能够更快速地成长，领悟自己职业生涯的真谛！

点 评

教师的工作不仅仅是一份职业，更是用自己的生命点燃孩子的生命。然而，伴随着教龄的不断增长，教师在职业发展生涯中会面临些许问题，职业倦怠就是其中之一。教师的工作量大，任务繁重，还要应对来自学校、家长和社会各方的压力，很难保证自己的工作热情。教师如何正确对待这一问题并进行积极的心理调适得到了人们的高度重视。

焦老师结合自己三年多的工作经验，总结了六点心得体会，运用心理学相关知识帮助教师进行自我心理调适，从而重获使命感和责任感，突破职业倦怠期，寻找职业幸福感。"师者，传道授业解惑也。"教师，手握粉笔，握的却是责任。教师应发现教育的美好，找到教育的本质，同时社会也要优化教师的成长发展环境，共同营造教育的良好氛围实现教师和学生的成长。

北京师范大学教师教育研究中心教授　李琼

让青春的梦想在黄土地上开花结果

宁夏吴忠市裕民小学　吴健

我出生在东北辽宁省一个普通的家庭，2004年毕业于大连大学计算机专业。当年，作为一名热血青年，我怀着对西部的美好憧憬，报名参加了国家大学生志愿服务西部计划活动，有幸成了代表辽宁到宁夏服务为数不多的大学生志愿者之一，在当地偏远、少数民族聚居的扁担沟中心学校支教。在那里，经过寒来暑往5个春夏秋冬的磨炼与洗礼，我最终完成了自身心智的成长、成熟与蜕变，于2009年通过特岗招聘考试，成为一名国家特岗教师，继续谱写我的追梦人生。

梦是何其美妙，然而追梦却何其辛苦！

记得第一次来到扁担沟中心学校时的情景。扁担沟镇是吴忠市南部的一个偏远乡镇，接纳了宁南山区35万移民人口。该校尽管新建的教学楼十分显眼，但却掩饰不了周边的荒凉。由于宿舍楼还没有完工，我和另一名教师只能暂时住在学校的门房里。每当下午放学同事们都回家后，空荡荡的校园里与我们做伴的就只有落日的余晖，常常是晚上伴着呼呼的风声入睡，早晨抖抖棉被上厚厚一层沙尘起床，加上不习惯西北的饮食，以及学校经常没水没电的状况，我的内心的确也曾怀疑与动摇过，但在经历了一件件看似微不足道的小事之后，我却坚定了不仅要做老师而且要留下来的决心。有一次，校长和几名老师放弃了周末和家人团聚的时间，从城里带了饺子馅和面来学校和我一起包饺子，使我感受了如同亲人般的温暖。有一次我生病了，孩子们从家里拿来了苹果，并在上面画了一个笑脸，偷偷地放在我的门口，我感动得流下了泪水。我仅仅做了该做的事、尽了该尽的本分，而换回来的竟是孩子们金子般的心！这份情谊不仅温暖了我的心，而且也征服了我的心，让我感到了肩上责任的重大！我放弃了半途而废的想法，决定要坚持下来。

然而，当我决定将角色从一名志愿者转换为扎根当地的特岗教师时，家人朋友同学的不理解顿时升级为苦心劝阻与强烈反对，这都在我的预料之中，毕竟我是父母唯一的孩子，父母对我有无尽的不舍与依赖……由此可想而知，我所面临的困难与挑战，不仅仅是海洋与沙漠间的地域跨度，还是一个志愿者临时角色与一个终身从业人的身份跨度，然而，我割舍不下那一群群孩子，那一张张淳朴可爱的笑脸，那一声声亲切稚嫩的问候，和课堂上那一双双如饥似渴期待的眼睛！最终父母被我的坚持和执着打动，尊重了我的选择，可我也永远忘不了父亲应允时那瞬间转身的背影，母亲点头后那喷涌而出的泪水，这已然是父母传递给我的最炽热的温度与无尽的力量！

于是，我再次走进校园，通过所教的现代教育技术课为孩子们打开了通向外面世界的大门，开阔了他们的视野，增长了他们的见识；还在学校英语师资紧缺的情形下，利用自己的特长主动承担起了英语教学工作。因为我只有一个信念，就是将我所学全部奉献给这些可爱的孩子们。所以，尽管他们英语基础差，方言重，学习吃力，我仍旧一个一个给他们矫正发音，一遍一遍教读单词和句子，直到他们学会为止。在教学工作中我遇到的最大障碍就是语言沟通，一方面要尽量不说东北方言，另一方面要运用适当的语言以便能和学生顺畅交流。好在有这些可爱的学生一下课就跑到我身边，教我方言。有几个调皮的孩子还说其实上课的时候他们听我说话就很想笑，但是怕我生气就忍着，实在忍不住了就掐自己的大腿。多么淳朴可爱的孩子们啊！长此以往，我和他们之间也建立了深厚的友谊。我的学生海燕，性格内向，不喜欢和同学们交往，英语学习比较吃力，我就在课下和她谈心，得知她家庭比较困难，对自己不自信这一情况后，为了帮助她克服心理障碍，提高学习成绩，我放学后把她留下来补习，指导学习方法，第二天课堂上有针对性地提问，哪怕是点滴的进步我都及时地给予鼓励。慢慢地，她的英语成绩提高了，人也变得自信起来。其他老师在办公室谈论海燕变化的时候，我心里美滋滋的。初三时，通过努力，海燕考上了城里的一所高中，快放假时，她到学校看我，她用假期给别人家放羊赚来的钱给我买了两个火龙果，还说："老师，听说这种水果可好吃了，你尝尝。"我的眼眶顿时湿润了。

此外，我还尽己所能给予孩子们精神和生活上的帮助和关怀，带他们走出阴霾，享受阳光。扁担沟镇是宁夏35万人口移民地之一，许多孩子的家境并不富裕，我发现很多学生穿着破旧，甚至冬天还穿着单衣单鞋，于是我回到宿舍把自己的一部分衣服送给了班里的学生。可是个人的能力毕竟有限，需要帮助的学生有很多，于是我联系了自己的大学同学，很快就得到了他们的支持。移民学生马龙由于承担不起学习和生活费用，总显得精神不振作。了解了他的家境后，我一方面鼓励他要勇于面对困难，另一方面承担起了他的伙食费用，给他买了学习和生活用品，并经常鼓励他、和他谈心。从此，马龙的精神面貌焕然一新，不仅关心集体、帮助同学，而且学习成绩有了很大的进步。还有一位叫马娟的女同学，学习成绩是班级第二名，由于母亲去世得早，父亲一直身体不好，家里实在负担不起她和弟弟两个人的上学费用。她决定辍学打工，供弟弟上学。跟我说这番话时，她咬着嘴唇，满眼泪花，当时我的内心有说不出的酸楚。我紧紧地握住她的手说："你是个懂事的好孩子，有老师和你在一起，让我们一起面对困难吧！"结果，她没有辜负老师给予她的爱，以优异的成绩圆了她的梦。十年间，我不间断地资助家庭困难的学生，从自己的工资里省出3000元钱资助几名家庭困难的学生在学校的午饭费用。虽然自己的生活并不富裕，一年也只能回一次东北老家看望亲人，但能得到父母支持和理解，是我的最大满足。

在宁夏工作的十多年时间里，我把满腔的热情献给了我挚爱的孩子们，把勤劳和智慧融入三尺讲台。教师身负的是教书育人的重任，打铁就必须自身硬。我注重苦练教学基本功，不放过任何一个学习、培训、锻炼的机会，从语言表达到板书，从教学设计到课堂组织，从作业布置到每一次辅导，我都精心准备，一丝不苟。通过努力，我先后荣获了宁夏英语教师风采大赛二等奖、论文全国一等奖、吴忠市教学设计一等奖、自治区三八红旗手等荣誉称号。2013年，我有幸荣获了全国最美乡村教师特别关注奖，和全国的最美乡村教师和特别关注教师们参加了中央电视台寻找最美乡村教师大型公益活动的颁奖典礼。作为一名年轻的乡村教师，能够得到社会对我的认可我非常荣幸。能和全国这么多优秀的老师在中央电视台的颁奖现场相识，我的心灵受到了莫大的鼓舞。

现在，我已完全融入西部的环境中，成了一名名副其实的宁夏人。我把家也安在了宁夏吴忠市。"每逢佳节倍思亲"，可每个春节我却不能回到东北和父母团聚。2001年冬天，东北下大雪，母亲坐的出租车翻到了路边的沟里，当我得知消息时，恨不得能一下子回到东北，可是马上就期末考试了，我决定坚持给学生复习完再回，回到家母亲不但没有怪我，还埋怨父亲把消息告诉了我。父母年纪大了，但还是支持我的工作，每次打电话都叮嘱我要好好工作。我和父母虽隔着千山万水，可是不管走多远，家里始终有一根线连着我，我感谢父母对我的理解！

或许有些人认为我失去了许多，其实我得到的更多，因为我来到了最能实现我人生价值的地方，成为一个播种希望的使者，收获我人生最大的快乐和幸福。我将扎根于这片热土，让青春的梦想在这里开花结果！

点 评

从大学生志愿者到国家特岗教师，吴老师带着满腔的热情开始自己的追梦人生。在这十多年时间里，他始终扎根西部偏远地区，尽管条件非常艰苦，尽管选择这条路存在很多困难和挑战，但在领导的关怀和家人的支持下，他怀着对教育的热忱之心愿意尽己所能将所学的知识奉献给孩子们，希望为孩子们打开通向世界的大门。

读这篇文章，能深切感受到吴老师是快乐和幸福的，这些平凡而温暖的真实故事令人感动。把平凡的事做到极致就是伟大，对孩子们的帮助和关怀是"最美教师"的始终不变的教育情怀。我国有千千万万个扎根于偏远地区的乡村教师，他们为了孩子们的未来而默默坚守无私奉献，这种甘于奉献源于他们为人师的责任感，源于对孩子们的爱。让青春的梦想在黄土地上开花结果，这值得全社会的尊重和爱戴。

北京师范大学教师教育研究中心教授　李琼

转变遇到幸福

河南省郑州市文化路第一小学　张林颖

近来"996工作制"一直都是热门话题，很多人都参与了这场话题的讨论。关于这个话题，在教育领域也掀起了一场讨论，不少老师表示，"哪来的'996工作制'，老师都是'795''696'，需要的时候甚至是'007制'"，由此又对教师这个职业进行一系列调侃。

近些年来，教师的"职业幸福感"一直是一个有争议的话题。因为在外界看来老师是一个幸福感爆棚的职业——每天只是上上课，改改作业，周末双休，还有暑假、寒假两个假期，感觉好像再也找不出来哪个职业像教师这么轻松了。每每听到这样的言论，可能身在教育行业里的老师都无言以对。因为只有亲身经历了才会发现教师这个工作真的是千头万绪，教学上有考核、备课、上课、总结汇报、各种会议和检查、论文、比赛，班里肩负着几十名学生们的教育、安全责任，可以说大到教书育人、端正学生思想、关心孩子生活，小到扫地、关灯、桌椅摆放、擦黑板，事无巨细，都是老师的工作。这些烦琐的工作让不少老师产生了"职业倦怠感"，连我这个刚入职四年的老师也时时会感到疲惫与辛苦。

很长一段时间我很"畏惧"上班，对，真的是畏惧，我觉得每天一踏进学校就有各种事情扑面而来，而自己每天忙得昏天暗地也没办法处理完。周而复始，畏惧心理一天天有增无减，每天上班的心情都无比沉重。这样的心情压抑久了总是需要宣泄的，在一次繁重的工作之后，我边哭边向好友倾诉自己的工作苦恼。经过一番倾诉，我静静反思，发现自己对于工作的心态实际上是处于"畏惧—逃避—痛苦—畏惧"的不良循环圈里的，这个不良循环圈才是导致我工作疲惫、倦怠、痛苦的根源，所以必须要赶快跳出这个循环圈。为此我向身边很多人请教了经验，给自己总结了一套方法。

一、管理好时间，把工作进行明晰分类

教师的工作太过于烦琐，我就每天用备忘录把自己这一天要做的事情进行记录，每做完一项进行打钩，如果临时出现了新的工作，能马上处理的小事情就立马处理，如果是不能马上处理的事情，就添加到备忘录上，稍后再进行处理。每次打开备忘录把上面的工作一件件打钩的时候就升起一种小小成就感，而这种成就感也会促使我抓紧完成后面的工作。

二、给自己布置任务

每天要尽量多地去发现和记录身边美好的小事。到目前为止，我发现"班里小希的脸圆圆的好可爱""学校墙边的蔷薇花开啦""今天想喝水的时候恰好热水壶里有水""今天的风很舒服""耶，今天上班路上没有遇到一个红灯""今天的字好看""小洋今天的作业写得真干净"……这个方法让我每天都尽量多地去发现身边那些微不足道的"小幸福"和"小美好"。尝试一段时间这样的方法之后，我会不由自主地收集每天的"小幸福"，来增加自己的幸福感。

三、每天提醒自己进教室后要展露一个笑脸

作为教师，特别是班主任，为了能够严格要求学生，好像都养成了"变脸"的技能，一进教室都是严厉的表情。一天，我在班里听到两个学生稚嫩的话语，不由得笑了，孩子们大惊，纷纷议论"老师笑啦"……我才发现自己不

知道什么时候在学生面前已经没有了大笑的表情了。从此以后，我每天早上都面带微笑走进教室，算是对自己的一个提醒，要每天多笑，这样的笑也在提高我的幸福感。

四、善于发现每个孩子的闪光点 >>>>>>>>

每个孩子都是独一无二的小天使，他们都有着不同的魅力。有人说："用放大镜看学生的优点，用缩小镜看学生的缺点。"我平时会观察每一个孩子并记住他们每一个人的优点，让每一个学生都能感受到我对他们的关心及喜爱。

五、要求自己站在学生的立场来考虑问题 >>>>>>>>

当老师久了会不自觉地把学生当成和自己一样的成年人来沟通、对待，很多时候老师是不能理解为什么这些学生会犯这样的错误的，每当这个时候我就会要求自己先站在学生的立场来考虑他为什么这么做，并明确地告诉学生老师要求不能这样做的原因及批评他的原因。这样的换位思考，减少了很多处理学生之间矛盾的精力消耗，也减少了很多对学生不理解而造成的敌对状态。

六、在工作时间进行"休息" >>>>>>>>

长时间的工作会让人感到焦躁，这个时候我就会选择做一些轻松的事情缓解一下，比如，我会在学生们的练字时间跟着学生们一起伴着音乐练字；我会在吃完饭之后，带着学生们一起去操场上玩一会儿或者坐着看看花儿、看看天；也会在阅读的时间跟他们一起读成语故事，了解中国语言的文化；在大课间的时候跟着他们一起做操，既起到了示范作用也锻炼了自己的身体。这样的活动是对焦躁心情的一个调节。既能让自己平心静气，又能陪着学生们一起享受快乐、共同成长，每天这些时刻的幸福感都是足足的。

所谓"幸福感"，就是人们对自身的满足与安全感，从而在主观上产生的一系列愉悦的情绪。收获"幸福感"，就是从转变心态，感悟身边每一件美好的小事，缓解自己情绪开始的，愿幸福与每一个教师如影随形。

点评

作者作为一名入职四年的教师，对于自己身上出现的"职业倦怠感"进行了准确、及时的诊断，并积极主动地采取干预措施，可以说作者的故事是较为成功的应对职业危机的案例。

首先与他人沟通，深入分析问题；进而从不同角度入手，在转变行动中为自己"发现幸福"。在这个过程中，除了合理、高效地利用时间，最重要的幸福感还是来自学生——"发现儿童"让作者"发现幸福"。无论是看到学生个体的气质性格特点，还是探究学生心理、换位思考，都极大地改善了师生关系，提升了教与学的效果。另外，与学生共同享受学习，陶冶情操，不仅使教师素养得到提升，而且还是一种以身作则，会让学生产生"老师与我共同学习进步"的感受。

正是在这样一个"反思—行动—再反思—再行动"的循环当中，作者完成了自己的"幸福实践"。

北京师范大学教师教育研究中心教授　李琼

幸福地行走在教育之路上

广西柳州市桂景湾路小学 韦金岚

1987年的秋天，17岁的我因为三分之差高考落榜后，怀着对教育事业的无限憧憬，参加了镇上代课老师的招聘考试，成为一名代课老师，回到离县城40多千米的家乡浮石镇三千小学教学点教书。从此，我便幸福又执着地行走在教育之路上。

一、月薪40元的幸福生活

月薪40元能买什么？对于我，能买到无限的快乐和幸福！

家乡的学校建在村中心的山坡上，两间教室，一间办公室，一间图书室，是黄泥充墙的大瓦房。屋顶放六块亮瓦，有四个大木窗子，很敞亮。全校只有两位老师：我和我的50多岁的启蒙老师。因为穷山恶水，几十年也调不进一个外面的老师。班级有一到四年级，全校有60多人，因为学生少，采用二级复式班上课（一个教室里有两个年级的学生）。我上一、二年级数学，三、四年级语文兼班主任，全校的美、音、体，全天满课时五节。因为全村是壮族，上课时我得先用普通话讲，再用壮语翻译，学生才听得懂，嗓子经常哑得说不出话。班上的小可爱"鼻涕虫"小南给我端来了他奶奶用杉木炭泡的水让我喝，说喝了这个山木炭水明天就好了。我半信半疑地喝了，第二天，嗓子果真好了很多。

山里的孩子课间活动丰富多彩。一到下课，操场上立马热闹起来：我和学生们手牵手在操场上玩"拦鱼"，玩"打仗"；用葛麻藤甩大绳一起跳；打篮球、乒乓球、羽毛球；到杨梅树下爬杆；玩抛石子、跳"大海"……

在学校一切自力更生。学校前面的篮球场是我跟乡亲们花了一年时间才平整出来的；学校屋顶每年冬天都需要添新瓦检漏，我便和乡亲们跋山涉水到30多里外用箩筐挑瓦回来，村里的乡亲会主动来帮忙检漏。为了让学生免费读书，组织学生每个学期都利用一个星期来勤工俭学，如夏天"双抢"时让学生跟家长去拾稻穗卖给生产队，秋天到山上捡油茶籽、桐籽，榨油后拿去镇上卖，作为学生的学杂费，剩余的钱就买体育用品和连环画。在学校后山，师生一起开辟了三亩多地作为劳动基地，种上李子、桃子、板栗、柚子等果树，以及红薯、芋头、花生等。每当收获时节，学生都会欢欣鼓舞地带着劳动成果回家，也把满满的快乐和幸福带回家。

在村里，我还负责给脱盲班的乡亲们上夜校，经常帮乡亲们代写书信，起草重要的文函等。村里没通电，晚上都是在煤油灯下备课、改作业。因为用心教书，当老师的第二年我被评为县级先进教育工作者，奖品是一台手板大的晶体管小收音机，这是我当时了解外面世界的唯一有声渠道。有重大新闻，我会拿到班里播放给学生听。

我在村里代课整整十年。每天，上班时间我会尽心尽力地上好课，教好学生。一放学我就是个农民，需要下地干各种农活，种菜养猪，帮做各种家务，晚上在煤油灯下批改作业和备课。虽然每天很辛苦，但我觉得自己的每个日子就像故乡那条清亮的小溪，从容又快乐地奔跑着。我尽己所学，教给学生知识与做人的道理。十年间，虽然月薪只从40元上升到150元，虽然没有富裕的物质享受，但我得到了所有乡亲对我的敬重与孩子们对我的爱戴。这份温情让我固守了为人师的快乐初心。

二、"一个不能少"的幸福生活

1997年3月，我取得了自考大专文凭后，告别家乡到离县城60多千米全县最穷最偏僻的沙子乡中学代课。因为工作积极认真，1997年12月，我光荣地加入了中国共产党，并成为全县代课老师中唯一的中学教导处主任。

这里比家乡更艰苦，每天只有一趟班车早出晚归，这样回家非常不方便。

我的工资涨到了180元，加上晚修费，不到250元。那里买菜困难，为了解决住校老师的吃菜问题，学校给每个老师分一小块菜地，老师们可以自己种菜。那时全校45位老师，其中代课老师就有20位，而且大部分当班主任，有条件的老师都陆续调到县城或附近的学校。因为这里山多地少，村民们的生活非常贫穷，导致很多学生辍学。因此，周末我们经常要走几十里路去家访动员学生回校。有时为劝学生来读书，周末还到学生家里帮他们砍甘蔗、打谷子、扯花生等，因此跟学生家长也很熟。家长们对我们也非常好，时常以玉米、柿子、黄瓜、西红柿、白菜等自家种的东西回报我们对孩子的好，他们用这种最淳朴的方式来表达对老师的敬意，让我们享受到亲情般的温暖。

1998年，正值全县"普九"验收，严令每个学校务必做到"一个不能少"。但每班都有三五个学生因为贫穷而辍学。当时我带的96（3）班有四个学生辍学，一个是孤儿，两个是单亲，一个父亲病重，每周7元伙食费都交不起。学生几次辍学回去我就几次去家访动员，但每次都是失望而归。为了让这四个孩子安心读书，我跟四个家长商量：让孩子从家里带米来跟我一起吃，不用出钱。家长只好同意了。这样总算把学生稳住了。这几个孩子一直跟我吃到初三毕业，都以优异的成绩考上了县重点高中。这是个多少人梦寐以求的喜讯，但对这四个孩子来说并不是件好事，他们穷得再也读不起书了。我心急如焚：怎样才能让孩子们继续读书呢？我回家跟妈妈和哥哥商量后，决定卖掉家里的那片杉木，加上我十多年的积蓄3000多元钱分给四个学生，让他们及时去县城高中读书。卖木头的钱很快用完了，为了让学生安心读书，2001年8月，我含泪依依不舍告别了我的故乡，在亲戚的推介下，应聘到柳州市私立启明中学当老师，每个月可以有450元钱。这样终于解决了四个学生的伙食费。

三、"同享蓝天下"的幸福生活

在市里这所私立初中，学生都是来自全国各地的农民工子女。这些家长大多文化低，没有固定工作和稳定收入，每天忙于生计，无暇顾及孩子，导致学生的纪律、学习都很差。有的学生还沾染了偷盗、打架、打游戏、抽烟等不良习惯。记得有一次，班上的小威跟四个同学晚上开着三马车到某钢铁厂凿开围墙，钻进厂房里偷了一车400多斤半成品拿去当废铁卖，结果被抓进了派出所。我感到非常心痛：孩子犯错，我有责任，我没有把他们教育好。怎样才能把这些孩子教育好呢？

我开始对班上学生逐个进行家访，记录好每个孩子的家庭情况，跟家长商量教育孩子的方法，并定期做好回访工作。为了让孩子喜欢上学读书，我和学校领导商量组建了篮球队、田径队、文学社、小记者广播站等社团。这些活动渐渐地吸引住学生，逃课翻围墙去上网的孩子没有了，校风、学风慢慢好了许多。

但是私立中学的学生因为各种原因流动性大，学生或转走或辍学，让我们感到很无奈。特别是2005年农村学校实施"两免一补"后，很多学生都转回老家去读书了。生源在流动，在锐减，工资不升反降，从650元降到540元。我在这所私立中学坚持了五年多，每个月把工资的三分之二及做五份家教所得的钱分成四份寄给我四个学生，他们没有辜负我的期望，都上完大学并找到了自己喜欢的工作。

在这样的私立中学，我希望同在蓝天下，到这所私立学校来求学的学生们都有灿烂的值得回忆的童年，每个学生都不被歧视也不被放弃，没有一个学生的尊严受到漠视；更希望这样的学校能包容每一个有才华、有个性、有慈悲心的老师，因为他们永远是学生们的天使！

四、成为正式老师的幸福生活

2006年10月，我离开了私立中学到柳州市教育局主办的杂志《龙城教育》应聘当记者。在将近三年的记者生活中，我经常跟市局领导到市内外各中小学及职校采访，写出了400多篇教育新闻稿件。我对于记者工作虽喜欢，但总没有当老师的那份快乐与幸福感，再加上每次对优秀教师或校长专访时，我都会触景生情，于是便萌生重新回到教师岗位上的念头。

2007年7月，柳州市学校公开招聘老师，市辖区的六县农村户口老师也可以报名了。我便报考了某中学历史老师职位，以笔试第二名进入面试，但因不是本专业落榜了。我没有灰心，2008年7月我再次报考，当时初中招考学校年龄都限定在35岁以下而我已是39岁"高龄"了，全市只有一所小学年龄放宽到

40岁以下。我抱着试一试的心态参加了笔试，经过认真备考，以第一名获得面试，最后我终于如愿以偿实现了我的梦想——成为市里有编制的老师。2009年2月9日，已经从教20多年的我，终于拿到了有编制的调令！但后来人事局的领导跟我说：你的情况比较特殊，因为以前你都不是正式老师，学校没有帮你交"五险一金"，所以你以前的工龄教龄都不算，教龄从2009年算起，你是一名新教师。虽然这个消息让我非常震惊又哭笑不得，但无论怎样，我不再是代课老师的身份了！

如今，我已经工作了整整32年，但现在的履历表上我只是一个9年教龄的小学二级教师。这样奇特的履历估计全中国也没几个。但我已无所求，我享受着这几十年跟学生在一起的幸福时光，我会继续背负着爱与责任的行囊，快乐并执着地行走在幸福教育的路上！

> **点 评** >>>>>>>
>
> 读完这篇文章，感到作者用"朝圣"二字来形容自己的教育人生，实在再切题不过！在作者身上，我感受到的是一名默默无闻的乡村教师朴实的气质，更是一位"草根"教育家深厚的济世情怀！32年下来，作者的工作岗位多次变动，教师身份也有变化，历经种种挑战，不断积累经验，但不变的是其为人师的责任感与爱生的初心。
>
> 我国的基础教育正因为有了这些扎根乡土的"朝圣者"，才能攻克"普九"的大难关，才能谱写一页页新的篇章。作者的事迹值得被更多地推广，从而有利于深化新教师对职业幸福感与人生价值的认识。
>
> 文章生动有感染力，尤其是对乡间艰苦奋斗生活细节的描写和对困难学生个案的描述，将作者教育生活的点滴都形象地刻画在读者面前。
>
> 北京师范大学教师教育研究中心教授　李琼

你就是自己的心理调节师

湖北省恩施市实验小学　毛琼

我曾在一个近200人的教师心理健康讲座上做了个调查：你喜欢教师这个职业吗？现场举手的人数不到三分之一。问其原因，大家都认为教师这一职业易产生压力和倦怠。

的确，教师这一行业中，高强度、高要求的日常教学工作，学校临时增加的额外活动，以及学生们造成的突发事件，都让教师面临着巨大的压力。我们如果不能很好地应对压力，调节自己的情绪，会影响周围的数十名学生，妨碍他们的身心和学习，还会影响自己和家庭。所以提升教师的职业认同，增加教师的积极情绪，使其快乐地投入工作，有着十分重要的意义。

我担任了20年的班主任工作，带的都是超级大班（80多个孩子）。我喜欢这份工作，因为每天和鲜活的灵魂打交道是一件十分幸福的事。我也会面临压力和挫折，但我会调节自己的压力，调整自己的情绪，让自己在职业中去寻找教师的存在感和成就感。

一、对学生的接纳

一个班的孩子性格、能力、家庭环境各有不同，有"金凤凰"，也有"丑小鸭"。"金凤凰"要爱，"丑小鸭"更要爱，对于他们更需要耐心与爱心去接纳。

接纳所有的孩子，无论是优生还是差生，他们都有一个共性，那就是成长性。再差的学生，其人格的内核也是善良、希望上进、希望得到肯定的。

如果我们把学生全部的行为当作一个整体，可以分为可接受的学生行为和不可接受的学生行为（如图1）。

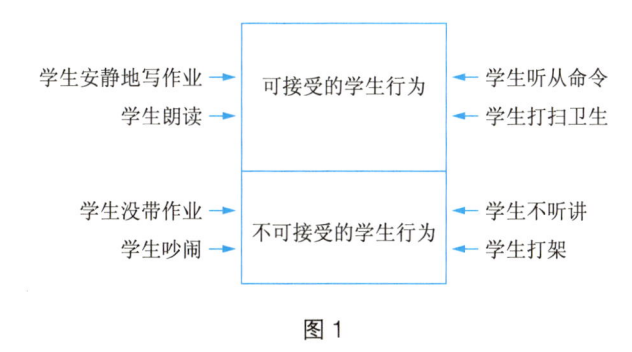

```
学生安静地写作业 ──┐  ┌── 可接受的学生行为 ──┐  ┌── 学生听从命令
学生朗读 ──────────┘  └──────────────────────┘  └── 学生打扫卫生

学生没带作业 ──────┐  ┌── 不可接受的学生行为 ┐  ┌── 学生不听讲
学生吵闹 ──────────┘  └──────────────────────┘  └── 学生打架
```

图1

学生行为的可接受性与不可接受性在不同的教师看来是不一样的，往往与教师的人格和心情有关。如果一个教师的人格中具有焦虑-抑郁的特点，他就会对自我苛求，并对学生苛求，夸大负面的行为表现，倾向于把学生的绝大部分行为都看成是不可接受的，所以整日批评和担忧，眼中看到的都是问题行为，占据注意力核心的都是学生的坏行为，他对学生的接纳度就低。这样的老师即使极其负责，也不会得到学生的认可和喜爱，那他的职业认同感也会降低。

若一位教师人格中带有自信、自主和掌控感，他就会信任学生，发自内心地认为，无论自己还是学生，优点远比缺点多，即使出现一些小的纪律问题，也不是什么大事。我们看待学生还是应该看主流，学会站在学生的角度去分析。如果学生一点都不吵闹，不犯错，那就与年龄特点不相符。这样的教师对学生的接纳度就高，对职业的认同感就强。

二、情绪管理

我们每个人每天会体验到各种情绪，有积极的也有消极的。学会控制自己的情绪是教师极为重要的心理素养，可是在教学中真正做到是十分困难的。

有的教师为其他教师做思想工作时，可以劝他们不要情绪化，但当自己在管理学生出现失控时，仍然不免情绪化。

情绪化是以自我为中心的，不会对教学起促进作用。当学生不服从或顶撞我们时，我们产生情绪冲动，想要发火是十分自然的，这是出于自我保护和自尊的需要，这往往是下意识的。从自我权威维护方面，发脾气是有意义的，从教育效果来看，则不那么简单了。

记得我刚教书时年轻气盛，遇到孩子们不守纪律便发火。发火时，学生似乎安静了，服从了，但过了不久，学生又重复以前的毛病，于是开始"淘气—发火—淘气—发火"的恶性循环。我发火的频率越来越多，声音越来越大，但感觉自己的威信和尊严却越来越低，脾气越来越大。后来，我开始反思：学生为什么要气我？为什么发火之后，他们就会安静？如果从学生的角度想问题的话，一些学生，在学习方面不能获得自我实现，就会在其他方面展示自己，体现自己的存在感，比一比谁最能捣乱。而教师的生气程度恰恰是他们显示自己能力的体现，如果老师发火了，他们就会视为自己的成功，就会安静一会儿，因为他们的目标达到了。由此看来，发火对于解决问题没有什么用处，它不是解决问题的手段，反而是被学生控制的标志。所以，我开始改变。

我开始学习调节和管理好自己的情绪。某种消极情绪一出现便自我觉察：这样愤怒冲动有效果吗？先冷处理一下会怎么样呢？并时时进行自我反思，消除不良的情绪反应。我开始学习心理学、教育心理学，并通过考试获取了国家二级心理咨询师证。在学习的过程中，我明白了学会调节和管理好自己的情绪是一种情感智慧。

在愤怒时，我们很容易认为是眼前发生的事情引发了自己的愤怒，从而忽略了自己对情绪所负有的责任。其实不是事件本身惹我们愤怒，是我们的想法所决定的。（埃利斯的"ABC理论"）我们看法中有一些是主观的、不合理的。如有的老师认为学生调皮是故意跟自己作对的，所以自己一定要制服他，否则在班上就没威信了。结果导致在课堂上师生矛盾升级。

这种想法的不合理之处是"没有哪一个学生想和你过不去"。学生捣乱的原因很多。有些是对你的做法表示不满；有些是出于显示自己的胆量，让你注意他；有些是患有注意力障碍，控制不了自己的行为；还有些是偶然的。这些行为背后的原因就像是冰山下我们看不见的那部分。所以我们不要急于武断地主观地去处理，更不要乱发脾气。如"我的学生必须做到我提出的要求，若他们做不到就应该受到惩罚",这是绝对化的要求。如果此时老师通过自我对话,让自己持有更灵活的信念——学生能达到我的要求是最好的,但一群孩子偶尔达不到要求也很正常,何况大多数情况下他们的表现还不错,那么我们的怒气会消解一大半。

也许令你最为关注的不是好学生的好行为,而是差生的不良行为。也许你整天陷入几个淘气学生的行为问题中不能自拔,忧心忡忡,由此变得焦虑不安。如果这样,你刚当教师那会儿的热情就会消失殆尽,你会过早地衰老,失去对职业的热情。这是教师心理不健康的根源。

所以,是不太合理的认知和观念引起我们的负性情绪,只要及时地调整自己的认识就能解决问题,恰当地减缓消极情绪。

作为教师,我们一方面要与不守纪律、学习不良的学生"较量",从他们身上寻找教育上的误区;另一方面又要跳出这个眼界,从心理健康和优秀的孩子那里获得教育的灵感。这样会让你有个好心情,而且使你对自己的教育充满信心。

> 小杰是一个转入我班的极其调皮的孩子,任课老师都怕给他上课,打架惹事几乎天天发生。家长无论是苦口婆心,还是皮鞭严惩,都没有效果。我通过家访,很快找出他的问题,在他幼年时家庭过于强调孩子的自主性而忽略了自律、包容等习惯的培养,导致他很难适应有一定自控力的要求、纪律性和群体合作的集体生活。他认为所有人都与他作对,所有事都是别人的错。于是,我就用认知行为疗法对小杰进行心理辅导,走进他内心深处,体验他最真实的情感和思维;理解他的心理——为什么喜欢攻击人?因为理解变得接纳,因为共情变得接纳,他开始慢慢地也接纳了我。
>
> 我们一起进行一个试验:我把50个有关人格的词语汇集,让小杰在里面找到正能量的词语(十几个),然后每天把这些词语抄三遍,再读十遍在意识中进行强化,每天下午放学时总结,今天做到了其中的哪个词语,感觉怎么样。刚开始,他只是流于形式,有点儿敷衍,但没关系,在做就不错。从第一周开始,每天结束时没做到一个词语(好事),到后来有了"日行一善",得到大家的肯定,再后来,主动帮助班级做事,帮老师。实验进行了半学期,效果较好。她的妈妈给我写了一封信表示感谢。

"姐，辛苦啦！每天晚上我都听儿子读着那些正能量的词，一个个，一遍遍，听着听着，我会感动不已，悄然落泪。不是他读得多么优美，而是被你感动着。这是一种多么深沉的爱！转学过来已两年，700多个日子里，期盼、失望，再重拾希望，再被他浇灭，再次收拾心情，鼓起勇气……我只是反复跟儿子讲，在这个世界上，你遇到毛老师，是你一生的幸福与财富，等你长大成人后，你会感恩她一辈子……"

三、设定自己专业发展的目标

作为教师，需要专业成长。专业成长是教师职业幸福感的重要来源。

教师的工作日复一日、年复一年，每天都在从事着同样的工作——教书育人。但我们也能从这平凡的工作中体会到快乐。课堂是教师教育教学的主阵地。上好每一堂课，根据学情，因材施教，是我们的职责，也是我们绽放激情、激扬生命的机会，是我们收获幸福的田园。我们需要不断地学习新的教学方法、教学手段，让自己专业得到成长。

看到自己教的学生一天天长大、一天天变化，看到他们从不知到知、从不懂到懂，知识一天天积累、思想一天天成熟、心灵一天天丰富，我们就能感受到教师的职业幸福感。

不同的心境、情绪可以造就不同的心理。要豁达、愉悦还是萎靡、阴暗，选择权一直在我们自己手里。规避负能量心理，打造好心情生活，每个人都该为自己的心灵建一座灯塔。你也可以做自己的心理调节师，做一名幸福的教师。

点评

"接纳所有的孩子，无论是优生还是差生，他们都有一个共性，那就是成长性"，深深地被这句话中的"成长性"三字所打动。作为一名教师没有只盯着能给自己带来丰厚业绩的"优等生",而是能放眼全部,看到了所有孩子的"成长性",不因为学生的某一个不能接受行为而否定学生的全部,学生不是不能,而是尚未达到,还需成长!能在这样的老师班里学习的孩子是何等的幸福和幸运。

更幸运的是,作者不仅看到了学生的"成长性",而且意识到了教师同样也需要"成长",看到了教师积极的人格对学生的影响的作用。积极地学习情绪调节与管理的方式方法,设定自己的专业成长目标,做自己的心理调节师,与学生共同成长。毛老师用自己积极的教育实践为每个学生创造了一个和谐愉悦的教育氛围,以激发学生"成长性"为目标,让教育在和谐中焕发着它无穷的魅力!

北京师范大学教师教育研究中心教授　李琼

幸福做教育，培育幸福人

甘肃省皋兰县石洞小学 魏柏林

幸福是一种态度，也是生活的滋味。这不是别人给的，是自己品出来的。用心行走在教育的路上，幸福做教育，培育幸福人。

一、名师点醒迷途人

2019年9月，我参加国培计划培训。西北师范大学李泽林教授上了颠覆我教育观的一节课。他幽默风趣，时而走到过道看看谁没有认真听讲，时而看学员们累了困了，讲讲笑话，以此来引起兴趣。看到好多人玩手机，李教授让大家做小游戏：要求两手相背，去互相勾，然后翻转，看能不能直接取开。我们兴致勃勃地做了好多遍，依然没有达到要求。李教授笑着说："我再说一遍，你们听清楚以后做。两手相背，右手小拇指放在最下面，剩余手指对应互相勾，然后翻转，看能不能直接取开。"这一次大家脸上都露出了会心的微笑。李教授顿了顿说："大家回顾一下我们的教学，如果教学重难点没有点透，孩子们会理解吗？"

那一刻，我陷入了深深的反思。走进小学，我接手了一个差班，经常抱怨：家长素质不高、孩子家庭教育不好、没有好习惯、班上待优生太多——唯独都没有反思过我的教学。李教授的一席话点醒了迷途中的我。后来的教学，我精心备课，力求突破重难点。记得在教人教版小学语文四年级上册《去年的树》时，有个生字"融"，为了避免学生写错字，我在上课之前先查字典，弄清它的意思。"融"字，读音róng，本义是指固体受热变软或化为流体，也指炊气上升，引申义是长远、永久。在这篇课文里，原句是"原野上、森林里的雪都融化了"。因此，文中"融化"指冰或者是雪由于温度或者是太阳光的照射化成水。理解了词语的意思，我让学生观察"融"的结构及写好这个字想给同学们哪些建议？孩子们七嘴八舌地说：虫的起笔要高、要靠上，左右等宽等。我告诉孩子们："春天到了，万物复苏，小虫子从土里爬出来，呼吸新鲜空气了。"我边说边书写左下"冂"里的"点、撇、横、竖"，又用红笔做了重点标记，让孩子们书空，接着又让他们写在生字本上。后来学生上交的生字本告诉我：这个字难点突破了，孩子们都掌握了。那一刻，我真正体会到了：要想上好一节语文课，重难点的突破有多重要。那一刻，我也深深明白，学生教不好，我也有责任。从那一刻起，我每节课都精心设计，争取做到节节课有亮点。有了这样的教学理念，也就有了下面的课堂生成。

二、抓课堂生成，促写作提升 >>>>>>>

有位著名的教育家曾说："教育的技巧并不在于能预见到一节课的所有细节，而在于根据当时的具体情况，巧妙地在学生不知不觉中做出相应的变动。"我在讲授人教版小学语文四年级上册园地三日积月累时，就遇见了这样的课堂生成。其中有一首小诗《雨中的树林》。课标对小学生日积月累的要求：教师在教学时，让学生先把诗歌多读几遍，然后引导进行合理想象、大胆表达，在此基础上有感情地朗读、背诵。教学中，我将重点放在了朗读、美读上。孩子们在一遍遍的朗读中，已将诗句熟记于心。于是，我找了一排同学让他们把自己最喜欢的一句展示给同学。大部分孩子都能尽自己最大努力按要求做。少数孩子由于紧张，出错了。有个孩子这样说："青蛙击鼓跳舞为你歌唱。"孩子们异口同声地纠错："不对，是表演。"这个孩子将正确的内容说了一遍。读到"落花铺成的地毯又软又香"时，他将软香顺序颠倒，孩子们大笑着纠错。我问孩子们："大家想想落花铺成的大地是怎样的？是不是又香又软？"孩子们顿时安静了，有个别同学微微点头，还有些同学很茫然，不知道该如何回答。这时，我引导孩子们，其实它们表达的都是一个意思。顺势我又问："既然一样，为什么作者要用又软又香而非又香又软？"这时，我让他们齐读诗的第二小节，告诉他们答案就在诗中，看看谁能发现。当孩子们读完这一小节后，班里反应快的孩子就发现了，不等我喊他就站起来说："一、三句押'ang'韵。""对呀！你能说说这样写的好处吗？"我问。另一个孩子回答："这样写，诗句朗朗上口，便于记忆。"我夸奖他们善于发现问题，更会总结。其余孩子也顿时明白了许多！会思考的孩子进步快！

学完了这首小诗，我引导孩子们以"幸福是什么"为开头写三小节诗，有了适时对诗歌押韵的写法指导，很期待孩子们原创小诗的诞生。孩子们这样写：

幸福是什么

石洞小学四二班　宁梓晨

幸福是老师谆谆的教导

幸福是志同道合的欢笑

幸福是父母温暖的怀抱

幸福是家人一起的闲聊

幸福是冬天温暖的火炉

幸福是干净宽阔的马路

幸福是童年快乐的舞步

幸福是自由自在的相处

幸福是老师无私的关爱

幸福是妈妈仁爱的胸怀

幸福是爸爸和善的目光

幸福是祖国殷切的期待

我紧紧捕捉孩子们的课堂生成，适时调整上课内容，进行诗歌写作上押韵的指导。孩子们在自己的小诗中，努力地做，而且效果还不错。为了更有力地促进孩子们写作，我也尝试去写：

幸福是什么

幸福是生命跳动的脉搏

幸福是身体流淌的血液

幸福是脸上洋溢的笑容

幸福是脚下坚定的步伐

幸福是母女今世的相逢

幸福是听你熟睡的鼾声

幸福是累并快乐的坚持

幸福是血脉相连的永恒

幸福是课堂放飞的梦想

幸福是思维碰撞的欣赏

幸福是操场挥洒的汗水

幸福是开心伴你共成长

通过抓课堂生成，我们挖掘了潜力，遇见了更好的自己！正如诗中所写，当我把教育当作一件幸福的事来做时，就不会生气，不会失落。孩子们在我鼓励的语言、赞赏的眼光中，越来越自信，越来越快乐。这时，我才真正体会到：把孩子看作天使，你就生活在天堂里。这样的教育，是幸福的教育，我，是幸福的老师。因为幸福，我时常被孩子们感动着。

三、感动感恩

冬日的早晨，好冷。

我和学生的脚步一样，忙着开启新的一天。第一节是我的语文课，随着孩子们的结束语，我轻松地走出教室，走向办公室。我刚坐下来，一个细声细语的声音在我耳畔响起，我扭头一看，是我班的中队委员，她羞涩地叫"老师……"，边说边将一个小纸袋撑开，拿出一个包装袋，说："老师，我给你送一袋好吃的。"随后放在我的桌子上。我问哪儿来的。她笑眯眯地说："别人送的。"说完就一溜烟跑出了办公室。原来是一袋小麻花。我取出来尝一口，又香又酥，真好吃！我的同事们赞不绝口！我心里乐滋滋的。

回首和孩子们在一起的四年时光，幸福与感动并存。教师节那一束颜色鲜艳的小纸花，那一张张贺卡，还有孩子们带来的丰富多样的小食品，都带给我单纯的快乐。有时我会把一块糖偷偷塞到他手里，并悄悄告诉他：今天上课你发言最积极，老师奖励给你的！记得把糖纸扔进垃圾桶哦！看着孩子窃喜，我比他更快乐！有时我会把小零食当作奖赏，送给作业写得又快又工整的孩子。当他们通过努力获得这些时，那个开心，比爸爸妈妈买一大堆还高兴，因为此刻，它不仅仅是一个简单的物品，还包含着老师的鼓励与认可！孩子们高兴了，我就幸福了！

他们给予我关爱、支持，我时常反思，我该给予他们什么呢？

记得那次课堂能力测评，孩子们在我的引领下，走进卡罗娜，忧愁着卡罗娜的忧愁，快乐着卡罗娜的快乐，他们催人泪下地朗读，他们认真地聆听，精准地回答，成全了我的努力！教学相长，原来我们都可以做得更好！为了表示对同学们的感谢，第二天早上，临出门，我准备了热气腾腾的爆米花，一路上我家宝贝害怕爆米花变凉，让我把口系紧。来到教室，看着孩子们吃爆米花的憨态，我觉得做一名老师真好！简单，快乐！

孩子们教会我，做人应该心存感恩！

2017年12月1日，我有幸去西安参加"名师之路"的培训，利用晚上的时间去了趟回民街，特意留心找一些能带回家的特产，看到麻花和花生酥，心里很是高兴，终于可以给我的孩子们带点吃的了！于是精挑细选了几样，带了回来。周一的早晨，孩子们吃到了香酥可口的西安特产，那一天的作业，孩子们做得非常用心，干净、工整！那一刻，你就会发现原来给永远比拿快乐！

如今，我就是"天堂"里的那个幸福的班主任！我愿继续做一名幸福的老师，静心去培养幸福的学生。

> **点 评** ▶▶▶▶▶▶▶▶▶
>
> 文中老师结合自己课堂教学的真实案例，生动形象地展现了在课堂中巧妙地做出相应调整，实现课堂有效生成，以促进写作提升的故事。教师只有把教

育看作一件幸福的事，把学生看作活生生的人，做有温度的教育，才能和孩子们一起幸福成长。

能够得到学生的喜欢、尊重、认可是教师幸福感的最大来源，一袋小麻花、一块糖、一包爆米花……师生之间的真诚就是如此简单，简单得如此珍贵。用心做教育，精心设计每一堂课，设身处地为学生着想，让学生在富有生命力的课堂中学习，当看到孩子们自信的发言、快乐的笑容、真诚的问候时，教师也会由衷地感到幸福。这就是做一名幸福的老师，静心去培养幸福的学生。愿每位老师都能用心感受教师职业的幸福。

北京师范大学教师教育研究中心教授　李琼

家校协同
JIA XIAO XIETONG

让亲情浸润心灵，让真情溢满文字

北京市第五十七中学　李业慧

初中学生对生活缺少丰富体验、感触，不少学生难以写出有真情实感的文章，如何让学生在写作中融入对生活的体验与感触，使得文字更有真情实感？初中学生处于青春期，与家长之间、与教师之间易产生感情交流的沟壑，不利于孩子的身心健康发展，不利于教师、学校的德育工作，也不利于家庭稳定和谐。如何加强学生、家长、教师彼此的信任、联系、理解与相互支持，让三者共同进入教育教学工作中，共同收获教育教学的丰硕果实？这也是教育教学研究领域的一个聚焦点。基于以上两个看似不相关的德育与教学的问题，笔者作为一名一线初中班主任兼语文教师不断探索，深度学习了"家校合作"理念，采取了系列措施，如运用"新教育"提出的"亲子共读共写"策略、组织建立家委会机制、家校共同参与管理教育工作等。通过这一系列教育教学活动与措施，逐渐紧密了班级中学生与家长的亲子关系、教师与家长间的家校合作关系，使笔者的教育教学工作良性循环，事半功倍。

一、研究问题确认

从语文老师的角度来看，刚入初一的学生写作技能很少，对生活体验也单调，有一点"没心没肺"，写作中缺少真情实感，而是生憋、生挤，为了完成写作而写作；从班主任德育角度来看，青春期孩子容易自我意识膨胀，容易与父母形成一定隔阂，笔者一直希望能通过一些有意义的亲子活动，增强彼此亲情关系。一直以来我希望通过一些教育教学活动改变这样两种现状，让学生对生活、对身边的人事敏感起来，做生活的有心人甚至生活的哲人。作为一名班主任与从教十年的语文教师，我在过去的德育课堂、教学课堂中，大多进行的还是传统的语文教学、德育活动，基本是在课堂内、校园内，以学生为教育教学对象，以教师为教育者，在有限的时间与空间内、在这两者间进行"两点一线"式"对话"，而忽视了在身边距离我们非常近的丰富的家长资源，更没有想过与家长共同创造、教育教学。而放眼望去，像我这样的教师与班主任并不在少数。如何家校联动对学生进行共同的教育教学工作？这个问题便是本课题的研究方向，我认为十分有价值。

二、目前家校合作现状的研究

通过查阅文献，我发现了这样一组有意思的调查问卷与数据。一份调查问卷由学生填写，调查问卷显示：家长不对学生进行心理健康教育的情况占比14.9%，这就体现了学校教师需要发挥德育功能，关心学生的青春期身心健康，同时，还需要发动家长，家校联动起来关心孩子身心。而另一份调查问卷由家长填写，调查问卷显示：对孩子在学校表现情况的了解程度，了解一点的占80.1%；家长们认为影响家长与高校合作沟通的不利因素，自己工作太忙的占54.97%，家庭离学校太远的占84.82%，文化程度低，无力参与的占40.84%，学校不欢迎的占1.57%，其他占24.08%。而由教师填写的调查问卷显示：92.4%的教师认为家庭教育、学校教育联合是有助孩子身心健康发展的一个重要环节，不仅不能缺，而且应该丰富化。老师与家长的教育沟通方式上：电话联系占87.15%，微信占10.2%，新生入学见面占0.15%，邀请家长到校面谈占2.5%。

从这些数据中，我对家校合作的现状有了更理性的认知：

一是从学生身心成长需求来看，迫切需要家校合作共育，尤其家长资源需要加入共育环节中，对于学生的身心健康发展是不可或缺的重要环节。

二是从教师工作的需求来看，良好的家校合作对教育教学工作十分有利，让许多工作事半功倍，可共达教育圣地。

三是从家庭关系需求来看，相当比例的孩子认为家长不关心自己的心理需求，数据也的确反映出许多家长没能真正关心孩子的心理健康，家庭亲子关系存在不和谐因素，尤其孩子青春期更是家庭矛盾集中爆发期。由学校接入作为媒介的家校合作联动共育，对学生的成长、家长的幸福感、共育参与责任感都十分重要。

四是目前家校联合教育内容少，频率低，方式单一，联动机制不足，迫切需要更多紧密、创新、有效的联动。

三、解决问题理念、举措及实施

（一）邂逅理念之光，点亮教育教学之途

了解了研究现状、本班学生的当前情况后，我不断在教育的路途中上下求索。一日，我有幸拜读了日本佐藤学的著作《教师的挑战——宁静的课堂革命》，其后不久也接触了朱永新教授的"新教育"理念，获得了一些新的启发，随之在课堂内外运用，获得了较好的教育教学效果。因为邂逅了理念之光，所以更加点亮了教育之途。

佐藤学提出"与家长共同创造教学"的理念，让家长参与学生的学习，让家长与孩子一起鉴赏诗歌等文学作品，从而孩子与父母共同成长。朱永新教授也提出新教育实验理念"亲子共读共写共同生活"。朱教授还认为共读是一个班级、一个家庭、一所学校、一个社区、一个国家乃至于整个人类通过阅读继承共同的文化遗产，拥有共同的语言和密码，从而能够共同生活的最重要的途径之一。通过亲子共读，通过教师和学生之间的共读，父母和教师才能够与孩子一起感受和体验那些最重要的语言和密码，才能和孩子们心灵相通。父母与孩子才能够真正成为一家人，而不是生活在同一个房间里的陌生人。教师和学生之间，才能够产生亲切的精神依赖关系。"你或许拥有无限的财富，一箱箱的珠宝与一柜柜的黄金。但你永远不会比我富有——我有一位读书给我听的妈妈。"这是美国诗人史斯克兰·吉利兰的短诗《阅读的妈妈》。可见，"亲子共读"的重要性。从家校合作来看，教师、家长、学生三位共同立体化阅读，

也可以有利于家校合作。正如佐藤学所说:"学习参与并不是志愿者活动,协助和参与学校教育是家长的义务和责任。21世纪的学校,不但是儿童们共同学习的学校,而且是教师、家长共同学习的学校。"这些理念引起了我强烈的共鸣与启发,这两种理论不正有异曲同工之妙吗?可以说殊途同归,都强烈彰显着亲子共读共写共育的重要作用。作为语文老师,兼班主任,我可以充分利用这两种角色,对学生在青春期的亲子关系、成长与写作起正面导向作用。

(二)以语文教师角色紧扣理念,拓展语文教学课堂,师、生、家长共读共写,提升写作能力

1.亲子共读,感知亲情,拉近亲子关系。初一上半学期我们遇见了文章《散步》。《散步》是语文教科书中一篇清新优美的散文。其构思之精巧,遣词之独特,内涵之丰富,令人叹服。尤其在情理交融上,浑然一体,看似情醉人,其实,不知不觉中,人已为作者蕴含其间的意境和哲理所深深地感动。它像一曲感人肺腑的歌,尽情颂扬了生命的美。可以说,阅读这篇文章,让人在对生命的感悟上接受了一次洗礼,让同学们热爱生命,尊重生命,理解生命。在语文组备课组长周雪梅老师的建议下,我把它作为亲子共读的一篇文章。于是教授完学生《散步》之后,我布置学生回家和家长一起阅读这篇文章,并留作周记。亲子共读第六课《散步》,在周记本上写下自己读后的感受,要求结合自己生活中的真实体验和感受,结合文章中细腻感人之处。家长和孩子都把感受写在周记本上。经过一个周末的阅读与写作,亲子共读成果还是不错的。比如刘家岐同学写道:"通过《散步》这篇文章联想到此,忽然在我小小的内心感受到一股暖流,这就是家人,这就是亲情,这就是幸福!如今我在生活中再也不跟奶奶争抢了,因为我知道奶奶爱我,我们家人都很爱我,现在谦让成了我们家的家风。"孩子用不成熟的语言表达他通过共读文章感受到了亲情的温暖,并自觉约束自我,用"谦让"的美德来提升自我精神境界,让家庭其乐融融。刘家岐妈妈也写道:"作为儿女与父母双重身份的我们,真切地感受到心有余而力不足,感受到身上的担子沉甸甸的,深深地体会到人到中年的责任重大。面对社会,要爱岗敬业、不断学习、自我提升、与时俱进,做好自己的本职工作。面对家庭,我们上有老,下有小,为儿女要赡养和关爱父母,陪伴他们慢慢变老；为父母要培养和教育我们的孩子真善美，健康快乐地成长，陪伴他慢慢长大。"字里行间，感受到一位中年女性在社会、家庭中的多重角色的压力与作为中流砥柱的责任感。我教学的另一个班级栾奕爸爸回忆了自己的母亲生前的岁月："母亲在床上一躺就是8年，我大学快毕业了，军转干部的父亲希望我继续他未完的事业，这也是母亲的愿望。我深知一旦入伍，一天24小时将不再属于自己，在父母膝前尽孝机会将少之又少。可我更知道，一个人，不但要对生我养我的父母负责任，更要对养我育我的祖国尽责任。后来听家里人说，我从军后，母亲最爱在人前用她含混的语言夸耀：'儿子，北京，当兵。'这是她一生最骄傲的事。我想，实现父母的愿望，也算是另一种报答吧。有人说，爱是一代又一代的辜负，但我不这样认为，爱是一代又一代的传递，也是一代又一代的延续。"字里行间流露出的作为铁血男儿对国家的忠诚与责任感、作为孝子对逝去母亲的追忆内疚都让人动容。

这次周记写作主要是通过学习《散步》触发对亲情的关注、感悟，发现生活小事细节中的亲情。通过学生《散步》的学习、亲子共读以及付之于周记中文字的表达，能看出亲子共读的效果还是不错的。无论是学生还是家长，都在这次共读共写中得到了一次精神洗礼、人生课堂启迪，让学生和家长对亲情的温度与重量都有了深一步的认识与感知，也让学生与家长彼此更为理解、包容、珍惜。

2.师生共读共写，深度感知理解亲情，提升写作技能。不仅如此，老师也在这样的共读中全程参与，而且作为语文老师的我，也可以加入共写，从而达到共情。

佐藤学提倡学生在宁静、润泽的课堂氛围中学习，他认为只有这样才能让学生处于一种自然状态，不恐惧、不紧张的状态，这是他们安心学习的前提。在一次作文课前，我提前播放安静的钢琴曲，营造了宁静和谐的教室氛围，然后缓缓讲述我给小女儿读过的绘本故事。虽然是小故事，却感人而深刻。就着令人沉醉的钢琴曲，同学们安静地听着这个《先左脚再右脚》的绘本故事：小时候是爷爷教会年幼的孙子如何搭积木、如何先左脚再右脚的走路，长大后是孩子教会病倒了的年迈的爷爷先左脚再右脚一步一步走路，祖孙之间的亲情流淌传递，生命的脆弱残酷与鲜嫩美好对比鲜明，生命的轮回的哲理也在这过程中彰显。故事的主题与叙事角度和《散步》都很相似，文章的情感与理性思考兼具，配着这样的音乐，以及我感性的讲解，我看到同学们的眼中已经泛着泪光。

同学们很明显再次关注到身边例如一步一步走路这样的细节也能体现出亲情。紧接着，我分享了朱自清的《背影》。我还特别抓住了其中"父亲"为"我"过月台买橘子的场景的细节描写，通过平凡人物的生活中平凡而真实的动作、神态、语言描写，让学生感悟父亲对儿子细腻而又深沉的爱。不仅如此，我还给同学们展示了我的下水作文，为了这次作文特意写作的《一双鞋垫》，写了我工作初期，单身独宿阶段，我的母亲为我买了鞋垫并亲自把鞋垫垫好在我的鞋子里的细腻而感人的真实场景，我声情并茂地朗读着自己真情实意写下的心灵文字：

……这才发现妈妈留给我的鞋垫，不在包装袋里，而是平整地垫在我鞋架上的鞋子里，我的眼泪瞬间溢满眼眶，心中爱意泛滥。这些细节还有多少？在我的二十六个春秋里不计其数。或许多是我没有在意的，细微平凡到青菜、鞋垫、唠叨……可是，所有的林林总总，在这个世界上，也许，不，一定的，只有妈妈才能做到，因为母爱是最伟大的亲情！

更多同学的眼中泪光闪闪。接下来我让同学们声情并茂朗读优秀周记《散步》亲子共读文章。分享作品的同学，当朗读到自己父亲回忆逝去的奶奶的音容笑貌、平凡生活点滴小事的时候，竟然声泪俱下。那一刻，很多同学都跟着流下眼泪。在前面的情感渲染与启发引导下，同学们感受到了被倾听、被尊重的快乐，很多平时并不太擅长写作、不太爱表达的同学也争先恐后地主动分享自己的亲情故事。同学们通过讲述生活中的小事，去发现亲情的美好。在这种情境下，我提出了问题：周记里写的都是真话，没有添油加醋。同学们所讲的也是生活中、家人真实的故事。为什么这些讲述可以如此感人？同学们纷纷说：因为真情，用情，用心，所以感人。于是就触碰到了我本次教学要突破的难点：如何在写作中有真情实感？那就要抓住文章的灵魂——"说真话，诉真情"。如何突破呢？那就是本次案例的重要方式：在亲子共读共写中让亲情浸润心灵，让真情溢满文字。这种理念不仅对写作具有重要的意义，而且对写作者学生个性的发展、完善，对我们学生健全人格的培养、形成，也有着重大的影响。同学们听着范文，泪痕还未干，听我的点评，更加若有所思，受益匪浅。然后，我就出示了本次大作文写作题目。选题即教材第二单元后面的写作教学的题目《我们是一家人》，请同学们用最真实、最感人的语言记叙、描写自己与家人的故事。刘一阳同学写道：

> 我们每个人都在家人们的怀抱中生活、成长。长辈的理解、父母的关爱与照顾都曾给过我们无尽的勇气与力量。还记得开学第一天住宿时的场景，让我深切地感受到了父母浓浓的爱与关心……每当想起这件事，我便觉得心中被一种无法名状的感觉填满，感到无比幸福。爸爸妈妈的回复令我备感甜蜜、温暖。家给我爱，家给我力量，家给我支持，家是我永远的港湾。随着年龄增长，我可能因学习、工作，不能时时与父母聚在一起，我要加倍珍惜与家人相处的时间，我们永远是相亲相爱的一家人！

可见，同学们通过在《散步》课文学习后亲情共读共写后的阶段，不断地观察、记录，让我们发现生活中有很多的小事都能体现亲情的伟大；继而在我创设的情境中，以及我的共写引领下，在写作前尽可能地抓住真实、生动的细节进行定格放大，选取这样的一些真实而感人的素材后，更好地学会运用多种手法将细节写真实、写具体、写生动，用最美的语言将自己对亲情的体会、理解和感悟真实地表达出来，那么学生们在这样的基础上写出《我们是一家人》便更容易走心、用情，更容易成功。

师生共读共写，不仅提升了学生写作技能，而且还可以拉近教师与家长的距离。写完之后，我让孩子回家后把作文给家长看，家长和孩子再仔细、精心阅读作文，根据孩子写的关于家人的故事、细节之处的故事、情感加以评价，家长在作文后面写上寄语、感言，真情交流。第二天交作文寄语的时候，很多家长都跟我反馈：太感动了，感觉孩子长大了。有的家长直接告诉我，感动哭了，并对老师的这一项作业布置的用心表示感激。比如刘一阳的爸爸在看到孩子的作文《我们是一家人》后，发来微信感激我说："李老师，感谢您，给孩子表达自己的平台，给我们父母一个了解孩子的机会，孩子真的长大了。以后一定要和孩子好好加强情感交流。再次真心感谢您！"即使是别的家长看到这样的范文，也纷纷点赞。例如奋进三班商雨锋家长评论："孩子们对亲情感悟着实令人感动，为这样的佳作点赞！""在您的精心与爱心栽培下，花骨朵渐渐开放！"可见，家长从孩子的作文中感受到了为人父母看到孩子感恩后的欣慰与感动，同时也对学校的教育更加支持、理解，这对家校共育、和谐、共赢是十分有益的。

（三）以班主任身份践行理论，以家访为起点，以家委会为核心机制，联合家长，拓展德育活动课堂，在亲子读写中共情，收获家校合作共育硕果

1.我不仅是语文老师，而且还是一名班主任，为了让今后班级的各种德育、教育活动更加顺利开展，我在班级群里组织成立了家长委员会，作为班级除了学生班委外的核心机制，也是家校合作的核心机制，让学生家长有热情共同参与管理班级，共同为班级出谋划策。在成立家委会之前，为了获得最大支持、掌握最多资源，我还对班级中大部分学生进行了家访，作为家校合作之旅真正的起点。与家长都进行了见面，大部分见面都愉快、融洽。我宣传了学校的家校共育教学理念、班级家校共同管理理念、家委会运行机制等，并向家长了解孩子的学习生活等。在学生家中，通过面对面的交谈，家长获取了对我的初步信任，并且不少家长报名家委会。家访中、班级群里我都特别提出：家长委员会都是由学生家长组成的，对学校班级事务进行民主决策、民主管理、民主监督和咨询，可以成为学校与家长、学生之间的桥梁。同学们、家长们今后在初中的学习生活中如果遇到困难或有疑问、建议、意见，欢迎通过家委会发出诉求，以便家校沟通，和谐共进。最终报名后，家委会分工与职责即形成（如表1）。

表 1　家委会分工与职责表

家委会分工	职责
会长（1名）	商雨锋爸爸：总体负责组织协调家委会的各项工作。召集家委会委员，精心策划、筹备和组织富有教育意义的活动
副会长（1名）	蔡正裕妈妈：负责协助会长的工作，兼任各组副组长，组织实施各组工作
组织委员（1名）	邓佳欣妈妈：负责开展经家委会讨论决定各项工作，负责组织每次活动参加人员的到位情况和整个活动过程的开展情况，包括活动分工，联系热心家长参与配合。协助财务委员采购各种学习资料，以及开展活动的一些用品等

续表

家委会分工	职责
宣传委员 （1名）	刘家岐妈妈：负责相关活动的宣传工作。如活动摄影，图片制作，文字编辑；将学生们的活动作文在公众号上推送（后期可以逐渐引导孩子做这项工作），班刊文字校对、打印等。总之用图片、文字或者动画记录全班的学习与生活，记录成长过程
安全委员 （2名）	梁泽爸爸、梁泽妈妈：负责孩子外出活动期间的安全和班级开展活动相关事情的事前计划和善后处理工作
财务委员 （2名）	张家辉妈妈、王海宁妈妈：负责班级的财务管理，严格财务管理制度，做到财务公开，定期公示账目；协助会长、班级完成一些临时性事务。为有效掌控各项支出的管理，每次采购由财务委员负责执行，组织委员协助，如提供交通工具，提供参考意见、人力援助等
志愿者 （若干）	协助班级各项活动，机动灵活

班级家委会机制形成比较完善，从成立后至今总共开过五次面对面正式会晤，共商班级财务、班务、活动等大小事宜，更有线上随时随地讨论。我发现，孩子以自己家长是家委会一员而骄傲；这些家长也更主动积极在线上、线下与教师沟通、协作，因为这些家长通过与我的更多接触发现了作为教师的不易，学校教育、教学活动的初衷，更容易换位思考，从而更加理解、支持学校工作；在这样家校积极联动、充满正能量的环境中，更多的其他学生家长也愿意将班级内的一些建议、意见通过家委会来反映，再通过家委会与我沟通，家委会起到了十分重要的桥梁沟通作用、润滑减少摩擦的作用，我初尝家委会作用的甜头。

2.在家委会运行成熟后，除了在课堂内积极运用共读共写的理论，我还充分利用社区资源、班主任德育机会，走出校园，在校外开展了亲子活动，以助更深刻理解亲情，进一步紧密亲子关系。

2018年5月13日是母亲节，为了让同学们在母亲节体验长辈温情，感恩父母辛劳养育，懂得孝亲敬老，我带领学生来到玉渊潭公园，来到中国少年英雄纪念碑旁，在这里开展了一次盛大的"孝敬大德心，薪火永留传——孝亲敬老，从我做起"主题亲子活动。开展此项活动，旨在广泛传播中国孝敬的传统文化，培养同学们孝亲敬老的美德，在中国少年英雄纪念碑前许下诺言，争当新时代的好少年。为了在母亲节送上一台精彩的节目，让同学们接受一次孝亲敬老教育，增强同学们爱亲人、爱家、爱国的情怀，组织了这样一场亲子活动。作为班主任，我充分发挥了家委会的功能，家委会家长提前与我商榷、编辑、修改活动文案，在家长群里号召发动活动，扩大影响。家委会家长积极报名、分工有序——策划、宣传、后勤、安全等，总之家委会与我群策群力，从排节目、制横幅、选地址、买道具、置办扩音设备到协调公园用地、做活动方案等一系列工作均由家委会主动负责承担，与我商讨并在线上家委会内部讨论后，仅仅一个星期就完成所有准备工作，体现了班级浓浓的家校情谊与凝聚力。活动中，几乎所有家长都积极参与，全程主动为活动摄像、拍照。活动中，学生们朗诵诗歌《母亲》，吟唱《游子吟》，朗读《背影》片段，不少同学上台分享自己写的关于母亲节的小作文。我还把自己五岁多的大女儿和两岁不到的小女儿带到活动现场表演、参观节目。当大女儿用稚嫩的童声朗诵诗歌《致母亲》时，家长和学生都被感动了：这么小的孩子尚且来弘扬母爱、感恩母爱，大孩子们当然更能体会母爱啦！整台演出充满了对母亲、老人、亲情的炽热赞美与感激之情。同学们的精彩表演赢得了家长和公园群众的热烈掌声。在亲子互动环节，家长和同学们拿出了之前读龙应台的《目送》后亲子共写的书信，并有感情地朗读写给对方的信件。我作为班主任，依然积极努力带动活动，率先与家长和学生们分享了作为母亲的"不称职"，我回忆自己担当教师这一工作以来，在繁忙的工作之余，很少有时间去陪伴年幼的孩子和孝敬老人，情至深处不可遏止地潸然泪下，引发了许多家长的感动、共情、共鸣，家长们纷纷主动分享自己写给孩子的真挚的书信内容。其中王瑞平家长深情朗读了自己写给儿子的书信，让现场所有人都泪奔：

记得那是1990年的春天，你的爷爷因病住进了广安门中医院，那时候，我刚16岁，将开始中考。刚开始的时候，家里人都不知道你爷爷的病情，直到后来我才朦朦胧胧地知道父亲是不治之症。那时候我比你大不了多少，大脑一片空白，还没有感到我即将成为一个没有父亲的孩子，失去一生仅有的父爱。我在医院看护了你爷爷一个晚上，给我印象最深的就是父亲的坚强。那时候你的爷爷已经没有多大力气了，为了不在病床上方便，你的爷爷挣扎着用尽了平生的力气才下了床，在我的搀扶下去了厕所，我手里拿着输液瓶，扶着父亲坐在座便上，看着被病情折磨的父亲是那么痛苦无助，我的心如刀绞一般，深深体会到了父子连心的真正词语含义。父亲用微弱的声音对我说："儿子！你要学会坚强，爸爸不能再照顾你了，你伺候我这一晚上，爸爸知足了，爸爸最担心、最放不下的就是你啊！"写到这里，爸爸的泪水已经夺眶而出，泪如雨下。亲爱的儿子！也许此时，你并不理解爸爸对你说这些话的心情，但我相信，将来你有自己孩子的时候一定会理解的，我们爷俩一路走来，我见证着你的一步步成长，我为你每一次的好成绩高兴，我为你的每一次失利心情郁闷，我为你的每一次知错不改任性而焦虑……

大家都为这样真实而又残酷的生死告别而伤感，被作为父亲对孩子的体谅、理解与期望而深深地打动，短短的书信，让家长和学生深刻感受到生命的无奈、生活的辛酸，以及爱的伟大！还有很多同学在读自己父母的信时也情不自禁地流下了眼泪，这泪水中充满了对母亲的感激之情，为母亲的辛勤操劳而心疼不已，这是心与心的互动，情与情的交融。很多同学在读完信件后满怀感激地去拥抱自己的父母。此时此刻，幸福的泪水早已肆意地在脸上流淌，亲子连心，亲子共情，亲子共育，暖暖的爱在心中流淌、绽放。活动后，同学们还把写着祝福语的爱心卡片送给公园里的老人，发扬"老吾老以及人之老""赠人玫瑰，手有余香"的精神，将"孝亲敬老"的传统美德精神传递、发扬，真正达到德育目的。之后的学生写作效果更不用多说，学生们基本都能讲真话，诉真情。不少同学也表示出今后要大胆、勇敢、真诚表达出自己对父母的爱意。比如鞠岱辰同学写道：

> 与爸爸妈妈生活了这么多年，家长又为自己付出了那么多，而我呢？在给父母写的信中，我却写得是那样少，那样惜字如金，那样缺少感情，这让我想到了我朗诵的那一句"他用背影默默告诉你：不必追"。然而妈妈在写给我的信中，连我哪天上幼儿园的时间都还记得那样清楚，让我深深理解了母爱是一种巨大的火焰。对于对父母的爱我不善表达，通过这次活动我知道爱还是要说出来。

从这次活动以后，明显感觉到班级里学生和家长的亲子关系融洽多了，很少再听到学生或者家长与我诉说矛盾；当然，家长与学生也因为这些课堂内外的系列活动，对我更加信任，我们心与心联系得更加紧密。

四、研究反思

作为一名语文老师，以前我总是机械地要求学生写作文要表达真情实感，但真情实感从哪里来呢？通过亲子共读共写教学系列活动，我得知：真情源于真心的撞击和交流，实感生于实事的触发与反思。要想引导学生关注生活中的自我，只有利用感情强烈的刺激作用，创设情境、触类旁通，搭建家校合作的桥梁，让真挚情感同时浸润老师、学生、家长的心灵，才能更好地让孩子们将真情实感记录、表达。试想：老师、学生与家长亲子共读共写中，指尖文字流淌，浓浓亲情毕现，似水流年生命轮回，共品人生况味无穷。师生家长三主体合一立体化阅读，助力学生更高更远飞翔，也让学生真切深刻明白写作宗旨——让真情溢满文字，让生命的力量灌注在写作中，叩响对生命的思考的回声，才能打动我们自己和读者内心，从而抵达灵魂。

同时作为一名班主任，我积极组建家长委员会，紧密联系家校，为后面一系列班级德育活动夯下扎实基础。在课外德育活动中，作为班主任兼语文老师，需智慧利用教师的专业与角色特点，在共读共写共育的德育活动中拨动学生、家长与老师的心弦，发出对人类最真实的质朴的诸多情感的关注、理解、歌颂的强音。通过系列亲子活动，将教师、学生、家长彼此的心紧密相连，进而为后续更多如家国情怀教育、感恩教育、集体主义教育等主题德育活动做铺垫。家委会机制在我班已经比较成熟，成员之间彼此分工明确，各司其职，能够自行运作。未来需要长期有效运作于班级事务管理、班级活动策划中。在今后还可以多把家长请进课堂、班级中，带动更多家长提供优质资源，如之前家委会开设过家长讲堂，给学生提供感兴趣、有用的知识，让家长的才华与技能有更多用武之地，进而更加促进家校联动。未来还需要争取吸纳更多热心家长加入这样的共育活动，形成家长人力资源库、才智资源库，收获家长对学校、教师、学生最大最多的支持与理解，让更多家长共同参与班级甚至学校事务，将家校合作理念贯彻更深更广。

如果说亲子共读共写放进教学是一场面向老师、学生和家长的教学革命，那么以家委会为核心机制，家校不断联动共同管理、共同参与教育教学，更是一次付诸以温柔情感、和谐温馨氛围，以及智慧眼界的教育革命。这场革命，让信任共情走进教育教学中，让家校紧密合作，共筑坚实基地。让我们在家校合作新教育的东风下，共筑"家校共育"多主体合作的家园！

点评

　　读书—思考—研究，这是北京市第五十七中学李老师在发现教育教学中出现的问题后，解决问题的有效途径。

　　作为初中语文老师和班主任，面对学生对生活缺少丰富体验、感触，不少学生难以写出有真情实感的文章，以及初中学生处于青春期，与家长之间、与教师之间容易产生感情交流的沟壑，不利于孩子的身心健康发展这两个问题，李老师首先读书，结合先进的教育理念进行思考，并以调研为基础，开展了借助亲子共读共写教育教学活动，加强家校合作的研究，取得了显著成效。

　　家校合作，协同育人是中小学教师美好的愿望，但在实践中还不尽如人意。李老师创设的一系列亲子共读共写教育活动，让教师、家长和学生同时参与到一个活动中，加强了学生、家长、教师彼此的信任、联系、理解与相互支持，让三者共同进入学校教育工作中，使家校形成合力从理想变为现实。李老师给我们带来了一个中小学教师教书育人成功的案例。

北京师范大学中国基础教育质量监测协同创新中心教授　梁威

通过家校合作提升随迁子女家庭教育水平

四川省成都市磨子桥小学分校 高江波

一、研究缘起

（一）生源情况分析

m学校地处城乡接合区域，是一所典型的涉农学校。自建校以来，外来人口占学生总人数的一半以上，至2018年9月，学生总人数2461人，外来人口总数1319人，占总学生人数53.6%。

图1 2018年秋学校生源情况统计

对2017年及2018年的入学儿童（如图2）进行分析：户籍儿童2017年报名人数210人，2018年280人，同期增长33.3%。随迁子女，2017年194人，2018年304人，同期增长56.7%。两组数据增长幅度均非常大，而随迁子女爆发式增长。2017年新生随迁子女占一年级报名总人数的48%，2018年新生随迁子女占一年级报名总人数的53%，随迁子女占比越来越大。学校本地的学生，大部分是学校地处街道管辖范围的失地农民子女。

	户籍儿童	随迁子女
2017年	210	194
2018年	280	304

图2　2017—2018年户籍儿童、随迁子女对比统计

（二）家庭情况分析

全校孩子家庭情况相似：父母文化水平较低，自身存在一定不良习惯，大部分家长为了生计忙于打工挣钱，无精力也无能力管理孩子，亲子关系比较疏离，对子女教育期望普遍偏低，家长家庭教育观念落后、意识观念淡薄，家长很少与老师沟通，甚至毫无沟通。很多孩子淳朴善良，思想单纯，希望在老师面前表现好的一面，但自信心不足、有一定不良习惯、身体素质较差、知识面狭窄、思维不活跃。

（三）家庭教育的重要性

苏联教育家苏霍姆林斯基说："没有家庭教育的学校教育和没有学校教育的家庭教育都不能完成培养人这一极其细致和复杂的任务。"家庭教育和学校教育相辅相成，缺一不可。家庭教育是每个人接受的第一次教育，是最基础的教育，父母是孩子的第一任老师，将影响孩子终身。家庭教育的重要性不言而喻，家庭教育是学校教育的重要基础和助力。因此，学校高度重视通过家校合作指导提升随迁子女家庭教育，建立健全家校互动合作机制，深入探究家校合作策略。

二、深入交流，建立家校沟通长效机制

案例一

随迁子女尧尧（化名），经常不做作业，问他原因呢，他总推说自己没有带、没有抄作业、做错了地方，让人很苦恼。每天早上数学课代表都要报告，今天尧尧又没有交作业、尧尧又没有完成题单、尧尧又托词没有带、不交作业然后抄其他同学的。单独找尧尧谈了几次话，他都表示自己不想惹老师生气，还是想当个乖孩子的，会完成自己的作业。可是隔天，作业还是照样不完成。

面对孩子学业倦怠的情况，要及时与家长进行深入沟通，了解情况，储备足够的教育理论知识，采取有效措施，切忌让沟通浮于表面，达不到理想的效果。

1.短信、电话沟通

老师首先进行了短信通知。孩子爸爸很快就回复"好的"。可是孩子仍然不做作业。几次短信联系之后，都没有作用。进而电话和尧尧爸爸沟通了几次，问题仍然没有解决。甚至孩子也对通知家长完全免疫了。

2.当面沟通

于是老师把孩子爸爸请到学校，进行了深入交流。发现孩子爸爸也有一套管理孩子的方法。实行军事化管理，每天5点半起床读《弟子规》《道德小故事》，7点半出门上学。孩子还是很听他的话，在家很快就做完作业看动画片了。

老师也向孩子爸爸提出几点建议：

（1）孩子还小，为了大脑和身体的发育，保证孩子的正常睡眠时间，是必要的，最好是晚上9点睡觉，早上7点起床。过早起床会影响孩子上课时的精神状态，让孩子在学习过程中很快进入疲劳状态。

（2）看电视越认真的孩子，其主动注意力越弱，被动注意力越强，即当孩子在接受没有大量音效特效加持的信息时，如听讲、与人面对面交流时，注意力难以集中，容易分心。因此建议少看电视。

（3）孩子经常向家长谎称没有作业或者作业已经做完，可以严格要求孩子抄作业，如果老师再联系家长，作业未完成，也就意味着孩子回家又谎报军情了。

（4）每天在学校作业过关了才能离开，如果回家没有见到过关笑脸，即证明孩子没有过关，需要采取对应的措施。

（5）给孩子建立一定的奖惩制度，让孩子学习更加有动力。这样孩子作业的完成度一定会更好。

既然孩子的教育离不开家庭教育，那么不妨打破家校沟通不畅的桎梏，先由教师主导深入交流，建立家校沟通长效机制，将家庭教育的良方分享给家长，更新随迁子女家长的家庭教育观念，提升随迁子女家长家庭教育水平。运用科学的手段家校共育健康快乐自信的幸福娃。

案例二

随迁子女小星（化名），个子最小，打人的力气却最大。每次别人走路不小心碰到他、传本子挨着他，他都会气得脸红脖子粗，皱紧了眉头，攥着拳头要和别人打架。老师教育他，他就很不服气噘着嘴说："是他先打我的，是他先扔我的本子的！"虽然等他消了气，还是能够承认错误，可等再遇到事情的时候，就又忍不住攥拳头要打架了。

为了教育好小星，爸爸也没有少费心思，但就是效果不大。当小星爸爸接过接龙日记时，被深深震撼了，家长们所读的书、汲取的教育经验与智慧，都反映在了接龙日记上。小星爸爸借用了接龙日记上发脾气与钉钉子的故事教育孩子，一旦对别人发脾气打架，就像钉钉子一样，让别人很痛。就算之后道歉承认错误，把钉子都拔出来了，钉子留下的孔洞也不会消失，对别人的伤害也无法抚平。并教给小星生气时先在心里默默地数十个数字，等怒气平息，就不会先想到动手打人了。后来孩子真的有了变化，即使涨红了脸也能忍住自己的怒气不动手。

为了促进家校沟通交流，使老师得知孩子在家的情况、家长的教育理念，学校每学期都会给各班级发放接龙日记本，家长轮流在上面记录自己近期教育孩子的困惑、疑难和心得体会，同时也阅读之前其他家长所记录的日记，了解自己的职责，对比自己的教育方法，学习他人的经验智慧，从中得到感悟，找到正确的教育方式。让"放任自由就是幸福童年"唯快乐论、"黄金棍下出好人"唯打骂论等，逐渐淡出家长的视线。

三、系统培训，构建家庭教育理论体系

随迁子女家长一般受教育程度不高，家庭教育的形式单一，控制情绪能力不佳，容易使用较极端的方式处理问题，从而使问题恶化。针对随迁子女家长的现状，学校每学期都会定期对全校家长进行轮流培训，开展家庭教育指导和家庭教育实践活动。一方面，对家长进行现代家庭教育的基本培训，引导家长明确家庭的基本教育职责。另一方面，针对孩子成长不同阶段的年龄、心理特点，伴随孩子的成长过程分年级对家长进行主题培训。如"学传统文化，享幸福人生——传统文化家长课堂""加强情绪管理，做EQ父母""好父母成长角色""大手牵小手，小手促大手""好家长造就好孩子""父母好好学习，孩子天天进步""'技巧核'非语言信号"等，帮助随迁子女家长构建家庭教育理论体系，并进行实操培训，让家长学以致用，全面提升家庭教育水平。

为了切实提升教育教学效益，需家校紧密合作协同发展，家庭教育是不可忽视的重要组成部分。学校还组织开展了丰富多彩、形式多样的亲子活动，如亲子阅读、亲子运动会、爸比妈咪大课堂、幸福大舞台、亲子社区行等，帮助随迁子女家长重视亲子沟通、亲子陪伴，帮助家长与孩子间建立更深厚的感情。

学校注重整合社区社会力量，积极主动，全面构建随迁子女家长家庭教育能力。随着家长的家庭教育意识逐步提高，家庭教育理论学习逐步深入，学校口碑及教学效益逐年提升，家校合力，构建家校教育共同体，卷入更多家长参与孩子的成长，让每个孩子享有幸福的童年，为每个孩子的终身幸福奠基。

点评

随着我国经济的迅速发展，中小学教师面对着新的挑战，如留守儿童、进城务工随迁子女教育问题等。高老师面对学校一年年增加的随迁子女，从家校合作入手，进行了深入的研究，有效地促进了随迁子女的发展，成就了一个个

幸福的家庭。

高老师看到学校出现的新情况，不是抱怨和指责，而是进行调查研究，具体分析随迁子女的特点，尝试着一个个家校互动合作的策略，取得了很好的教育效果。例如，高老师通过"短信、电话沟通，当面沟通"解决了尧尧同学不完成作业的问题；通过"接龙日记"的策略，解决了小星同学与家长无法沟通，矛盾升级的问题，提高了家长的教育水平。高老师不仅有爱心，而且还在不断增长着自身的教育智慧，创设出形式多样、丰富多彩、量身定做的亲子活动，这让我们看到一位普通的教师在教书育人中是怎样创造着不平凡。

北京师范大学中国基础教育质量监测协同创新中心教授　梁威

借助家校共同体，发挥家校合力

北京市海淀区翠微小学　赖晓娜

一、研究概况背景

孩子是一个家庭的核心，家校合作对学生的教育影响是深远的，对形成教育合力具有重要作用。现今，很多学校和家长都会采取多种形式进行沟通和联系，家庭参与教育对孩子的成长具有极大影响。很多家长都能意识到家校沟通的重要性，也愿意配合老师教育孩子。但是有的家长常年在外，只能通过电话或其他方式来沟通，有的学生家庭特殊，学生自身性格等原因，导致效果不显著，效率低下，这是学校、教师和家长共同面对的一个难题。

二、研究问题确认

通过长期的教育熏陶，现在学校教师及家长都认识到家校合作的必要性，在意识上比以前提高了很多，但由于家长背景多元化，社会经济地位差异，给学校提供的配合支援参差不齐。文化程度、行业习惯、性格等原因也会造成彼此沟通出现障碍，交际能力不一容易造成彼此之间的误会和怀疑。所以在家校配合的同时，可以通过前期对学生的观察、谈话调查，了解家庭背景、生活环境、性格等外因和内因，寻找到问题的症结，再争取周围教师家长等的配合，利用各种资源，形成合力解决问题。我所带班级就存在这样的特殊学生。

翻开学生的花名册，"程才"这个名字吸引了我的注意力，"程才"这个名字真好，我本能地反应。是啊，有哪位老师、哪位家长不希望自己的孩子能成才呢？真不知道这个叫"程才"的孩子怎样。旁边的老师笑着对我说："这可是个重点监督对象，总是拖全班后腿，可是一块榆木疙瘩，可有你受的了。"听了同组老师的话，我在课上特别关注了他，程才长得小小的个子，皮肤偏黑，平时沉默寡言，很少看见他和同学聚在一起做游戏，听同学聊天时也很少看见他露出笑容。上课时，当我请学生各自找好朋友去说说或读读课文时，他总是一个人坐在座位上，一声也不吭，很少愿意与其他同学交流、沟通。课堂上他从不主动举手回答问题，总是低着头一声不吭。再加上学习成绩不好，习惯较差，对待作业马虎、拖拉，字迹非常潦草，我没少因为他的学习着急。我课下找他谈话，课后询问他有什么不明白的问题，处处给他开小灶。为了树立他的自信心，还不时地表扬鼓励他，开学一个月，我用尽了各种方法，可是一点儿也看不到他的好转。第一次家长会，全班只有程才的家长缺席，我生气地找到程才向他询问，可是不管我怎么问，他就只是摇头，啪嗒啪嗒掉眼泪，谈话只能不了了之。

学期中一次家长会，程才的家长又没有到学校，我发现程才的家长会通知根本没有给家长看过，由于知道孩子性格内向，于是我在放学后专门把他留了下来，我尽量温和地问道："程才，昨天的家长会你家长怎么没来？我知道了，是不是爸爸生意太忙没空啊？"程才抬头看了我一眼，摇摇头，不作声。"你家长没到真是遗憾啊，我本来想当着全班表扬你呢。"我假装失望地说。他小声地说："我有什么优点，我是一个什么都干不了的废物。"我惊讶于孩子的回答，说："怎么会呢？""妈妈经常说我是个废物点心，是个催命鬼。"程才的眼睛里转着泪花。我一时不知道怎样安慰她，我笑着说："那明天请你妈妈来学校，我把表扬给你补上怎么样？"他点点头，突然又摇摇头，说："我妈，我妈工作忙，没，没时间。""那你爸爸也行。"他猛地抬起头，瞪着眼睛说："我爸爸死了，我没爸爸。"我惊讶于他这样强烈的反应，父母应该是孩子最亲近的人，而程才对于父母的感情却很淡漠和疏远，看来这个孩子不仅是性格内向的问题，我想这应该和他的家庭有很大的关系，而且如果这样下去，他的自卑心理会越来越强。平时我试着发现程才的优点，尽量不去触碰他脆弱敏感的心灵，可是不管我怎样表扬他，鼓励他，程才的进步并不是很明显，总是好一阵坏一阵，成绩也很不稳定。当看到放学时别的孩子被家长接走时的高兴样子，程才的眼睛里闪过一丝忧伤，他的家人也从来没有接过他。看着程才孤独瘦小的身影，我想："难道这一个多月的努力就白费了吗？对于这名特殊的孩子就只能以放弃告终？"我下决心一定要改变学生的现状。

三、解决问题举措及实施

针对程才的现状，我专门去了程才的家，程才的母亲看见我的到来，慌忙把我请进屋里。我环顾四周，从家庭环境来看，程才家的经济状况并不是很好。从程才妈妈口中得知，程才母亲从外地来京，由于生活上的缘故，程才的母亲在孩子很小的时候与丈夫离异，母亲整天在外面干活，父亲离婚后又组建了新的家庭，有自己的孩子，更忽视了程才的存在，对他不闻不问，从来不管他的学习。程才长期看到父母之间吵闹和打架，这对孩子是一个很大的影响。父母离婚后，孩子跟随母亲生活，长期生活在缺少父爱的环境中，对孩子人格的形成是很不利的。程才的妈妈在说到自己的婚姻时泣不成声："他爸爸很久没来看孩子了，本指望程才能省点心，可是这孩子成天就跟个木头一样，我打算过了年就把他送回老家算了。"我安慰她说："程才并不是一个坏孩子，只是缺少亲人的关爱，如果能让孩子感受到父母一直在关注他，也许能改变他目前自卑的状况。"他的妈妈点点头说："只要程才能进步，都听老师的。"我说："孩子不是一块木头，家长一定要和孩子进行沟通，多和孩子聊聊天，让孩子体会到家长对他的关心，您如果想教育好孩子，希望平时能和我进行配合。"程才妈妈点了点头。种种原因导致程才养成了不爱学习，性格散漫。原来这孩子还有这样不为人所知的隐情，找到了症结所在，我也陷入了沉思，对待这样特殊背景的特殊学生应该怎么办呢？难道这块"朽木"真的不可雕了吗？一个人的力量是有限的，我决定把任教的老师和程才的妈妈都集合在一起，大家共同想办法来帮助程才进步。

我和所有任课老师商量好，每周至少要表扬程才一次，有的老师不屑一顾地说："那个榆木疙瘩还有优点？"有的老师问："要是找不到优点表扬怎么办？"我想了想："那就创造优点表扬吧。"于是，经常能听到老师们表扬程才的声音："今天程才借给吴老师一支铅笔，特别谢谢你。""程才今天帮我开音乐教室的门了，真爱帮助老师。""程才和大家一起出声读书了，有进步啊！"……随着表扬声音的增多，我趁热打铁，对程才说："你看，原来你有那么多优点啊，老师们都已经离不开你了，你真是老师的小助手，我们要对你刮目相看呢。"程才的眼睛里充满了希望，头也渐渐地抬起来了，我知道他的自信心在一点点建立。慢慢地，程才在课上的听讲情况有了好转，有时候还能主动举手发言了，几天以后，英语老师欣喜地对我说："你们班的程才进步真大，这次英语练习单词全都过关了。"除了任课教师，我也把程才的家长动员起来，我提前和程才妈妈商量好，只要有时间，一定放下手里的活来接孩子，让他感受到来自母亲的温暖。这天放学，程才正准备自己回家，我叫住他："程才，你看谁来接你了！"程才吃了一惊，然后飞一般地扑到母亲怀里，高兴地说："妈妈，你怎么来了？"趁着这机会，我忙把程才的优点说了说，并鼓励他要继续努力："程才，妈妈听说你进步了，特意跑来接你，以后你要是进步得快，妈妈会经常来的。"程才虽然没有说话，但是重重地点了点头。以后，凡是程才有一点进步，我就当着孩子的面给他妈妈发短信："今天程才上课举了两次手。""今天程才把铅笔主动借给小朋友。"……我也收到了程才妈妈的回信："今天程才回家先写作业了。""今天孩子竟然说妈妈工作很辛苦，要帮我洗衣服呢，程才越来越懂事了。"我把短信当着全班同学的面来读，大家都给程才鼓起了掌，程才第一次红着脸露出了笑容。

四、研究成效及反思

看到程才的变化，我知道他的妈妈在和学校积极配合，在这个过程中对孩子的教育观念也在发生一点点的改变，多看到孩子的优点，减少了对孩子的打骂教育。通过与各个任课教师和家长的沟通配合，程才的情况越来越好，性格也开朗了很多。期末，我收到了程才妈妈打来的电话："程才现在完全变了个人，在家能主动关心父母了，成绩提高了很多，甚至和他爸的矛盾也化解了，真是谢谢您和所有帮助他的老师们啊。"我高兴地放下电话，透过窗户看去，程才正高兴地拉着同学们一起在操场做游戏，谁能想到这个爱说爱笑的学生就是当初被称为"榆木疙瘩"的孩子呢？

程才转变了，但是他留给我的是无尽的思考。随着社会的发展，像程才这样有家庭问题的特殊孩子越来越多，他们的生活背景、家庭条件、性格特征都和普通的学生有很大差别，他们总是用一些极端的方式作为自己的保护壳。光靠教师一个人的努力是扭转不了学生的现状的，这需要老师和家长联起手来，互相进行沟通和配合。如果学校和家长能最大限度地给予他时间、空间上的宽容，用特殊的爱去关心他们，给他们更多的温暖和包容，再坚硬的心也会逐渐被我们这种细致入微的教育感动、融化。一位老师的表扬就像烛光，好多位老师的表扬就是温暖的阳光，可以照进学生的内心深处。同时，加强同家长的联系，取得家长的支持和配合，并在工作中教给家长一些教育孩子的方法，使他们对孩子充满信心。通过家校之间的不断沟通，焊接上学生教育过程中出现的断点，用大家的合力来促进学生的进步，动员周围的力量共同促进学生的转变。我相信如果老师、父母都能联合起来形成合力，对症下药，用爱心、细心、恒心做药引，去关心尊重像程才这样的孩子，终归有一日，"朽木"一定会成为栋梁之材。

点 评

　　每个孩子都是天使。相信每一个老师第一次在花名册上看到自己要接的那个班上有一个名叫"程才"的孩子时一定充满了好奇与期待，本文的作者赖老师也不例外。然后有其他老师告诉她"这可是个重点监督对象，总是拖全班后腿，可是一块榆木疙瘩"。以后的交往让赖老师明白同事所言非虚，赖老师该怎么办呢？现实中的程才不但成绩差、不开窍，而且性格内向、没有自信……赖老师会让一块榆木疙瘩变成生机勃勃的一朵花、一棵树吗？结果是肯定的，这就是教育的力量、育人的作用。

　　程才无疑是幸运的，他碰到了一个好老师——赖老师。一方面，赖老师是一位有仁爱之心的好老师，对这样的一块所谓的"榆木疙瘩"，连自己的妈妈都认为是"废物点心、催命鬼",都想放弃,但赖老师没有放弃。另一方面,赖老师积极想办法,充分发挥家校共育的力量、集体的智慧,对程才对症下药,才使程才得以改变。原来程才的种种不良表现与他的家庭有莫大关系,他来自一个破碎的家庭,父母不但没有承担起应有的教育责任,还想把他送到乡下去。赖老师的爱心、责任心和耐心打动了程才的妈妈,让妈妈承担起了对孩子应尽的教育责任,积极配合老师的教育。更难能可贵的是,赖老师动员所有程才的任课老师学会找孩子的优点、给他充分的展示舞台。所以是所有老师的共同努力、是家校的密切配合,使程才从不自信到自信,从内向到开朗,从"榆木疙瘩"到充满活力……希望程才的故事可以激励更多的老师,让每一个"程才"都能碰到他们的"赖老师"!

北京师范大学中国基础教育质量监测协同创新中心教授　边玉芳

群策群力，家校共育

重庆市梁平区梁山小学　颜红

作为教师，尤其是班主任，最为头疼的就是家庭教育与学校教育配合得不默契，而孩子的健康成长需要学校教育和家庭教育形成合力。在家庭教育中，有的家长忙于生计或者工作，有的家长迷上娱乐，有的家长缺乏教育方法，能承担合格家庭教师这个角色的家长不多。这就需要班主任不仅要带好班上的学生，而且还要引领更多的家长积极参与到孩子的教育中来。家长会是学校与家庭联系的纽带，是老师与家长沟通的桥梁。

一、家长会的现状

家长会是老师和家长互相沟通了解孩子表现、促进孩子健康成长的一种手段。现阶段的家长会老师唱主角的时候居多，家长很多时候被动参与，很大程度上影响到家长会的效果。老师觉得召开家长会用处不大，想逃避；家长带着期望来，收获小；学生也害怕家长会成告状会。

二、家长会的目的和价值

家长会是学校、老师、家长相互交流信息，相互理解支持，达到共同教育学生的目的的一种重要方式。在科技发达的今天，家长和老师可以通过多种手段商讨对孩子的教育方法，增进对孩子的了解，解决个性化的问题。在陪伴孩子成长的过程中，学校领导、教师、父母及长辈都是教育者，因孩子处于同一年龄阶段，家长会对孩子出现的共性问题群策群力、方法分享是一种好举措，教师应该营造氛围、创造机会让家长与老师之间平等对话、共同研究、寻求互相配合教育学生健康成长的有效途径。

三、如何组织家长会更有效

科学研究指出，儿童个性的形成始于家庭，其全面发展始于家庭，家庭教育对孩子个性的影响是根本性的。家庭是生活和教育合二为一的单位，家庭教育中有比学校教育更多、更重要的生活细节，容易刻骨铭心。生活中的细节（所谓小事、体验和感悟）恰恰是塑造孩子个性、人格、文化品位和价值观念的关键因素。

家庭教育与学校教育、社会教育三者结合是现代教育的标志性特征。家长会让更多的家长和学科教师齐聚一堂，共同关注孩子的教育问题。最大限度地调动家长的积极性，让更多的家长有话想说是关键。

（一）年级组教师利用 QQ 分享教育理念

他们把适合该阶段家长和教师共勉的理念制作成课件，共同学习和思考。任何人，任何时候，养成终身学习的好习惯才能不断成长。父母教育好孩子的关键不是高学历、高职位、高收入，而是较高的教育素质，即教育理念、教育方式和教育能力。

（二）收集问题

在您陪伴孩子生活和学习的过程中，遇到的最难解决的问题是什么？问题源于家长，对解决困惑更有针对性。

（三）整理得出热点话题

1.电子产品的诱惑；2.孩子叛逆，不听家长的话；3.不爱学习，缺乏主动意识；4.学习环节出问题、遇上难题不动脑。

集中解决共性问题，有利于提高家长会的实效性。

（四）独立思考热点话题中感兴趣的问题，思考出现这些问题的原因或者解决办法

家长会前每一位参与者都有思考，让家长会真正实现群策群力、方法分享、碰撞提升。

（五）家长教师平等对话、讨论问题

带着自己的想法，容易产生共鸣，期望有更多新收获新启迪！

四、梁山小学五年级五班家长会流程

时间：2018年11月16日（周五）
地点：五年级五班教室
人员：全体家长及教师
主题：群策群力、家校共育、方法分享

（一）我们一起倾听孩子的心声

一首悠扬婉转的《爸爸妈妈听我心里话》，唱出孩子对家长爱的渴望，我们在歌声中想起了和孩子们的相处，浮躁的心情慢慢安静与沉淀，共同走在教育的路上……

（二）我们一起学习教育方法

好好学习，天天向上，这是常理也是真理。无论家长还是老师，都应该学习儿童教育学、心理学，多看一些关于孩子教育的书刊，了解孩子不同成长阶

段的特点和规律，经常与孩子沟通，明白孩子在想什么，在做什么。

（三）我们一起认识孩子

年级组老师梳理出两份问卷调查，一份由孩子填写：你了解我吗？另一份由家长填写：孩子的事情知多少？家长和孩子的默契程度反映家长对孩子的了解程度，重要的是可以引导更多的家长朝着这些方面去了解认识自己的孩子。家长和老师在陪伴孩子成长过程中，最大的成就是成为孩子的朋友。

（四）家长教师平等对话、群策群力、方法分享

家长和老师对四个热点话题（1.电子产品的诱惑；2.孩子叛逆，不听家长的话；3.不爱学习，缺乏主动意识；4.学习环节出问题、遇上难题不动脑）展开了激烈的讨论，对出现这些问题的原因或者解决办法积极发表自己的看法，集中解决教育中的共性问题，切切实实提高了家长会的实效性。

附录

梁山小学五年级五班家长会记录：平等对话、群策群力、方法分享

话题一：电子产品的诱惑

蒋：电子产品相比传统纸质书本更能吸引人，也更容易被接受。孩子生活在一个被电子产品包围的世界，许多父母在闲暇时玩手机、电脑，孩子模仿能力强，自制力差，容易染上网瘾。所以父母要少玩、不当着孩子的面玩，培养孩子更多的兴趣，多参加一些户外运动。

张：现在是网络时代，如电脑、手机这些不让孩子接触又会使人落后，接触多了又会使孩子沉迷于网络。

吴：看电视上瘾，容易模仿不良行为，阻碍孩子想象力的发展，影响视力。

刘：我家弟弟不玩我的手机，但是时而拿着妈妈的手机玩弄，不能管好自己，于是约定每星期玩一次，一次只玩一小时。

师：我们应该共同意识到在这个现代化的时代，正确利用手机、电脑做合理的事情，会大幅度提高我们的工作和学习的效率。反之，会影响到我们的身体、学习、工作，以及我们的生活质量。远离电子产品是不现实的，所以我们要引导孩子合理使用、学会自我克制和约束，当孩子做不到，我们应该利用

他律促成自律，坐下来讲道理，一同制定规则，让孩子自己去执行，给他自主权，锻炼自律，家长严格督促。

话题二：孩子叛逆，不听家长的话

魏：在咱班的是（双胞胎）哥哥，在一班的是双胞胎弟弟，只把弟弟当朋友，喜欢看书，对家里的长辈经常不屑一顾，以自我为中心。

师：现在很多家庭有这样的现象，围在独生子女周围的大人太多，溺爱现象较为严重，爱得汪洋大海，不分青红皂白，要啥给啥，孩子们自私的毛病比较严重。

罗：家长多了解关于孩子叛逆的相关知识，结合实际解决问题。

柏：多和孩子谈心，用商量的语气，有时站在孩子的角度思考问题，让孩子敞开心扉，愿意和家长交谈。

师：五年级的学生，他们对事物有了自己的观点和看法，并且总是固执地认为自己才是对的。但由于生活和社会经验的不足，孩子的观点和看法往往是不全面的，或是错误的。与叛逆孩子沟通，注重以理服人，急躁时提醒自己保持冷静，并等孩子冷静后沟通，多向旁人寻求意见，让自己的思维更开阔，有时候家长必须超脱自己的角色，多种方式对待孩子，做有限度的迁就，想办法走进孩子内心世界，与孩子相处融洽成为朋友。

话题三：不爱学习，缺乏主动意识

刘：培养孩子的学习兴趣，让孩子尝到成功的滋味，同时作为家长的我们要从自我做起，培养孩子自我约束的能力。

付：要让他们明白学习是自己的事情，作为父母每天应抽出一定时间陪同孩子共同学习或者督促学习。这学期父母把孩子转学回来和父母待在一起，发现女儿以前学习的三位数的笔算乘除法在无大人监督下，基本都是用计算器算出来的，（看来）合理的监督是必需的。

蒋：想让孩子爱上学习，要给孩子营造良好的家庭学习氛围。要让孩子逐步感受学习的重要性。

师：在平时的学习和生活中，多鼓励欣赏孩子，少用负面的话语打击孩子，而是帮助其树立自信心；长期正面的鼓励促进孩子走向成功，他们对学习和生活才有可能产生浓厚的兴趣，对学习的态度才会从"要我学"变成"我要学"，自己能够做到认真学习和做事。

话题四：学习环节出问题、遇上难题不动脑

师：在学习中，需要经历预习—上课—复习—作业—考试—错题管理的环节。随着年级的升高，预习非常重要，提高自学能力的同时带着问题走进课堂，提高课堂效率。

著名数学家陈省身先生指出："数学是自己思考的产物。首先要能够思考起来，用自己的见解和别人的见解交换，会有很好的效果。但是，思考数学问题需要很长时间。我不知道中小学数学课堂是否能够提供很多的思考时间。"

数学家的话给我们工作的方法进行了引导，也给这次家长会的召开方法以启迪。让参与教育的主体都积极思考起来。

王：家长没时间、没能力帮助，我们总是提醒她上课认真听讲很重要，为什么别的同学学习不那么吃力？

师：聪明的"聪"告诉我们，每个人都有耳朵、眼睛和口，但只有用心的人才能用耳听懂、用眼看明白、用口正确清楚地表达。同一班上的学生，有的上课认真听讲、积极思考，学生的表情和一言一行都能有所反映，有的学生上课没有说废话、没有做别的事情，但思维没有跟上，处于一种自由的游离状态，所以在智力因素相差不大的孩子中间，非智力因素起着非常重要的作用，学生积极主动参与是关键！

冯：孩子在家缺乏自觉性，我们要多陪伴孩子分析问题，挤出时间与孩子一起学习。

高：现在家庭条件好，不能娇惯孩子，回到家可以和孩子做好时间表，督促孩子尽可能坚持执行时间表。

刘：随着年级的升高，孩子面对难题，喜欢依赖家长，但如果拒绝孩子不给予帮助，学生最终经历一定时间的思考后，也能成功挑战！孩子急于求成，不认真理解题目的意思。

严：孩子缺少学习方法，缺乏主动思考的意识，对解题的目的不明确，不会从题目入手，寻找关键要素和突破口，家长会做不会讲。

师：随着年级的升高，学习难度加大，要让孩子直面学习中的困难，在这一过程中，他们收获的不仅是知识、方法，而且更有毅力、恒心、克服困难的勇气等非智力因素。遇上难题，就像建高楼大厦，需要更多的思考时间，要注重审题能力、分析能力和推理能力的培养，以《同步练习》上的一道拓展练习为例，让家长感受如何审题、分析和推理，感受数学学科严密的逻辑性。

王：让孩子在错误中学习是一种好方法。可以督促孩子把错题抄在一个小笔记本上，找出错误原因，改正错误，梳理思考的方法，提高分析思考的能力。

……

师：著名教育家苏霍姆林斯基曾把儿童比作一块大理石，他说，把这块大理石塑造成一座雕像需要六位雕塑家：1.家庭；2.学校；3.儿童所在的集体；4.儿童本人；5.书籍；6.偶然出现的因素。

今天的家长会让我们大家都很兴奋和开心，分享是一种快乐，相互学习提升自己。所以好父母、好老师都是学出来的，好孩子都是教出来的，好习惯都是养出来的，好成绩都是帮出来的，好沟通都是听出来的，只有家庭、学校、社会紧紧联系在一起，形成教育的合力才会产生更深远的影响。

点评

今天我们怎么当教师？颜老师的答案是"家校共育、群策群力、方法分享"。本文是一篇教师基于自身工作现状的分析、思考与实践总结，更像是一位教师对自己工作的反思，而反思是每一位优秀的教师必备的品格。

在颜老师看来，班主任不仅要带好班上的学生，而且还要引领更多的家长积极参与到孩子的教育中来，只有家校共育，孩子才能健康成长。家庭教育中有比学校教育更多、更重要的生活细节，可以刻骨铭心。生活中的细节（所谓小事、体验和感悟）恰恰是塑造孩子个性、人格、文化品位和价值观念的关键因素。家长会是学校与家庭联系的纽带，是老师与家长沟通的桥梁。而目前的家校共育与家长会并没有发挥其应有的作用，必须改变。基于这样的认识，颜老师在她所在的学校和班级开始了家长会的变革，就家长感兴趣的四个热点话题——孩子不能正确面对电子产品的诱惑问题、孩子叛逆问题、孩子不爱学习的问题、学习上遇上难题不动脑的问题展开了激烈的讨论，集中解决教育中的共性问题，切切实实提高了家长会的实效性。所以，颜老师提出家长会应该是：家长教师平等对话、群策群力、方法分享。我们要为颜老师的探讨精神点赞，也希望有更多的老师能从颜老师的探索中得到有益的启示。

北京师范大学中国基础教育质量监测协同创新中心教授　边玉芳

透过班级文化建设打造家校共育新模式之实践初探

北京市昌平区崔村中心小学　贾雪静、路晓云

2017年9月，我接手了一（1）班。结合年龄特点，这是一个充满活力的班级，学生对世界充满好奇与想象，同时活动、行为也会缺乏目的性，所以好习惯的养成需重点培养。

苏联教育家苏霍姆林斯基在《帕夫雷什中学》中提到："儿童只有在这样的条件下才能实现和谐的全面发展，就是两个教育者，即学校和家庭，不仅要有一致行动，要向儿童提出同样的要求，而且要志同道合，抱着一致的信念。"

通过前期调查，我发现我班家长支持学校（班级）工作的意愿很真挚、积极，这就是巧借班级文化之东风开展家校合作的动力和保障。

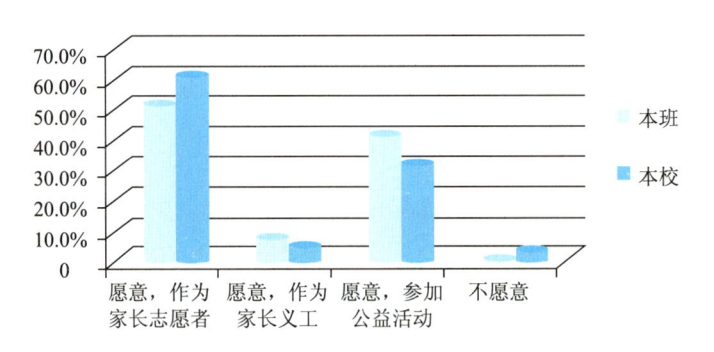

图1　家长支持学校（班级）工作的意愿

结合农村学校实际，为了更好地促进家校合作，我开学初和学生、家长通过班会、家长会、微信群等途径一起商讨制定了本班的班规、教师标准、家长标准等，并打算通过亲子间活动日常化、综合实践活动，以及实现家校共读等途径，切实提高家校合作的有效性。用家庭教育的优势来弥补学校教育的不

足，用学校教育的优势来指导家庭教育，家校合作，助力学生成长。

【探究足迹】

一、家校协同，深入班级文化建设

经过和家长、学生共同协商，反复推敲、完善，一（1）班班级文化的主题定为：竞争、互助、成长。这一口号适用于同学之间、家长之间、家校之间。

（一）竞争

我们班以学校每周流动红旗评比为载体、以争章为途径，每天、每周都在进行评比，竞争气氛浓烈，在学校红旗榜评比中成绩领先，效果明显。

竞争在班级文化墙上具体体现为：

1. 每周最优小组、最优个人的评比（附评比成绩）；
2. 表扬信的竞争；
3. 红旗反馈榜（具体扣分项目、人员清晰，比比谁最自律）；
4. 个人力争上游评比栏；
5. 每月最优书香家庭评比。

家长制定评比方案：

1. 10个种子章换一个贴画，贴在荣誉墙上，同时，10个种子章还可以换一颗漂亮的珠子，5颗珠子可以找老师穿手链，送给家长。
2. 举例说明了"争章小能手""课堂小明星""纪律我最棒"评比活动。
3. 定期在家长会或者班级微信群中进行先进家庭表彰和其育儿经验分享。

好的习惯将让人终身受益。一学期以来家校合作，常抓不懈，使得我班学生除了在学校的红旗榜评比中成绩不错以外，无论是在升旗还是其他综合实践课等集体活动中也能表现出很好的自律性，获得了领导和老师、家长的认可和好评。

（二）互助

体现为墙上的《小学生行为规范》的童谣创编，三节三爱板块的布置（同学合作设计并制作）、成长足迹的打印、班级红旗榜的成绩等。

除了最优个人等个人奖项的评比，最优小组、红旗班级及体育节等团体项目的评比，又使得同学们在竞争的同时，自然地团结起来。家长们也不例外，通过每天微信群中老师和家长的交流、家长和家长的交流，在家长圈里也形成了一股积极、互助的氛围。每次校刊的投稿、班级的布置，家长们都热情参与（传统文化之过年手抄报就是家长和同学们一起完成的，还为布置班级送来了漂亮的花瓶和彩印的照片）。

（三）成长

在学校、家长、老师、同学的共同努力下，一（1）班的同学们成长很快，他们爱上了读书。有了识字小妙招（识字报），识字更多了，课外知识更丰富了，在"变教为学"的课堂上发言更加洪亮、自信。同时，他们也懂得了感恩，如在国际劳动节、妇女节，他们对亲人表达了感激。展示墙上处处体现出了孩子们成长的足迹，真替他们高兴。

总之，一（1）班竞争、互助、成长的班风相辅相成，缺一不可。

二、家校协同，重在实践

（一）家校携手，共浴书香

一年级刚入学的孩子识字少，大部分孩子不会使用拼音，因此，不能自主地阅读课外读物，"听"给孩子打开了一个世界。我和家长们商量好争取坚持每天给他们"听读"小故事，定期反馈。随着汉语拼音的学习，识字阅读的深入，孩子们慢慢地不再满足于每天听故事，开始想要自己阅读。学完汉语拼音同学们可读的书更多了，同学们读了注音版的《西游记》《千字文》《三字经》，配套课外读物《小猫种鱼》等。亲子阅读更是功不可没，事半功倍。

这个学期，我和家长共同精心准备了一节"家校合作，助力成长"的有关亲子共读的班会，收获了很多。

1.前期准备

每位同学准备一个成语故事。按学号，每天上课前五分钟展示。一是锻炼孩子的表达能力，二是觉得一人准备一个，一个月大家就能了解几十个成语故事，事半功倍。这更是在为读书月准备，选拔出平时表现优异的同学进行正式的展示，鼓励学生和家长都能重视，而且可以整体性地重温经典，使同学们更加深刻地感受到成语的文化和艺术魅力，加深同学们对祖国优秀传统文化的热爱。亲子共读交流会过程如下：

（1）上网收集资料，设计展示的基本环节，确定参与人员（家长报名）；

（2）家长自愿报名设计并完善每个节目，做节目的PPT、搜视频、写串词等；

（3）挑选并训练主持人，站姿、表情、肢体语言、评价语……和家长沟通，一起指导孩子。

2.沟通指导方法

在学校指导参演学生，密切和家长微信沟通、交流互动。

在此次亲子共读活动中，家长非常重视，每个环节都会主动找老师沟通研讨如何让孩子在活动中得到最大的锻炼和提升。在交流过程中我有了更多的收获和感动，感动于家长对工作的支持，对教育的重视，再一次拉近了我们彼此之间的距离，让"家校协同"不只是一句口号。

3.变化

（1）家长

在准备过程中，家长们在群里积极地讨论、交流孩子展示的经验与不足，以及做PPT的心得与方法……渐渐地家长积极性越来越高，孩子的水平也越来越高，这种家校互动的氛围下，也能带动一些不太擅长表演、自信的家长慢慢融入。

有了家长的配合和帮助，我就可以把以前做每个PPT的时间，用在完善节目形式和编排上，这样更高效，节目质量更高，孩子更受益。

（2）学生

通过这一系列活动，学生们从站在台上手都不知道放哪儿，表情特别不自然，到现在大部分同学都能特别放松，甚至加上肢体语言，表情比我还自然。主持人的选拔，以前只能从一两个识字的开朗的学生里挑，他们的主持稿上满满的拼音，现在一个学期下来，能胜任主持人工作的同学变多了，稿上标注的拼音少了，有的甚至读几遍就差不多能上场了。这一切都得益于老师和家长的共同努力。

（二）家校携手，深入课堂

一年级上学期：《遨游汉字王国》

一年级学生识字是基础、是难点，是主要的教学任务。一年级新生在一类字还没有开始教的情况下，识字量差异较大，识字课上，往往出现"教师教得辛苦，学生学得枯燥"的现象，课堂效果不尽如人意，回家读课文等也是效果不尽如人意，家长对此也是苦不堪言、无从下手。所以这次综合实践活动我和家长们商议决定以"遨游汉字王国"为主题，想通过这次活动让学生了解汉字的起源，感受汉字的神奇和有趣，激发学生对汉字学习的热爱之情。

在这几次实践活动中我充分调动了家长的积极性，家长也积极、主动、热情地参与其中，和孩子共同去收集和查找有关资料，为活动增色不少。同时，实践活动使得家长近距离了解孩子丰富多彩的校园生活，更好地向家长宣传了我校的和合文化、育人理念，使家长对学校对我放心、称心，更好形成了教育的合力，为后面的家校合作打下了坚实的基础。

【建设效果】

9年的班主任工作，我一直秉持家校合作的理念，如学生常规的培养，读书活动、综合实践活动、亲子运动会、乐考等多种活动，我都尽最大的努力去赢得家长的支持和配合，也获得了一些小小的成绩：我所带班级曾获得"市级优秀班集体"，现在所带的班级，在学校组织的综合性常规评比"百分赛"（红旗榜）中，在十几个班级的激烈竞争中，每一学期都是第一名！在每一学期举办的综合实践活动中，每次能取得一等奖的好成绩！此外我们班还获得了书香班级、班级文化评比一等奖等荣誉，因为家校合作开展得有声有色，我所带领的年级组还被评为了区级优秀教研组！当然我深深地认识到，这一切的成绩，都和我可爱的家长分不开，他们的理解和支持是我最大的动力和骄傲。

家庭教育是一切教育的基础。任何一所学校，任何一个班集体的建设都离不开家长的理解和支持。家长是教育因素中不可忽视的力量，如果把学校或班集体比作"舟"，那么家长就是水。"水能载舟，亦能覆舟。"在教育孩子的过程中，老师和家长应是志同道合的同路人。也正因如此，助力学生成长，家校的通力合作显得非常有意义且很有必要。巧借班级文化之东风，打造家校育人新模式，让家长和学校一道成为育人先锋，最终促进学生的健康发展。路漫漫其修远兮，吾将上下而求索。

点 评

家校协同是可以多方面发挥作用的，班级文化是能够多渠道开展建设的，通过家校协同建设班级文化，是一条很有意义的探索之路。班级文化既是校园文化的重要组成部分，也是学生发展重要和直接的微观环境。

作者提出了一系列激发家长参与班级文化建设的方法：班级文化的主题邀请家长共同制定，通过基于个体的评价促进竞争，通过团体的评价促进合作，最终达成促进学生成长的根本目的。同时结合孩子的认知发展规律和兴趣特点，调动家长的主动性和积极性，有效利用和整合家长资源，最终既促进班级文化的建设，又提升了家校协同的深度。

需要提醒老师们在实践中注意的是，要结合本班的实际情况，拿捏好家长有效参与与过度参与的度，区分出主动参与与被动参与的界线，否则占用家长过多的时间，家长难免会心生抱怨，只是碍于孩子不便表达，最终还是会影响到教师和学校的口碑。

"中国好老师"公益行动计划专家委员会办公室副主任　王昌海

基于家校合作的生涯校本课程探索

中国人民大学附属中学　陈静萍

一、高中生涯教育的必要性

近年来,我国政府高度重视对中学生的指导工作。《国家中长期教育改革发展规划纲要(2010—2020年)》明确要求,"高中阶段教育要建立学生发展指导制度,加强对学生的理想、心理、学业等多方面指导",提出应从多个方面对学生进行指导。2015年职业生涯课程被写入《北京市实施教育部〈义务教育课程设置实验方案〉的课程计划(修订)》,标志着生涯指导课程正式进入北京义务教育课程体系。上海市教委印发了《上海市学生职业(生涯)发展教育"十二五"行动计划》,提出"构建从幼儿园到高等院校的学生职业(生涯)发展教育体系"。近三年来,浙江、河南、山东等省级教育部门也陆续发布加强中学生"生涯指导"的意见和纲要。同时,随着北京市中高考选科考试政策的推行,中学选科与大学所学专业挂钩,更是将生涯指导推到了前所未有的重要地位,很多家长和学生迫切希望学校能够提供生涯指导方面的教育,帮助学生及早规划人生方向。

二、家校合作在生涯教育中的意义

家庭的社会经济地位、父母的教养方式、家庭结构等因素都会对学生的兴趣、性格、能力、价值观等各方面产生显著的影响。父母不仅能够为子女的学业、专业发展等提供物质、信息等各方面的支持，而且还会通过亲子交往影响子女对自身发展与社会关系的认识，以及对未来发展的选择。因此在生涯教育的过程中，学校不仅需要家长树立科学的生涯发展观，转变传统观念并获得他们的积极合作，而且需要他们在协助孩子适应高中生活的同时，积极寻找资源为孩子发展提供支持，在孩子探索专业职业行业、了解社会经济发展等方面提供机会支持和智力支持等。

在入学时对家长的调查中发现，97%的高一家长认为高中生涯教育非常必要，在个别访谈中，家长认为学生的生涯教育应该尽早开始，可以通过家长和学校的资源一起把这门课程开发得更好。家庭和学校对生涯教育的重要性达成了前所未有的一致，家长们的高积极性和对生涯规划的关注，为生涯教育的家校合作的可能性提供了基础。

三、生涯教育校本课程中的家校合作实践

中国人民大学附属中学（以下简称人大附中）自2012年起，通过专题讲座、校本选修课、主题班会课、社团活动、项目式体验课等形式探索开展生涯规划教育。在这一过程中，我们深切体会到家校合作的必要性，并就此在2018—2019学年在高一年级开展了一系列基于家校合作的校本生涯教育课程，主要体现在生涯指导课程、生涯教育主题营会中。生涯教育课程是一套充满创造性和生成性的校本课程，为任课教师提供了无限的想象空间，为家校合作提供了很多契机。在创设校本生涯教育课程过程中，我们充分利用家长对学生教育的高关注和高积极性，重视家庭在学生生涯发展中的重要地位，从单向的指导家庭开展生涯教育转变为与家庭建立平等的合作关系，发挥家长的主动性，建立家长生涯教育志愿者队伍，既对家庭教育进行指导，也吸纳家长的积极建设性意见。

（一）生涯指导课程

根据高一年级学生面临的任务和心理发展特点，生涯教师团队给高一学生

开设了人生规划、自我探索、专业职业探索、选科指导与抉择等主题课程。在具体的设计与实施过程中，充分调动学校、教师、家长三方资源，引导学生进行生涯探索，促进生涯力的提升（如表1）。在每学期初，生涯教师团队经过与年级部门协商后，确定本学年高一年级生涯教育指导课程开展的计划，将课程的主题、时间等制作成日历表格于学期初发放到教师、家长、学生手中，让家长了解要参与的相关活动。每次主题指导课程，都由课程教师团队进行集体备课，设计课程内容、学生活动及家长参与的环节、角色、分工等。其中家长参与的方式有三种：作为小组导师直接参加校本生涯课程；作为课程观摩者了解和学习；通过共同完成亲子生涯作业，促进亲子间的沟通。

1.家长作为小组导师，以活动协助者的角色参与课堂，协助授课教师完成课程，承担组织学生活动，介绍生涯教育相关知识，与学生进行交流和互动。

2.家长作为课程观摩者，以观众的角色参与其中，承担拍照、记录等工作，观看学生在课程活动中的表现，这是家庭亲子互动中看不到的，学生也会因为家长的关注，表现得更加积极、参与程度更高。

3.家长作为亲子生涯作业的共同完成者，需要与学生就未来生涯发展的话题进行沟通、讨论，促进亲子沟通、改善亲子关系质量、达成亲子间生涯一致性。

表1 生涯指导课程的家校合作过程

步骤	家校合作过程
1	教师策划课程、集体备课
2	招募家长志愿者、面试
3	家长培训、熟悉课程内容及活动环节
4	家长进入课堂、协助授课教师完成课程
5	授课教师与家长志愿者对课程进行总结、改进

（二）生涯教育主题营会

高一年级为本年级全体学生开展了基于资源规划（Asset Mapping）理论的生涯教育主题营会。资源规划理论认为，人生发展最需要具备的5种资源为性格、兴趣、价值观、能力、经验。这5种资源是天赋与后天培养的结果，5种资源互相影响、彼此推进，没有特定优先次序。这次营会目的是帮助学生了解及发展自己的5种资源，并好好运用这些资源为自己的人生发展助力，启发学生思考未来人生发展的议题，鼓励学生以积极态度多维度探索未来。

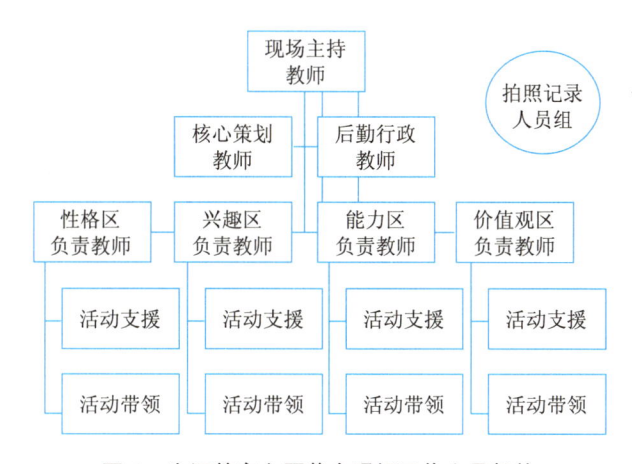

图1 生涯教育主题营会现场工作人员架构

在具体的设计与实施过程中，充分调动学校、教师、家长三方资源，让家长和教师团队一起，以工作人员的角色参与营会。首先，生涯教师策划活动方案，接着招募家长报名生涯教育主题营会的志愿者。然后，学校召开15小时的家长志愿者培训会，调动家长的参与动机，为家长科普生涯教育相关知识和理念，并在培训的系列活动评估家长的能力，包括与青少年沟通的能力、言语组织能力、协作配合能力等。最终，根据家长能力和特点将家长分工为活动带领者、现场活动支援者、现场拍照记录者三类角色。

1.活动带领者：预备活动所需材料，带领10～12名来自不同班级的高一学生，向学生清晰地讲解活动规则，鼓励和调动学生充分参与活动，还需要维持秩序、把控时间，引导组员讨论时围绕主题。

2.现场活动支援者：配合主持人和各活动区的负责老师，保证各活动区域安全顺畅进行活动，包括场地布置、材料分发及收纳、协调各组场地等。

3.现场拍照记录者：用多媒体设备捕捉活动精彩瞬间，凸显学生、家长、教师参与的情绪状态、互动氛围，记录活动内容和过程，并撰写宣传稿。

生涯教育并不仅仅要向学生传授一些生涯规划方面的知识，还要强调学生的参与和投入。这次生涯教育主题营会持续5小时，共88个学生小组，是一场大型团体活动。这次营会中，教师与家长合力，为学生创设了体验的活动，

表 2　生涯教育主题营会实施过程

步骤	营会实施过程
1	生涯教师策划活动方案
2	招募家长志愿者、面试
3	家长志愿者培训、评估、分工、熟悉流程
4	家长志愿者与教师场地与材料准备
5	生涯教育主题营会工作人员现场
6	授课教师与家长志愿者对活动进行总结、改进

营造沉浸式的氛围，让学生在营会中获得真实的体验，在体验中引发他们的思考，在情境中产生深刻的触动，进而在认知、情感和行为多个方面发生变化。因此，生涯主题营会是课内、课外相结合，体验与反思并行，只有这样才能激发学生的自主性，培养他们自我教育的意识与生涯规划的能力。

四、关于生涯校本课程中家校合作的总结

传统最常见的家校合作模式中，家长只是以学习者和支持者的角色身份参与学校教育。而人大附中在高一年级开展的校本生涯课程中，让家长参与到中学生涯教育课程的开发和建设中来，成为学校教育的伙伴和志愿者，作为工作人员参与其中，充分利用家长对学生教育的高关注和高积极性，在以下几个方面起到了显著效果。

1.提高了家长对生涯教育的认知水平

问卷调查显示，95%的家长反馈"了解了该从哪些方面入手帮助孩子进行生涯规划"，92.3%的家长回答"将会在课后和孩子讨论职业兴趣与能力"。

2.课程设计不断完善

家长参与生涯教育校本课程的开发和建设中，以家长的视角、工作人员的身份，给课程提供人力支持，不仅让学校了解到当今家庭中生涯发展面临的迫切需求，而且还给教师团队反馈了很多建设性的意见，这些经验都有利于学校不断改进和完善校本生涯教育课程。

3.改善亲子间关系

在活动过程中，家长通过观察孩子及其同学互动，对孩子有了更多了解与欣赏，认识到在亲子沟通方式上，应该和孩子平等相处、平等对话，才能缓解冲突，提高亲子关系质量。还有不少家长分享道，"通过参加课程更加理解孩子现在的想法了"，这些都有利于提高亲子间生涯发展方向的一致性。

4.增强家长对学校的信任感

加强学校与家长的合作关系，让家长了解课程的策划，作为工作人员参与课程活动，明白和理解生涯教育课程的目的和意义，更加支持和配合学校的工作。家长们在共同精心准备和参与课程活动的过程中，与学校、教师团队形成密切合作关系，对学校更加信任了。

五、对家校合作的生涯教育的未来展望

目前校本生涯课程的家校合作途径主要体现在生涯指导课程、生涯教育主题营会中。考虑到生涯教育中家校合作的重要性和意义，未来可以在已有的生涯教育基础上，利用班级、年级、校级三级家委会，在生涯综合性实践活动和家庭教育指导等方面，尝试更多家校合作的途径和模式。

（一）生涯综合性活动

1.走进企业参观

利用家长资源，在企业与学校之间建立联系，学校根据生涯课程需求对企业、专业、职业类型进行分类，根据学生的生涯兴趣，分类推荐给学生并组织各年级学生进行参观体验活动。学生进入企业工作环境，更能了解企业的运作、对人员的要求，体验企业的文化价值与社会责任。

2.职业体验一日游

让学生利用寒暑假时间，体验父母所从事的职业，了解父母的工作环境、工作流程，不仅理解父母工作的不易，而且更能明白父母职业的价值观，从而帮助学生形成对职业的初步认识。

3.家长职业生涯讲座

一方面，可以邀请来自不同行业、职业的家长在所在年级、班级开展职业生涯讲座和职业人交流会，提高学生对职业的认识、引导学生思考未来的职业；另一方面，可以邀请不同领域的家长，录制8~10分钟的职业介绍微课，通过积累逐步建立和完善比较丰富的生涯课程体系，满足更多学生的个性化需求。

4.生涯规划大赛

邀请家长参与观摩或点评，对学生的表现密切关注并表达欣赏，在活动中深切感受孩子的成长和变化。

（二）家庭教育指导

1.家校讲坛

由年级统一安排，利用年级家长会的时间，邀请校外专家为家长做家庭教育、升学指导等方面的讲座，提升亲子沟通水平，营造良好的家庭氛围。

2.亲子沙龙

由学校心理教研与咨询中心组织，利用平时傍晚时间，向家长发出邀请，家长自愿报名，在沙龙中由来自校内外的老师、专家、优秀家长代表等给家长们做一些亲子方面的分享和交流。

总之，人大附中的校本生涯教育还在不断完善，未来将不断深化家校合作，发挥家长的积极性，协同共进，通过创设内容丰富的生涯活动，帮助学生实现全方位的均衡发展。

点 评

对学生的生涯教育和指导已经日益引起政府、学校和家长的重视，随着高考改革的深入推进，对高中生开展有效的职业生涯教育已迫在眉睫。该文章针对高中校本生涯课程的探索，富有针对性和创新性。

首先，在理念上充分认识到家长在生涯教育中的重要作用，从单向指导家庭开展生涯教育转变为与家长共同协作开展生涯教育。其次，在生涯课程中调动学校、教师、家长三方资源，尤其是从小组导师、课程观众、共同完成者三个方面将家长的作用角色化，淋漓尽致地体现了家长在此项工作中的价值。最后，活动实施细致规范，组织架构、人员职责、工作流程非常清晰，家长很清楚自己在其中的角色和要做的工作，保证了生涯校本课程的实施成效。对绝大多数学校来说，校本生涯课程的开发尚无太多经验可以借鉴，作者对未来工作的几条设想也富有洞见，值得同道中人重视和共同探索。

"中国好老师"公益行动计划专家委员会办公室副主任　王昌海

家校共携手，阅读花开艳

湖北省恩施市实验小学 黄键

刚刚送走一届学生，又开始一个新的六年轮回。这不，2018年秋开学季，我又迎来一批满眼稚气的娃娃。六年的语文学习就此拉开序幕。

语文学科是一切学习的基础。如今流传着"得语文者得高考""得语文者得人生""得语文者得天下"之说。要"得语文"必须重视阅读，因为"阅读是一切学习之本"。语文教材课内篇目一册只有二三十篇文章，这只是掀开阅读的冰山一角而已。只有大量的课外阅读，才能丰富孩子的阅读体验，增长见识，增强语感，提高阅读理解和语言文字的运用能力。对于刚刚入学的孩子，如何引导他们去读书，如何培养孩子阅读的兴趣呢？这就要和家长携手，让家长成为老师的帮手共同培养孩子阅读的兴趣。入学几个月来，我采取以下策略和方法，激励家长参与的积极性，取得了良好的效果。

一、谈一谈——提高认识，达成共识

利用家长会和家长交流，告诉家长阅读的重要性，从思想上提高家长对阅读的认识，指导家长如何带领孩子阅读，培养孩子的阅读兴趣。

（一）明确阅读的重要性

我告诉家长，所谓智力，就是阅读能力。阅读的力量是无穷的。读书能让孩子学会感恩、学会爱、学会信任、学会合作。我用大量的事例和名人的故事让家长和老师达成共识，明确阅读有多么重要。

（二）努力营造读书氛围

家里有书房、书柜，孩子有独立的书柜等。手边有可以随手拿起阅读的书籍。家长自己要多读书，在家里营造学习氛围，经常陪孩子逛逛书店，这些对培养孩子读书兴趣大有裨益。

（三）提倡"亲子共读"，让孩子爱上阅读

我告诉家长，亲子阅读是培养孩子阅读兴趣最有效的手段和方法。6岁的孩子正是爱听故事的时期，家长争取每天抽时间给孩子讲故事、陪孩子读书。有爱阅读的父母，孩子才会爱上阅读。

为指导家长如何开展亲子阅读，我把自己学习整理写作的《绘本阅读——低年级"无压力阅读"》分享给家长。家长的反响非常好。

（四）帮助家长选择适合的书目

我定期在班级群里发布书单，供家长选择合适的书目，随时给孩子补充书库，不能"断粮"。

（五）设计制作阅读记录卡，指导家长帮助孩子记录每天阅读的情况

也正是这本阅读记录卡，开启了孩子们的阅读至"悦读"之旅。

二、晒一晒——晒出方法与自信

自从用上了阅读记录卡，每周一我会收上来检查，了解孩子一周的阅读情况。从第六周开始，谭文博家长在记录卡的空白处见缝插针地开启了一周阅读回顾与小结。

谭妈妈写道：10月13日是一个转变的日子，之前孩子只读古诗或短小的故事或一段话，读长故事只愿当听众。但这一天他只做了小提示就读完一个

长故事。

从记录的字里行间流露出家长看到孩子进步后的欣喜。看到它,我眼睛一亮,这是一个良好的开端。我马上写上孩子的名字分享到班级群里,没想到收到了意想不到的效果。从此一发不可收拾,大家陆陆续续利用边边角角记下孩子读书的点点滴滴。第七周有田千雨、郑舒丹、朱尚斌、陈硒源、唐雪珍的家长写下了一周小结;到第八周,又有杨昕月、刘演秋竹等二十几个孩子家长参与进来;后来,熊世乐、刘琳浠等十几个孩子的家长也分享了孩子课外阅读的情况与收获。全班绝大部分孩子的家长都愿意跟大家分享这份快乐。当然,我都一一做出点评并发布在班级群里。

尤其是到了第九周,谢佳璐和杨晨钰的家长发现了反面整整一页的空白页面,他们充分利用这一阵地,详细记录孩子阅读中的收获、进步及家长陪读的体验、感受。我立马发布并大力表扬。

"榜样的力量是无穷的",在他们这种满满正能量的引领下,其他家长纷纷效仿。每周一,我在激动和感动中欣赏到一篇篇精彩的"周记"。不仅有孩子阅读中的收获、进步,家长陪读的体验、感受,而且还有引导读书好方法和好书推荐,更有记录孩子的自编故事。

从此,我看到了更多精彩、感人的故事,看到了孩子喜人的进步。这就是用文字表达的魅力。罗熙涵在爸妈有意识的引导下,有计划、分类别进行阅读;陈硒源妈妈总是从多方面来盘点孩子的进步和收获,并引导孩子带着思考读书;王梓涵在课外阅读中认识的生字也在旁边组词练习,巩固识字,印象当然会深刻,这是把课内学习的方法迁移到课外阅读中,这就是学以致用……

满满的一篇篇记录,让我仿佛看到了宝爸宝妈陪着宝贝一起走进绘本、走进书中的动人情景;仿佛听到孩子稚嫩的声音和不够熟练的音节拼读,以及爸妈的及时指导;更有宝爸宝妈和宝贝一起互动交流的亲密无间。每日陪读、用心总结和情况反馈,让我看到了孩子们的进步,看到了从不愿到喜欢,从无法坚持到舍不得放下书本,看到了年轻的家长从应付到享受和孩子一起阅读的时光。这是多么美好的境界啊!

三、评一评——评出模范与榜样 >>>>>>>

当然,我十分珍视家长们真实、可贵的记录。我不仅在记录本上个别做出中肯的评价或积极的肯定或热情的点赞,而且还常常在分享的同时进行点评、表扬,并提示大家抽空学习借鉴。比如我在1月3日写了以下点评(节选):

> 向俊霖父母用十足的耐心顺应孩子的心理成长,符合儿童成长的规律。吴昊洋把读书当作一件愉快的事,还有他对科普读物的喜爱也许会为他将来从事科学研究埋下种子。朱尚斌妈妈感慨"把阅读融进生命里",这是多么美好的境界啊!阅读就是让活泼好动的朱尚斌安静下来的法宝。谭博洋母子对阅读的享受令人感动,可以想象,走进书中的母子俩一定会进入一种忘我的、美好的境界……

我最后感慨:每次批阅孩子们的阅读记录卡都是一种享受,让我看到了良好的、亲密的家庭氛围,以及和谐融洽的亲子关系。家,就应该是孩子们健康快乐成长的最美好的摇篮!

这些点评在班级群里带来正面的、积极向上的影响。我不断地从记录本上看到了家长们更为积极的回应,我又看到了更多"亲子共读"的美好和精彩。

于靖雯家长和孩子一起背古诗、听故事,一起成长,感受陪伴的快乐;向俊霖家长耐心地指导孩子读背古诗,悟出教孩子要慢慢来,并感慨,有了"牵着蜗牛去散步"的心态,静待花开,一定会绽放精彩;邓旖睦、郑舒丹把读书当成习惯,生日礼物竟然希望是喜欢的书籍,家长由衷感叹"我心甚慰";刘演秋竹不仅天天背唐诗,应景时就能信手拈来,灵活运用背过的诗句,爱和妈妈进行"飞花令"等互动比赛,而且还梦想有朝一日参加中国诗词大会呢!怀揣梦想的孩子多好啊!

我把记录有价值的阅读记录卡一一拍下来保存在班级群相册里,并以《陪伴是最好的教育》来命名。正如吴昊洋家长感言:"要是每位父母都参与孩子的童年,陪伴他们快乐健康地成长,这是多么美好的事啊!"也如谭晗蕊妈妈感慨"陪伴孩子一起学习共同成长,回味起来乐趣无穷。"是啊,给孩子这样的童年就是给他最厚重的礼物。

四、议一议——个别指导，中肯建议

当然，也有少数家长指导方法不够妥当，或者违背了儿童心理发展历程，或者不够尊重孩子的需求和兴趣。此时我一定会及时干预，进行个别交流指导。如果是有共性的问题，我就发布在班级群里，大家一起交流讨论，互相学习借鉴。有的家长也会把自己的困惑提出来请老师支着儿，我立刻对症下药、解疑释难。

入学以来，在8个月的坚持下，我们班的孩子们已经爱上了阅读。如今，在我们班，阅读之花已悄然绽放，并开得越来越艳！

坚持阅读的向辛雨，语感和语音面貌越来越好，竟然把八年级语文书中一篇无拼音课文较流畅地读了出来；好多个孩子爱读无注音读本了；课间、午休，班级书柜前借书的同学总是排满了队；寒假里，天天读书做记录是最重要的事；统计入学以来的阅读量，读书最多的已经读了60多本，背诵经典诗文100多首；现在，改版后的阅读记录卡已经全部由孩子自己记录了。家长们渐渐解放出来啦！

负责敬业的老师、爱学习善配合的家长、五十几个可爱的孩子，感恩这美好的遇见！

让阅读陪伴孩子成长每一天，让"悦读"成为孩子一生的追求与爱好！

爱上阅读，不是难事！阅读完全可以成为"悦读"！

点 评

黄老师作为小学一年级语文教师，以阅读为切入点，开展家校合作研究。黄老师用亲子共读的方法，强调陪伴是最好的教育。黄老师不仅倡导亲子共读

的方法，而且还总结了亲子共读的实施路径，使其能够持久地开展下去。

具体4个步骤，包括与家长形成共识、总结有效读书方法；检查每周一次的检查与反馈、对于阅读过程及成果进行分享与干预。

通过亲子共读，父母亲与孩子有了共同的话题，在阅读中进行教育，而不是像以往那样，仅仅是干巴巴的说教。每日的陪读、用心的阅读，使父母亲看到了孩子的进步，看到了孩子从不愿意读到喜欢读，从无法坚持到舍不得放下书本，家长享受着与孩子一起阅读的幸福时光。亲子共读，不仅使亲子关系更加密切了，而且使家校合作更加和谐了。

总之，亲子共读，帮助父母亲实现了陪伴孩子并与他们共同成长的梦想。

北京师范大学中国基础教育质量监测协同创新中心教授　梁威

"问题导入式"家校共育新模式探索

重庆市永川区兴龙湖小学校　凌泽芳

有人说："教育出优秀的学生，三分靠老师，七分靠家长。"也有人说："家长是孩子的第一任老师。"足见家长在学生教育中的重要作用。一位优秀的班主任一定会充分调动、激发和运用家长的智慧，形成良好的家校共育格局，使教育工作事半功倍。召开好家长会是其中重要途径。

现行家长会中存在一些问题：有的班主任将家长会开成了工作安排会，任务布置了，让家长配合就行；有的班主任将家长会开成了通报周知会，通报一些原本一个短信、一次QQ留言就能告知家长的常规信息；有的班主任将家长会开成了教师专场会，教师就是"大明星"，从头到尾"一言堂"……这样的家长会让家长被动地接受，却不能帮助家长主动地思考教育问题，更不能通过家长会"以会带培"提升家长教育水平。以"问题导入"为切入点，改革家长会模式，可以帮助家长成为懂教育的智慧型家长，同时凝聚家校共育合力、激发活力，形成"汇聚众人智，携手育英才"的良好局面。"问题导入式"家长会，指通过调研，疏理出家长教育孩子过程中存在的普遍问题，将"问题"确定为"研讨主题"，召开家长会展开研讨，把家长会开成研讨会，以研带培、以研增智。

一、携手家长，梳理教育问题

（一）梳理教育问题做到"五个关注"

每次开家长会前，发放"教育困惑调研表"，开展调研，了解家长近段时间在教育孩子过程中遇到的困惑，在调研前，可引导家长更多地关注学生良好行为习惯的养成和核心素养的培养，更多地关注学生的终身发展。具体而言，教师可引导家长重点做到"五个关注"：一是关注孩子终身学习习惯的养成。这有利于孩子的终身教育，如关注孩子阅读习惯养成过程中存在的困惑。二是关注孩子自主意识的培养。这有利于促进孩子自主发展，如关注培养孩子自理能力过程中存在的问题。三是关注孩子个性的发展。这有利于孩子健全人格与良好性格的培养，如关注培养孩子与人交往过程中存在的问题。四是关注孩子健康心态的培养。这有利于解决当下部分孩子存在的心理脆弱、心理素养不好等问题，培养孩子逆商，如关注培养孩子积极阳光、乐观向上心态的过程中存在的困惑。五是关注孩子健康体魄的培养。这有利于孩子的健康成长，如关注在养成孩子良好锻炼和健康饮食习惯过程中存在的困惑……立足当前，着眼未来，为孩子未来发展铺路，老师要引导家长更多地关注影响孩子一生、让孩子受益终身的习惯和素质的培养。

（二）确定研讨主题把握"三个关键"

教师根据家长填写的"教育困惑调研表"，梳理教育问题，以问题为导入，确定研讨主题，重点把握三个关键：一是梳理出有价值的问题。有价值的问题是关注学生健康成长和未来发展的问题，解决了这些问题，孩子就会养成良好的学习生活习惯，进而快乐幸福地走向未来。二是梳理出家长普遍关注的问题。家长最关注的问题也往往是最迫切需要解决的问题，这样的问题研讨起来，家长们才会兴趣盎然，产生教育共鸣，这样的问题研讨更容易落到实处。三是每次梳理出的研讨主题数量要适宜。一般以3～5个为宜，过多过少都不好，研讨问题过少，家长参与面、关注面太小；研讨问题过多，家长会感到"难以应付"，同时解决问题的过程中，也会让孩子感到"应接不暇"。

二、协同家长，开展问题研讨

把家长视为"被管理者"，家长就会成为听话的"被管理者"；把家长当成"服务对象"，家长就会享受"被服务的依赖和惬意"；尊重家长的智慧，把家长当成"教育的主角"，家长就会成为"教育的思考者"，和老师携手共育英才。

（一）研讨前做好"三准备"

教师深入研究家长的"教育困惑调研表"，梳理出最有价值、家长普遍关注的孩子教育问题3~5个，确定为本次家长会研讨主题，在开家长会一周前，通过QQ群或微信群等反馈给家长。研讨前一周，教师家长围绕"研讨主题"做好三方面准备工作：一是海量学习找办法。家长针对自己最关注的教育问题，阅读学习解决相关问题的教育文章，梳理方法经验；教师全面学习所有研讨问题相关教育文章，梳理方法经验。二是反思自我想办法。家长结合自己的孩子实际，拟定简单而实用的解决问题方案，以备研讨交流。三是挖掘资源寻办法。教师作为活动的策划者，要在学习的基础上充分挖掘自己的教育积淀，精心设计研讨计划。在解决某个教育问题时，有些家长已经做得很好，就要在研讨计划中安排该家长发言。也可以邀请一些擅长解决本次研讨问题的优秀教师和专家，到自己班上来参与研讨。

（二）研讨时把握"三原则"

在教师和家长都充分准备的基础上，召开"问题导入式"家长会。为了充分调动家长的积极性，发挥众人的才智，将问题解决引向深入，"问题导入式"家长会要把握以下三个原则：一是平等对话原则。教师不能以自己懂教育，自己在做教育，而以自己的教育经验去轻易否定家长的观点和方法，要充分信任家长，要充分和家长进行平等的论证，坚决避免"一家之言"。二是实践体验原则。要少些理论，多些实例分析、实例感悟，多一些具体做法，这样家长更容易理解和运用好的教育方法。三是静待花开原则。对于问题的研讨要由浅入深、循序渐进，不求一步到位，家长能理解认同多少，就实施多少。

教育是农业，教育是慢活，过高的要求，过急的做法，可能让家长"一片茫然"。

三、跟踪反馈，尝试问题解决

经过问题研讨，家长对要解决的问题有了深刻的理解。教师要进一步发挥教育引领的作用，将自己整理的和家长们总结的好经验好方法提炼汇总，把最实用的方法形成经验集，通过QQ群、微信群等发给家长。家长和老师达成共识，共同实施，培养学生综合素养。这一过程，教师要讲求"三法"：一是边实施边激励。积极表扬家长在实施过程中想到的新点子、金点子，形成研讨之风，营造积极的教育氛围。二是边实施边反馈。随时了解家长在实施过程中存在的问题，对于实施有困难的家长要给予支持与帮助。三是边实施边总结。定期总结实施过程中的好方法、好经验，通过QQ群积极推广。

四、二次研讨，问题引向深入

家长必须成为懂教育的人，这是应该在中国家长中积极倡导的观点。老师可能只教育学生几年，而家长要教育孩子一生，一个好的家长要影响家庭一至三代人，甚至更多的子孙。教师必须帮助家长成为"懂教育的人"，这样才能形成教育合力，提升全民教育水平，进而提升整个民族的素养。为了将问题充分解决，教师要引领家长深入问题的根部，在"提出问题—研讨问题—解决问题—再追问—再研讨"的不断反复循环的过程中，将问题逐一解决。因此，解决得不到位的问题，可在下次召开家长会时，继续研讨，并提出新的实施计划。

"问题导入式"家长会的实施，在"家校共育"过程中实现了以下三个突破：一是家长成了教育的主人。在民主平等的研讨中，家长自然而然地担起了应有的教育责任，更加积极有担当，自觉主动地配合教师参与到孩子的教育之中。二是家长成了教育的思考者。家长的教育智慧在尊重中被激发，家长也可以成为"有思想的教育者",家长变被动地依赖老师为主动地思考教育,家长们成为懂教育、会教育的"真正的第一任老师",他们更能冷静客观地面对孩子们的犯错,同时放弃简单粗暴的教育方式,由过去的"不知所措"变成了现在的充满自信。三是激发了家校共育活力,形成合力。家长在思考中更加真切地感受到老师为孩子教育"绞尽脑汁",更能带着教育的思考去理解老师的做法,体会教师的艰辛,家长和老师之间变得心心相印、志同道合。同时,教师和家长在思想激情碰撞的过程中,让家校共育过程中充满了创新的活力,时刻闪烁着教育智慧的光亮。

点 评

目前,家校共育无疑成了广大学校和教师的共识,几乎所有的教育工作者都认同家长在孩子成长中的重要作用,学校教育只有与家庭教育形成合力才能使孩子健康快乐的成长。家长会是大家广为熟悉和采用的家校共育具体措施,但这一方式在实际实施和操作中往往被"程式化",变成了"情报通报会""工作安排会""教师专场会",让本应成为"主角"的家长变成了被动的听众,家长所真正关心的问题没有得到解决、家长想得到的指导常常变成一句空话,家校合作的效果显然不可能达到。

如何让家长会真正成为家校共育的理想场域?如何让家长会成为家长和教师为促进学生发展而交流解惑的场所?如何让家长成为家长会的主角?"问题导入式"家长会不失为一种非常有益的尝试。"问题导入式"家长会通过调研梳理出家长教育孩子过程中存在的普遍问题,将家长会变成"问题研讨会"。由于这些问题都是家长关心的问题,是与孩子的成长休戚相关的问题,所以家长会是家长发挥自己教育主动性的过程,是自我反思的过程,是接受其他家长教育和培训的过程。所以正如作者自己说的那样,在家校共育过程中实现了以下三个突破：一是家长成了教育的主人。二是家长成了教育的思考者。三是激发了家校共育活力，形成合力。教师和家长在思想激情碰撞的过程中，让家校共育过程充满了创新的活力，时刻闪烁着教育智慧的光亮。

北京师范大学中国基础教育质量监测协同创新中心教授　边玉芳

最美的遇见

北京市海淀区教师进修学校附属实验学校　刘倩竹

初中对于家长和刚刚毕业的小学生而言是一个较为重要的阶段，面临着课业的任务，升学的压力，进入青春期的各种不适应，那么，作为一名班主任，如何召开初中入学以来的第一次家长会，如何让家长对学校、对班级，以及对班主任有新的认识，如何能够让家长对班主任增添信任感，如何建立好更和谐的家校关系，正确召开第一次的"见面会"是非常重要的。笔者刚好在本学期担任初一班主任工作，也刚刚较为成功地召开了中学生入学以来的第一次家长会，把一些经验总结下来，与读者分享。

一、主题设定

（一）"我"的育人理念是什么？

在中学阶段，虽然家长和学生一再追求学习成绩的提高，但是不可否认的是，成绩并不是评价一个学生优秀与否的唯一标准。我认为，健康的体魄、良好的品质修养、良好的学习习惯，是一名优秀中学生必须具备的。简单地讲，我希望培养出懂得"爱"，能够传递"爱"，有着积极阳光健康心态的人。教育应从人生长远的方向去培养一个人。如果一个孩子拥有了这些，就会拥有一个较为良好的学习心态，从而为自己创设一个良好的学习环境。

(二)从"新"的了解，入"心"的沟通

对于班主任来说，家长的信任与支持是班级管理工作有效有序进行的良好保障。若能够得到家长的信任，首先一点，笔者认为，一定让家长觉得您是欣赏他（她）的孩子的，尽管家长对孩子有诸多的不满意，但还是希望孩子能够在新的班集体中得到老师的认可，这一点非常重要。因此，在召开第一次家长会之前班主任需对班级中的每一个孩子进行方方面面的了解，校内学习情况（从任科老师那里全面了解）、爱好、特长、兴趣、性格、生活中突出的表现等，一定给每一个孩子标注优秀的标签，从"新"了解，从"心"入手，及时给家长一些正面的反馈，用"欣赏"架起家校信任的桥梁。

(三)确定家长会主题

在开学初，为了了解班里每一个学生的优点，为了更加全面地了解学生，我给家长布置了一项"作业"，内容是："给班主任介绍一下自己孩子的优点，不要说缺点，可以举几个例子把学生的优点呈现出来。"从家长的反馈中，我有很大的收获，了解到学生很多优秀的方面，也能够感受到孩子的家庭教育。对于家长，平日极少关注孩子的优点，经常挂在嘴边的是诸多的不足。给这样一个机会，家长能够静下心来，思考"我"的孩子有哪些优点，同时也会捕捉到班主任留这项作业的目的。良好的亲子关系也是教育有效进行的重中之重。

每一个孩子都有自己的闪光点，重要的是遇到发现的人，如果这个发现的人是老师，那么对于学生来说一定是幸运的。遇见就是缘分，把它当成美好的遇见，无论是对学生，或是家长，都是良好的开始。的确，良好的家校关系，一定需要班主任这个最重要的纽带去连接。

二、活动内容设置

本次家长见面会由学生和家长共同参加，共有五个板块。第一板块是"团队共筑梦想——各学科老师与家长见面会"环节，家长了解初中各学科的特点

及学习方法；第二板块是"班级文化助成长"，由班主任老师介绍自己建班的理念及对班级的文化建设，即搭建平台，给孩子成长提供舞台；第三板块是"我的成长看得见"，由学生展示开学以来参加各种活动的收获；第四板块是"说句心里话——亲子情感动起来"，父母和孩子们以书信为沟通的纽带，说出彼此的心声，教室里流动着浓浓的亲情，增进了亲子情感；第五板块是"共绘心愿墙"，家长们和孩子们在心愿墙上写下自己诚挚美好的祝愿。整个家长见面会以沟通与感恩为主线，形成家校合力，共同助力孩子未来的成长！

（一）第一板块——团队共筑梦想

作为班主任，要了解家长们最关心的一定是学习，特别是小学到初中过渡的这个阶段，鉴于绝大多数家长给学生在校外报课外班这种现状，班主任需给家长们做学习重点及方法的引导。在这个环节中，笔者携同班级任课教师给家长和学生们进行了关于学法的指导并给出了针对性的建议，如如何进行时间规划，上课如何听讲，如何记笔记，如何改错等有效的学习方法的指导，家长们受益匪浅。把这一板块设置为第一环节，为之后的情感搭建环节做铺垫。

（二）第二板块——班级文化助成长

培养学生全面发展是我们的教育目标。家长会中班主任向家长们传达的育人理念是非常重要的，这不仅能够体现班主任的教育思想，而且渗透更多的是学校的教育理念。笔者认为，身为教师，我们应追求培育全面发展的人。所谓全面发展，要拥有健康的体魄，拥有良好的品质修养，拥有良好的学习习惯，拥有积极、阳光、健康的心态。我们需从长远育人的角度出发，培养学生能带得走的能力和素养。目前学校所关注的是绝大多数家长并未关注的，家长更加关注学习成绩，但是，往往学习心态和学习习惯对学习成绩起决定性的作用。班主任在家长会中强调，并解释其中的道理，能够有效地提高家长对学习的认识。

（三）第三板块——我的成长看得见

这一板块摄像组把入学以来的重要活动——军训、开学论坛、班级活动等进行了梳理，做了开场视频，呈现给家长，家长通过这样的信息能够初步了解我们的学校，了解孩子的校园生活。学生在参与的过程中，又回忆了曾经的生活，曾经为目标付出的所有努力，很兴奋，也有很大的成就感。这一环节对班级的团队建设是起积极引导作用的。通过活动，搭建家校沟通的平台，最重要的是让家长们相信，老师无时无刻不在给学生们搭建平台，用心地陪伴学生们的成长。

一个班级的文化能够体现学校的教育思想和教育理念。班主任就如同领航员，把学生领向一个成长的方向。于我而言，班主任更多的价值是培育学生，在初一阶段，更多的是培养学生良好的学习习惯，关注学生的心理建设。通过第一次班会这个平台，让学生说出自己入学以来的成长感受，这不仅能够锻炼学生的自信心，使学生的收获显性化，而且更能够促使家长与学生的成长有一次亲密的接触，这比告知家长孩子学习的分数更加具有长远的意义。

（四）第四板块——说句心里话

"说句心里话"是我在入学开始给家长们留的一个作业。题目是这样的："家长您好，很开心我们有缘成为一家人，作为班主任，为了孩子能够在中学阶段有更好的发展，我非常迫切地想了解您孩子的优点，请您向我介绍一下您的孩子吧，如果有具体的事例，也可以写下来，记住，只想了解优点，缺点就不用说啦！"这个题目是希望家长们能够从正面角度去观察自己的孩子，用欣赏的眼光看待孩子成长的点滴。

在收上来的信件中，很多家长都感谢老师给自己重新审视孩子的机会，文字中不再是牢骚和不满，而是充满了爱意。勇敢、有孝心、善良、乐观、认真、真诚……各种赞美的语言层出不穷。

现场，我选择了一对父子，这对父子信中所传达的真挚情感打动了我。父亲给儿子的信中，无不体现了儿子的孝心、上进心，儿子给父亲写的信中，无不体现了儿子对爸爸妈妈的感恩与无尽的爱。

其中的一段话是这样写的："爸爸，我很爱您，您十分辛苦，我每天的上学放学，您都一刻不停地忙碌着，天天如此，我以你为最大的靠山，我为有你这样一位全能的父亲而自豪。妈妈，我同样爱您，您不仅工作辛苦，而且对我的爱也同样厚重，您每天虽然辛苦，可你总是面带笑容进家门，妈妈我想对您说，您辛苦了！爸爸妈妈，你们对我的付出如此之多，我又如何报答你们呢？我现在的身份是一名学生，没有挣钱养家的能力，但是我会努力学习，刻苦上进，态度认真，将来一定会好好报答你们。我现在能为你们做的，或许只是端一杯水，冲一包茶，甚至只是一句问候，但既然能做到，何不尽一点微薄之力孝敬父母呢？我会尽自己最大的努力孝敬你们。感谢陪伴我的爸爸妈妈。"

更令人感动的，是儿子在读爸爸的信的时候，爸爸一直保持着一个姿势，那就是侧着身子，全程注视着儿子，在爸爸的眼里，充满了欣慰，因为，他的用心，儿子懂。

"说句心里话"在家长们内心复杂的情绪中结束，作为班主任，希望通过这样事例的呈现，传递给家长一个信息，建立良好的亲子关系对孩子的学习乃至成长都非常重要，感恩教育需要家庭中所有成员的共同努力。

（五）第五板块——共绘心愿墙

用爱感受爱，用爱传递爱，用爱托起每个人内心对美好的期待。在家长会结束的时候，每个学生和家长手中拿着学生事先剪好的心形的卡片，写下对自己，对班级，对儿女的美好的期待。

家长会后，家长们纷纷表达了对老师的感激之情，感恩于老师对孩子的悉心教导和用心的陪伴。

一次家长会，一个与家长心灵沟通的平台，作为班主任，应以学生的发展为本，任何时候都需关注着学生发展的内在要求，关注着一个一个鲜活的孩子的生命成长。教书育人的道理就在于此。

点 评

家长会是学校与家长沟通的重要渠道，是实现家校合作、形成合力育人的重要途径。刘老师的家长会，力图让平时忙于工作、忽略孩子内心需求的家长看见孩子，看见孩子渴望被认同、被赞美的心理，看见孩子的点滴进步和成长。

家长会从"介绍学生的优点"开始,创设了5大展示板块——其中"团队共筑梦想"和"班级文化助成长"两大板块,是从班级建设的角度出发的;而"我的成长看得见"和"说句心里话"两大板块,是从学生个人成长的角度出发的。刘老师设置的这5大展示活动,把学生在校的种种进步呈现给家长,使"优点显性化",学生的自信心油然而生。

作为班主任,刘老师不仅关注每一个学生的优势,而且她还有意识地引导家长发现和挖掘自己孩子身上的优点。

"给每一个孩子标注优秀的标签。"这既是教师的理念,也是教师应具备的能力。

北京师范大学中国基础教育质量监测协同创新中心教授　梁威

用活动搭起"心"的桥梁，助力和谐亲子关系的构建
——家长会功能的创新思考与实践案例

北京市海淀区教师进修学校附属实验学校　米颖

一、亲子关系陷入僵局

（一）家长的苦恼

进入初一第二学期，每次与家长交流时，我都会听到家长相同的苦恼，好像一下子没办法和自己的孩子沟通，甚至连沟通的机会都没有，他们大同小异的描述是：孩子现在一回家，关上家门就进自己房间并关上自己房间的门，不到吃饭时间，绝不会打开房门的。好不容易到了吃饭时间，一家人坐在一起吃饭，想和孩子交流，但我们所有的热情与疑问都被一句句敷衍的"嗯，嗯"给挡了回来，再问得紧了，孩子就会简单吃点饭丢下碗，只留给我们一脸疑惑和一个决绝的背影，然后就是一声响亮的关门声。如果勉强交流几句，也是说不到几句话气氛就会紧张起来，最终也是不欢而散。描述完他们总会得出来一个结论：青春期的孩子实在没法交流，看来孩子已经进入青春期了。

（二）孩子的烦恼

一边是家长的苦恼，一边孩子也有自己的苦衷。与孩子交流时，也会出现共性的问题：跟家长说话简直是一场战争，三句话就能说到学习，然后就是成绩，然后就是你怎么不好好学习等一系列的指责、不满，然后我们稍微态度不

好，就会升级成吵架，然后就是家庭大战……所以，为了大家能和谐相处，我尽量不说话或者少说话，能不说的就不说。

还有孩子提到：我玩游戏也是被家长"逼"的，因为，只要我的成绩让家长不满意，其实家长对我的成绩就没有满意过，从来都没有，家长就会认为我肯定在自己屋子里玩游戏，不好好学习，其实我真的没有玩游戏，可他们就是不相信我，每次都这样冤枉我，时间久了，我就有一种报复这种冤枉的心理，就真地玩起来了，玩给他们看。甚至有孩子说家长为了监督自己，给家里装上了摄像头，自己连一点隐私都没有。

二、问题分析

听到了这么多来自家长和孩子的心声，我就在想，其实爱与被爱都没有错，青春期也不是错，只是在亲子沟通上有一个最关键的环节上出了问题——信任。上了初中的孩子与小学生最大的不同就是从心理上要求自己能够摆脱家长的约束，因为自己"长大"了，独立了，所以总想活出自己想要的样子。但在家长这里，因为小学的时候孩子一直是需要自己手把手帮助的，所以许多家长还没有从小学时孩子的贴身帮手的角色中走出来，没有意识到自己应该从孩子的生活中稍稍走出来一些，给孩子一定的独立空间。因此，一方面，家长极力要求孩子自己有独立的样子，对许多事形成自己的主见，有自己的想法。另一方面，家长还没有准备好给孩子独立的机会，还想把孩子攥在自己手里，让他们依然像小学时一样，什么都听家长的。

于是，孩子已经长大，而家长还没有准备好应对这种长大，生活中的表现就是孩子极力希望得到家长的信任与认可，可是家长还是不能充分地相信孩子能自己做好自己的事情，还需要自己处处"跟进"，这种情况下，世间最伟大的亲情之"爱"对孩子来说好像变成了一种无法摆脱的束缚，于是，这种以"爱"为名义的关心使得双方的矛盾就会愈演愈烈。

三、以家长会为平台，为亲子沟通搭起"信任"的桥梁

面对家长和孩子的困扰，我就在思考如何给"爱"一条生路，恰好这时临近一学期一次的家长会，我就在想，如何借助家长会来做一些事情，尝试给家长和孩子的沟通搭建起一座"信任"的桥梁，于是，经过精心的思考与设计，我尝试了一次全新的家长会的组织形式，具体环节在下文进行介绍。

环节一："我们一起走"——亲子之旅

1.活动准备：

孩子提前准备好一个眼罩。家长进了校门后到操场各班所在位置，找到自己的孩子。

2.活动要求：

（1）家长用眼罩蒙上眼睛，全程不能摘眼罩，不能说话；孩子将引导自己的家长，共同穿越一段路途，从操场走回本班教室，路线可以自选。

（2）孩子全程不能说话。在活动中，可以有肢体接触。

（3）到达教室后家长才可以摘下眼罩。

（4）为保证活动效果请严格遵守活动要求。

环节二："你说我说"——亲子沟通

家长和孩子到达教室后，请家长和孩子一起轻声交流以下问题：

1.刚才在孩子的帮助下一起来到教室，在整个过程中，你们是如何传递和接收信息的？你当时是怎么想的？

2.相信在体验的过程中，无论是您还是孩子都会有自己不一样的感受。请和孩子一起相互坦诚地交流一下自己在活动过程中的所思、所想和所感。

3.说说自己在这次"亲子之旅"中受到了怎样的启发，你最想和对方说什么。

环节三："我的痛苦你能懂"——亲子互"诉"衷肠

在家长会之前，对部分孩子和部分家长分别进行了座谈，搜集整理了孩子和家长分别接受不了的对方的沟通方式。

1.孩子们最怕的沟通方式：

（1）命令语气、逼迫、意见不统一就吵架、言语或肢体暴力。

（2）唠叨。

（3）问答式沟通：想说很多但没有时间说，没有真正的精神、情感的交流。

（4）不能体会心情、不能换位思考、不平等；干涉，不给自主权，不允许任何反对，保护过度。

2.家长们最怕的沟通方式：孩子对父母不理睬。

环节四："携手成长我践行"——亲子承诺

在家长和孩子双方都了解了对方内心的苦恼后，家长和孩子分别提出了各自对于理想的亲子沟通的一些想法、建议，在此基础上，家长与孩子一起讨论达成共识，决定在以后的沟通过程中希望双方都能遵守的原则。

沟通交流的原则：平等互信、坦诚相见、不发泄情绪、解决具体问题。

四、家长会效果

这次家长会形式的创新尝试，收到了很好的效果。

（一）体验活动，给亲子关系一次原生态的呈现

平时，家长和孩子都是各说各有理，而亲子体验活动，避免了双方语言的交锋，而且特殊情境下，家长与孩子需要合作来完成这一项具有挑战性的活

动，在这一活动过程中，有的孩子与家长配合默契，行动迅速，孩子怎么引导，家长就跟着孩子走，很配合；有的家长不信任孩子的引导，总觉得跟着孩子走不安全，于是同样的一条路走了好久才拉拉扯扯地走完；有的孩子在途中因为家长的不配合竟然撒手不管，置家长于黑暗的摸索中不顾，各自走各自的，因为他认为家长不会有事，自己会摸索到的；还有的家长生气地摘下眼罩，此时亲子之旅不欢而散。

以上诸种情况在"环节二"的亲子沟通及全班沟通过程中都体现了出来，有的家长很感动，突然觉得自己完全可以依靠孩子了，孩子长大了；有的家长感觉到自己对孩子极端的不信任。

在这一"体验—交流"的过程中，家长和孩子对刚才的情况进行了分析，也听到了其他家长与孩子的经历，他们都会对自己的行为进行反思，也从刚才的行为中反思到平时和对方交流时出现的问题，开始从自己身上查找原因，这一过程就给家长和孩子，尤其是给家长这一成人群体提供了一次非常宝贵的反思自己的机会。这机会在成人是很难得的，因为许多成人在自己的某个年龄已经给自己的成长画上了句号，其实他们不知道，作为一名家长，是需要终身学习的。作为一名家长，是否能够获得成长，关键的一点就是他是否有机会对自己进行反思。而这一活动设计的本身就给他们提供了这一可贵的机会。

许多家长全班交流分享时都说道："非常感谢学校提供的这一个活动，让自己有机会看到自己作为家长的不足之处，看到孩子令人欣赏的一面……其实想想，自己终有一天会老去，而孩子可能就是自己的依靠，看到今天孩子的表现真的很欣慰……"还有好几位家长在分享时激动得泪流满面。我相信这次的独特经历会给他们的亲子关系一次重新的开始，会使他们的关系朝好的方向不断地改进。

（二）真诚交流，为亲子关系激活"爱"的纽带

无论是环节二、环节三还是环节四，都是为了给家长和孩子双方创设一个平静、平和、平等的交流机会，因为平时的亲子沟通很多时候都会因为双方的情绪而变形、走样，使得双方的语言偏离了原本交流的初衷，造成"言不由衷"的效果，进而导致越交流关系越糟糕的情况。而在这里，由于是公开场合，又由于有了刚才的亲身体验，还有大家都坦诚的这一大"场"的营造，

这一理想的沟通环境更有利于亲子之间互相平心静气地、客观地表达自己的想法。因此，这些交流环节之后，无论是家长还是孩子都希望亲子关系能够更融洽，都憧憬更好的亲子关系，于是环节四"携手成长我践行"——亲子承诺中，双方就都能平心静气地接受大家达成共识的亲子沟通的原则。

五、反思与总结

经过这次家长会形式的创新尝试，我对家长会的功能也有了自己新的理解与认识。

一说到家长会，学生是望而生畏的，因为在学生的心目中，家长会上，老师都会给家长告状，数落他们在学校的诸多问题，这样，家长开完家长会回到家，往往就会和孩子"算账"，于是家里就会出现紧张的气氛，自己接下来的日子就不好过了，家长会指责、抱怨，甚至有时候还会拳打脚踢。

现在想来，为什么学生会对家长会形成这种"坏"的印象，原因就在于，以前的家长会上，老师更多的是把问题反馈给家长，而家长又没有合理的、专业的、有建设性的做法来解决这一问题，于是很多时候是用到错误的，会对孩子造成身心伤害的方式来面对这些问题，不仅问题没有得到解决，而且还造成了亲子关系的恶化，让情况变得更糟糕。因此，这样的家长会不但不会解决孩子问题，还会导致孩子出现更多的问题。而这次家长会是在充分了解问题的基础上，尝试给孩子和家长一种解决问题的方法的引导，抓住问题的根本，尝试从根本上找到解决的方法。但简单的说教可能效果并不会太好，因为现在的家长在网络、书籍等各种途径了解了许多教育的理念与方法，他们对于说教并不会很快接受，因此，在尝试帮助家长和孩子解决问题的方式上还进行了大胆的创新，设计了亲子体验活动，让家长和孩子在活动中体验，在体验中反思，这样的经历本身对双方产生的效果远远超出了说教的效果。

由此看来，家长会如果以问题的解决为导向，是可以不断改善亲子关系，为良好亲子关系的构建做出巨大贡献的。

这样的家长会就可以更好地实现家校共育的目标，促进家校合力，为孩子的成长发展提供更坚实的保障。

点 评

学生进入初中后，一方面随着身心的成长和自我意识的加强，不少学生产生了对学校教育、家庭教育的逆反意识，给家庭教育、学校教育带来很大问题；另一方面长期以来的家长会也给一些学生和家长留下不愉快的印象。米老师为了解决上述问题，尝试召开一个非常有创意的家长会，且收到了很好的效果。

以往的家长会都是汇报会——教师向家长汇报孩子的学习情况、教学进度等等。米老师把汇报会式的家长会改为活动式家长会，确实有一番精心的思考与设计。特别是在亲子互动的第一个环节，全程不能说话，"由此避免了亲子双方的语言交锋"。在整个体验活动中，他们通过身体层面的互动交流，还原了家长与孩子之间真实的信任关系，让家长充分信任自己的孩子，由此引发家长的反思与成长。这样就达到了家长会设计的目标。而这个目标不是通过教师说教达到的，是家长在与孩子进行体验互动中完成和实现的！

北京师范大学中国基础教育质量监测协同创新中心教授　梁威

同心·同行——管理班级家委会有感

贵州省毕节市实验学校　黄琳

一、引言

家委会作为家长和老师之间非常重要的纽带，发挥着非常重要的作用。一开始从事班主任工作的时候，我忽略了家委会的重要作用，一门心思自己做自己的，很少沟通，很多工作事倍功半。后来，在几次活动中，我得到了家委会的主动帮助，才认识到其重要性，于是我在工作中，积极主动联系家委会，沟通想法，使得班级工作事半功倍。

二、背景

工作9年，带了两届学生，深感好的家校沟通能促进孩子更好的成长，而家委会在班级活动等方面扮演着非常重要的角色，既是桥梁更是好助手，一个好的家委会是家校关系的突破口，它能增加班级凝聚力，促进班级和谐。

三、实施过程

初踏入工作，恰逢学校第一次采用学生抽签分班，很多家长都是对同年

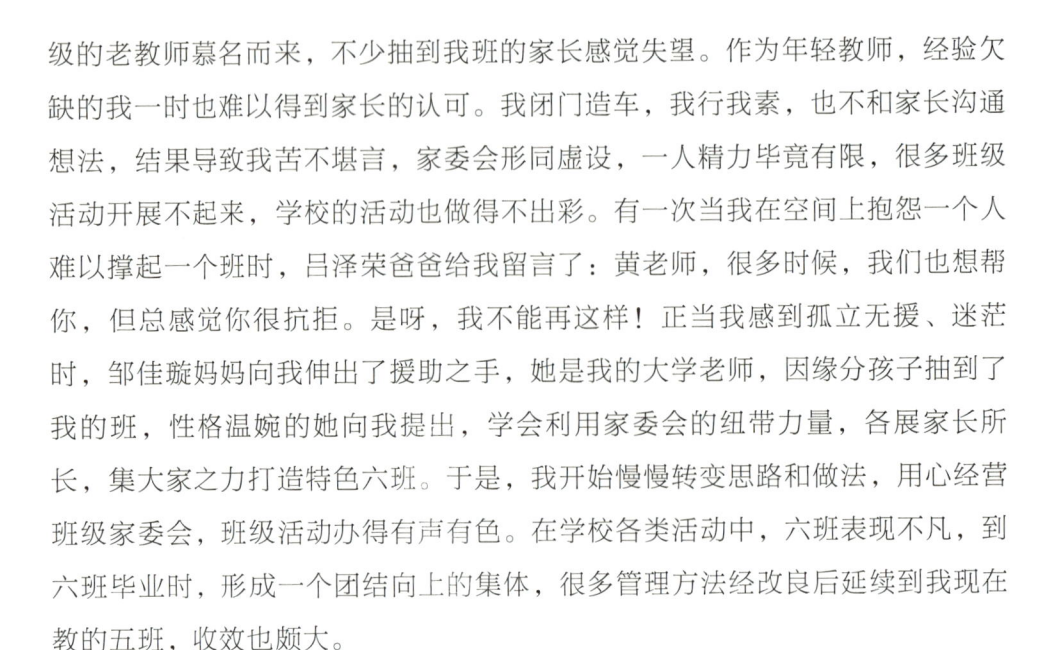

级的老教师慕名而来，不少抽到我班的家长感觉失望。作为年轻教师，经验欠缺的我一时也难以得到家长的认可。我闭门造车，我行我素，也不和家长沟通想法，结果导致我苦不堪言，家委会形同虚设，一人精力毕竟有限，很多班级活动开展不起来，学校的活动也做得不出彩。有一次当我在空间上抱怨一个人难以撑起一个班时，吕泽荣爸爸给我留言了：黄老师，很多时候，我们也想帮你，但总感觉你很抗拒。是呀，我不能再这样！正当我感到孤立无援、迷茫时，邹佳璇妈妈向我伸出了援助之手，她是我的大学老师，因缘分孩子抽到了我的班，性格温婉的她向我提出，学会利用家委会的纽带力量，各展家长所长，集大家之力打造特色六班。于是，我开始慢慢转变思路和做法，用心经营班级家委会，班级活动办得有声有色。在学校各类活动中，六班表现不凡，到六班毕业时，形成一个团结向上的集体，很多管理方法经改良后延续到我现在教的五班，收效也颇大。

（一）"放"与"收"得当

学校常规规定每个班家委会5人，但我认为这样会打击到一些想参与班级活动的家长，于是，在两届家委会中，本着自愿原则，我都筛选了10多人进入家委会，将时间较多的5人设为家委会常委，这样大家能根据时间相互协调、参与其中，极大地调动了家长的积极性。

对于进入家委会的家长，我没有严苛地要求必须怎样做，毕竟家长们有自己的工作要做，参与班级活动都是在时间允许的情况下，如果不能，不勉强。当然，这不代表家委会没有一点约束力，每个学期家委会都要单独召开一次会议，我会听取大家对班级的意见，不管是教学还是活动，我也会给家委会提建议，如何发挥家长会的最大作用，如何协助我开展活动。

收放之间，结合家长特长，发挥家委会最大效用。李睿灵爸爸是摄影师，负责班级摄影；杨蕙祎妈妈心细如尘，负责班级物品管理；肖卓辉妈妈文字功底好，负责班级微信公众号；吴施雨妈妈擅长种植，班上的绿植管理得有条不紊……在合适的位置上，家长们配合相得益彰！

（二）"信"与"行"并行

"感谢黄老师的用心良苦，您的心灵鸡汤孩子一定受益终身！""黄老师的爱和关心一直都在，六班的娃娃们真的幸运！感谢黄老师！真心祈愿黄老师一切如意！心想事成！"

这是上周六班家长群的留言，说着感谢的话的家长们，基本和我已是两年未见，我们却能随时保持联系。

既然选择了进入家委会的团体，就意味着我和家长应该相互信任。在班级活动中，家委会对我也直言不讳，正确的支持，错误的也及时向我提出，促进了我的成长。

"言必信，行必果"是我和家委会达成的共识，对于我们共同做出的决定，例如传统节日活动、参观恐龙博物馆、亲子活动等，我们都相互配合，依约而行。

（三）"德"与"范"为重

为人师，"德"为先，"范"立身。

我常对学生说：我要求你们成为什么样的人，我就应该先成为什么样的人。

在我升级成妈妈后，更加感觉到对于孩子的教育，不能局限于成绩，我对家委会提出，希望有合适的机会帮助一些留守儿童，热心的家长们说干就干，联系了大方县双山的吊兰小学。六年级了，当别的班都埋头题海时，家委会组织了孩子们前往吊兰小学，送上问候的学具，听吊兰小学的老师上一堂课，和吊兰小学的孩子来一场拔河比赛，和吊兰小学的孩子一起吃一次营养午餐……很多孩子在毕业影片中深情地说：这成了他小学最难忘的经历。这种助人为乐带给我和孩子们不一样的人生体验。

有了上一届的体验，在新一届家委会第一次会议中，我提出："引领孩子们以小小的力量帮助需要帮助的人，或许我们的力量微弱，我想把这粒种子种进孩子心里，是开花还是结果，我不得而知，多年后，我们再相约来看吧！"我的话引起了家委会的共鸣。由家委会牵头，大家参与，做了一场特殊的活动：一个是捐书，一个是捐助孩子。为了找到合适的孩子，家委会联系了大方县双山小学，陈俊熙爸爸、胡凯瑞妈妈、李俊辰爸爸与我同行，实地走访了解后，我们选择了两个家庭困难的孩子作为班级捐助对象，捐助款的来源方式是孩子们通过劳动获取的零花钱。在决定捐书后，得到了身边朋友的响应，毕业的六班孩子也积极地参与其中。这场特殊活动的成功来源于家委会的不懈努力。

（四）"心"与"心"相交

在时间的积累下，我为班级付出的点点滴滴也被家长看在眼中。我和家长们也犹如朋友一般，私底下，我们会聊着共同关心的话题，谈论着孩子们长大了。佳璇妈妈在孩子毕业两年后还向我推送有助我专业成长的文章；泽荣爸爸每年教师节都会送上鲜花的问候；我则每年都在给孩子们送书，鼓励他们……

最难忘的是我在怀孕七个月时，工作累倒，羊水破了，被送往医院，那是我最艰难的时刻，医生一再下病危通知书，建议我转到省会医院，我和孩子生死未知，我拿起手机在家长群安排了接下来的班级工作由刘老师代劳，并不多言。家委会的几位家长最先察觉到我肯定出了问题，打听着来到医院，我闭门不见，后来，在家人口中得知，几位家长奔走医院，找了多方好友，希望能帮我和孩子渡过难关，七个月早产，几位家长都在医院，只说：情况太特殊，怕一旦有意外，需要人帮忙、献血这些，人多力量大些……每每回忆这段往事，我总会潸然泪下，我们早已成了亲人。

四、前行中的思考 >>>>>>>>

在教育的前行道路中，家委会成了我的好助手，家长们成了我的好朋友，我们本是同路人，同心让我们走得更远……

点 评 >>>>>>>>

目前，我国绝大多数中小学校都建有家长委员会。然而，如何利用好家委会的教育资源，与学校教育形成合力育人，仍然是我们学校教育面临的重要课题。

黄老师作为年轻的班主任一直在努力地"经营"着家委会，并总结出"放"与"收"得当；"信"与"行"并行；"德"与"范"为重；"心"与"心"相交等心得体会，力争使每个家长发挥其不同特长，实现家校教育合力的最大化。

不同的理念，决定了教师不同的眼界。当前一些老师把家委会微信平台，仅仅当作向家长反馈学生成绩、布置学校作业的平台。黄老师却认为，"对于孩子的教育，不能局限于成绩"。家委会在黄老师的领导下，开展了多种体验活动——捐书、体验贫困山区生活、实地走访贫困儿童、捐助留守儿童、参观博物馆等，成为学生小学阶段最难忘的经历和不一样的人生体验，从而促进学生多方面的发展。

总之，教师是所有家校合作活动的总设计师，也是管理家委会、协调亲子关系的关键，教师的教育理念、教育眼界，决定着家校合作的高度和广度。

北京师范大学中国基础教育质量监测协同创新中心教授　梁威

超级老爸来当家——"家班共育"之家委会的建设与管理

上海市宝山区实验小学　朱怡

一、引言

近一年以来，结合家班共育的理念，利用改选家委会的契机，我们班成立了"超级老爸智囊团"。无论是学校开展各类家长志愿者活动，还是结合班级特色开展的"超级老爸进课堂"活动，都受到家长、学生、学校的好评。这项活动的开展源于班级无论是开展亲子活动，还是家庭教育指导孩子学习，父亲的参与率相对母亲要小得多，而父亲在教育孩子过程中应起到不可替代的作用。因此拟构建新型的家班共育模式，摆脱以往基本以妈妈包办的家庭教育和家校共育模式，让爸爸们一起承担家委会的重任，加入家班共育队伍，助力孩子健康成长。

二、案例背景

我们班级42人中，有3对双胞胎。由于家庭原因，绝大部分都是由母亲负责孩子日常学习，只有3名孩子由父亲负责。整体来看，母亲细心、耐心，更关注孩子学习习惯的培养，可是她们事无巨细地负责孩子的生活与学习，凡事都包办代替，导致孩子的自理能力较弱。而父亲承担教育职责，则会通过与孩子共同操作、探索多种形式的活动方式来培养孩子的动手能力、创新意识，以促进孩子求知欲、好奇心的发展。不过，父亲教育管理孩子也有弊端，他们不太注重孩子习惯的培养，缺乏有效的教育方法。

三、案例问题

要轮到我们班"家长护校"了，我照例又在群里鼓励有空的家长积极报名参加。"咦？这次报名的怎么清一色都是妈妈呢？"之前的学校活动中，志愿者都是妈妈偏多，但像这次一个爸爸都没报名的现象实在太少见了。妈妈们平时虽然会在朋友圈中抱怨另一半是"丧偶式育儿""诈尸式育儿"，但当爸爸们真正开始远离孩子的教育活动，我不由得担忧起来，只有妈妈参与关注孩子的学习、生活，缺乏爸爸的陪伴与教育，这个趋势可不妙啊！

我马上和几个孩子的爸爸联系，了解情况。原来，并非爸爸们不愿意参与孩子的学习生活，有的爸爸向我诉苦，自己与妈妈的管教方式有冲突，一遇到冲突就要发生家庭大战，导致最后干脆什么也不管了；也有爸爸提出孩子越大越有自己的想法，想管管不了……爸爸们与妈妈、孩子之间沟通出现问题，甚至无法沟通，但又找不到解决的方法，心里很是焦急。

四、问题解决

这该怎么办呢？

一个人的智慧是有限的。家班共育的问题，还是要和家长一起讨论。于是，我请来家委会成员们，针对家班共育中爸爸们遇到的问题进行讨论。

既然是想办法解决如何帮助爸爸参与孩子的学习生活，家委会成员提出能不能组建一个爸爸团，作为家委会的一个分支，这样不仅能够提供一个育儿的交流学习平台，而且还能通过组织参与班级学校的活动，增进与孩子之间的情感。家委会成员之一贾爸爸，是一名高中的物理老师，有自己的航模实验室，他马上提议可以进班为孩子们先上一节模型课，算是为其他爸爸做个表率。这个提议马上得到家委会成员的支持。

第二周，贾爸爸带着模型来到学校，他用生动有趣的方式，讲解模型的结构，还亲自演示飞行、降落，孩子们人手一个模型，近距离观察和实践，兴趣盎然，这真是一节令人难忘的模型课。课后，孩子们围着贾爸爸问个不停，直嚷着下次再来。当天晚上，平时安静的班级群一下子热闹起来，不断有家长感谢贾爸爸的精彩课堂，大家都在群里分享起孩子们的真实感受和图文作品。就在这时，贾爸爸趁热打铁，他在群里提议，成立"超级老爸智囊团"，让更多的爸爸走进课堂，让孩子们习得更多课外知识。他的提议在群里一呼百应，"超级老爸智囊团"成立了！

适逢新一届家委会改选，我增设"爸爸团"，作为文体部门的分支。在班级中，我还特意大作宣传，借孩子之口鼓励爸爸们积极加入。接着，在班级群中明确家委会的职责，并发布家委会成员及爸爸团代表工作具体职责，家长们参照委员条件及相关要求决定是否参选，参选者可录一段微视频或者语音，进行自我推荐。最终利用微信平台发起民主投票选举，最后选出会长、文体部长、宣传部长、后勤部长，以及3名爸爸团代表。新一届家委会成员终于出炉了，令人可喜的是，家委会成员除了会长和后勤部长是妈妈，爸爸们居然占了一大半！妈妈的细致与爸爸的创新相结合，真是令人特别期待的新一届家委会！

当我在群里正式聘任"爸爸团"时，妈妈们纷纷留言：欢迎超级老爸来当家！

家委会成员参与班级的各项工作，离不开教师的必要引导。为此，我特地新建一个家委会群，开始分配任务。首先，确定班级发展目标，制定班级特色。其次，根据班级特色策划活动。最后，制定阶段交流主题。

没想到，他们做的远比我想的要好。

超级老爸们的爱好特长偏向实践操作，因此，确立我班的特色为科技。接着，根据班级特色充分挖掘老爸们的资源，或是工作或是兴趣，积极报名"超级老爸进课堂"。爱好摄影的茹轩爸爸用生动浅显的语言讲解光与影的原理；飞机设计师小顾爸爸带来珍贵的资料，与同学们分享飞机的历史与趣事；小陶爸爸邀请海军叔叔为我们介绍高科技的武器装备。科艺节中，老爸们教孩子如何制作纸飞机，一起完成自然笔记，动手做小实验，还与妈妈一起帮助孩子制作"未来服饰"……

孩子们别提有多激动了！我能感受到孩子们对科学的浓厚兴趣，更能感受到孩子们对超级老爸们的崇拜之情。

著名的心理学家格尔迪说："父亲是一种独特的存在，对培养孩子有一种特别的力量。"当爸爸不再是孩子学习生活中的旁观者，当爸爸成为孩子活动中的组织者、策划者，当爸爸参与到家校共育中，孩子们的改变是有目共睹的。男孩子想成为像爸爸一样自信、勇敢、独立的男子汉；女孩子遇到事情也变得坚强，更加大气。孩子们在学校中的主人翁意识变强了，积极参加值日中队工作；在升旗仪式上，手持模型飞机，自信地展示班级特色；在六一联欢会上，自主策划活动，邀请爸爸妈妈参观……

时间过得真快，又轮到我们班"家长护校"了，这次不再是"娘子军"，瞧，那一个个高大、伟岸的背影，牵着一双双小手，穿梭在车流中，护送他们进校门……是的，那就是我们班的超级老爸们！

五、案例反思 >>>>>>>

苏霍姆林斯基曾经说过："没有家庭教育的学校教育和没有学校教育的家庭教育，都不可能完成培养人这样一个极其细微的任务。"因此，学校教育和家庭教育紧密相连，密不可分。教育的效果取决于学校和家庭教育影响的一致性。如果没有这种一致性，那么学校的教育和教学过程就像纸做的房子一样倒塌下来。父亲在孩子眼里代表无穷的力量与强大的依靠。父亲角色的弱化和缺失，或多或少会给孩子带来心理上的不安全感。所以父性教育和母性教育结合起来的教育才是完整的家庭教育。为什么爸爸会在孩子的学习生活中渐渐淡出？我想这问题不仅和家庭有关，而且和学校教育有着密切的关系，尤其是班主任。我反思自己平时确实与妈妈们沟通较多，潜意识里认为爸爸忙，没时间管孩子，是我给爸爸们贴上了标签……

为了避免教师教育的单向性，并能取得家长的信任，发挥这支"爸爸团"同盟军的积极作用，我首先从指导家长成立家委会、开展一系列的家委会活动开始。每一次的"超级老爸活动"都需要家委会发动全员一起合作，各司其职；每一次"超级老爸进课堂"，"爸爸团"代表不仅要审核内容、落实人员，而且要与后勤部沟通准备小礼品；每一次"超级老爸交流会"需要家委会成员们一起策划，确定交流主题，"爸爸团"代表负责发动爸爸们积极报名，请家长做微讲座、准备资料、摄影记录、统计问卷等工作。在一系列与家长的交流之中,爸爸们渐渐体谅妈妈们的不易,理解了老师的良苦用心,更看到了孩子们的成长变化。

班主任是学生健康成长的引领者,更是搭建家校共育的桥梁。家委会作为家长参与学校教育和班级管理的正式组织,应当成为班主任开展班级管理工作的阵地之一。因此,教师应尽可能搭建家长交流平台,优化整合家庭教育。

我借每月定期举行"超级老爸交流会"之际,将有关家庭教育的文章推送到群里,让家长们学习家庭教育的方法,更新教育理念。请有育儿经验、有专长的家长谈谈孩子的教育问题,这种以"家长"来影响"家长"的自我教育新模式,很好地起到传、帮、带作用,家长反响热烈,参与的积极性也更高了。正因为对家庭教育有了新的认识和共同的理念,家里少了斥责和抱怨,多了包容和理解,夫妻关系更融洽了,家庭更幸福了。借面对面交流,除了共同探讨孩子教育的方法,也提出对班级工作的建议和意见,促使爸爸们共同参与到班级建设和孩子的教育中来。

家是一个人成长和栖息的地方,而组成一个家庭最重要的元素就是父亲和母亲,这两者缺一不可,共同影响孩童的发展。通过班级家委会的建立,在家委会成员的带领下"超级老爸智囊团"拉近了家长和学校之间的关系,拉近了家庭成员之间的关系,更拉近了爸爸们和孩子之间的关系,这种新型的、和谐的模式,为家班共育提供坚实的后盾,也为孩子的健康成长营造充满智慧的环境。

案例附录1:家班共育调查问卷(家长版)

	爸爸指导学习	爸爸参加志愿者活动	爸爸进课堂上课	爸爸参与作品制作	爸爸主动与孩子交流	爸爸主动与老师交流
"超级爸爸团"成立前	10%	15%	2%	7%	23%	10%
"超级爸爸团"成立后	33%	49%	25%	56%	66%	43%

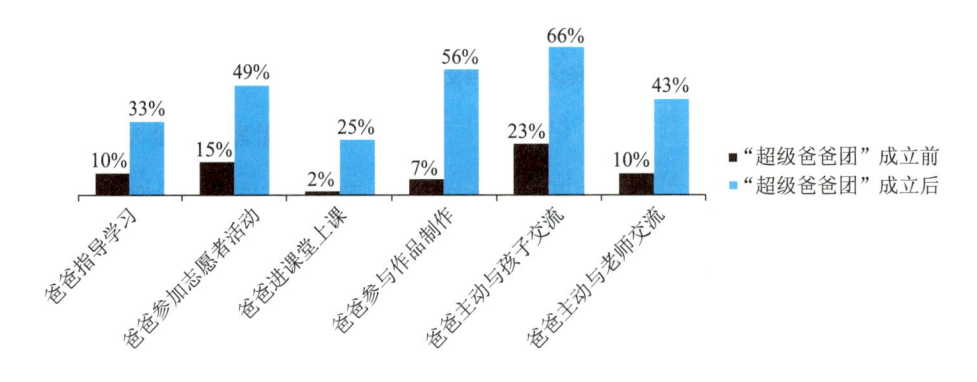

案例附录 2：家班共育调查问卷（学生版）

	爸爸关心我的学习	爸爸参加学校活动	爸爸和我一起制作作品	崇拜爸爸	愿意和爸爸交流
"超级爸爸团"成立前	38%	15%	10%	76%	53%
"超级爸爸团"成立后	71%	66%	61%	97%	69%

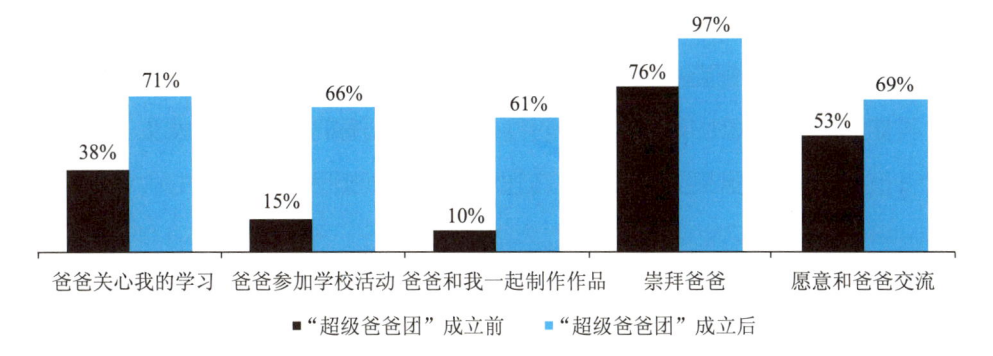

（柱状图数据同上表：爸爸关心我的学习 38%→71%；爸爸参加学校活动 15%→66%；爸爸和我一起制作作品 10%→61%；崇拜爸爸 76%→97%；愿意和爸爸交流 53%→69%。图例：■"超级爸爸团"成立前　■"超级爸爸团"成立后）

> **点评** >>>>>>>
>
> 这篇案例体现出新时代教师的教育智慧和实践创新。
>
> 教育智慧主要体现在家庭与学校教育、父性与母性教育两个结合上。从"家长护校"发现问题到打破常规组建全新家委会，这一过程使母亲管教、父亲旁观、家庭教育不一致等问题迎刃而解，随之增添了"爸爸团""超级老爸进课堂"等教育元素，进而明确了班级发展目标、班级特色、依特色策划的活动和阶段交流主题，特别是搭建起家委会微信群这个智慧碰撞的平台，形成了生机勃勃、潜移默化的家校共育氛围。从追踪调研的数据看，已经获得了家长、学生、老师共同发展的极佳效果。
>
> 教师的实践创新体现在整合各方资源协同育人上。教师做到了认真挖掘和有效整合家长群体资源，在发挥其作用的同时，引导父母双方形成刚柔并举的合力，同时坚持教师主导并与家长协商，实现了共同促进孩子成长的目的。
>
> 北京师范大学首都基础教育研究院　乔树平

"一站到底"的阅读促进策略

北京市门头沟区大峪第二小学　李连茹

在本学期开学我校启动的"共读文学经典，点亮智慧人生"校级课题研究中，我班在家委会的大力协作下引导学生走进《红楼梦》，探究《红楼梦》复杂的人际关系。

这部恢宏的文学巨著，有着波澜壮阔的情节，伏脉千里的结构，玩味不尽的谜题暗语，对仗工整的诗词歌赋，美不胜收的言语表达，既有着巨大的吸引力，又让我们望而生畏，想想小学生读起来会不会障碍重重。

为了帮助孩子们排除万难，深入浅出地了解红楼巨著，考虑再三，我们分别从策划动员、亲子共读、排练课本剧、"一站到底"知识竞赛等多方面组织开展《红楼梦》的读书交流活动展示，极大地激发了学生阅读经典名著的兴趣。

一、策划与动员

暑假期间，我召集家委会成员开启碰头会，商讨《红楼梦》一书共读方案，考虑到我班孩子识字量和实际阅读能力水平，我们查阅市面上《红楼梦》各种印刷本，最终确定青少版无障碍阅读本《红楼梦》为我班的阅读蓝本。

开学伊始，我在校本阅读课正式布置了青少版《红楼梦》阅读经典任务，要求孩子们对文学巨著阅读三遍，第一遍略读，第二遍亲子共读，第三遍精读，并告诉孩子们一定要认真阅读，学期末将开展阅读评比汇报活动，更多大奖等着孩子们来摘取。孩子们听闻后欢呼雀跃，眼神中流露的喜悦之情让我至今难忘。

二、亲子共读

为了帮助孩子们在学期内对红楼巨著进行有效阅读，熟练阅读青少版第53回大部分内容，我们大力提倡"红楼亲子阅读，共享亲子时光"。文学作品的阅读有三遍，第一遍要求孩子仔细阅读目录、封面和书中插画，略读序言和结尾，对红楼形成初步认识；第二遍亲子共读，要求在家长的陪同下，逐章逐节对作品进行阅读，并将当日的阅读概况从主要人物、内容、情节、好词好句、读后感或疑问等方面在班级微信群进行阅读打卡；第三遍精读，要求孩子能给家长复述作品的故事情节，能够缩写故事，并将每周一语文课课前三分钟交给同学们对红楼某一章节（回）的主要故事梗概进行PPT展示。

另外，家委会为全班制作了《红楼梦》阅读提示和阅读打卡评比表。

1.《红楼梦》中有哪四大家族？文中有哪些主要人物？你能厘清他们之间的关系吗？可以用图展示。

2. 暗示红楼女子命运的判词，与小说中人物的命运是否一致？如果有出入，你有何见解？

3.《红楼梦》是一部人物命运大戏，是一部家族盛衰大戏，诸多人物的命运起伏转折，四大家族的由盛而衰，皆在贾府日常的迎来送往、诗酒弄茶、吟赏游兴间暗流汹涌。请讲述令你印象深刻、赏读难罢、疑惑难解的"红楼梦中事"，可说出理由，可提出疑问。

我班家委会制作了长2.8米、宽1米的《红楼梦》经典阅读评比表粘贴在教室背板，40位同学姓名跃然于纸上，公平公正，相互交接，相互督促，你追我赶，一股清晰阅读之风在我班蔓延。

实践证明，正是有了家长的参与，我班红楼阅读取得了阶段性的胜利！同学们在家长的共享讲解下，第一次有了感受鉴赏，注重审美体验：有的同学能体会重要语句的丰富含义，品味精彩的语言表达艺术；有的同学熟悉作品的人物，对林黛玉、贾宝玉的故事娓娓道来；还有的同学能洞悉人物的心理发展变化历程，欣赏作品的形象，赏析作品的内涵，初步领悟作品的艺术魅力。

三、课本剧展演

2018年11月23日，四一班《红楼梦》课本剧《史太君两宴大观园，金鸳鸯三宣牙牌令》如期展演，高艺嘉妈妈精选编写剧本、细致编排剧目，同学们经过一个月来的辛勤排练，对台词、合眼神、抠动作、拿杯盏、使道具、排队形、练坐姿，在排练和交流中逐渐成长，演技精进，还真入戏了。尤其是家喻户晓的红楼经典人物刘姥姥，是我班张锦康（男生）饰演的，他把庄稼人的热情和质朴演绎得很逼真。贾母旁边的侍女也是男生吴泽凡同学扮演的，全剧虽然没有一句台词，却能给夫人们斟酒、摇扇，为全剧添色不少！

12月13日，大峪二小举行了智慧阅读展示周——课本剧展演活动，我班课本剧有幸代表四年级参与了校级展演，展演活动在当天上午彩排，下午连演两场，观众分别为四年级、五年级全体同学。同学们的精彩表演博得阵阵掌声，通过课本剧展演，每一名同学捧起书，认真阅读，细心体会，通过读书反省自我、提升自我，成为一个"有修养受人尊敬的人"。

四、经典红楼，"一站到底"

为了检验同学们的阅读成效，早在10月中旬，家委会就开始进行阅读跟踪和调查，了解同学们的阅读进度和亲子收获，最终收集了来自20余户家庭自制的红楼200余道题，家委会成员也争分夺秒储备了200道题，最终从400道红楼题目中精选了120道题作为"一站到底"知识竞赛的终极题库，并邀请刘辉老师给每道题设置了抢答功能。同学们通过抢答抢位，分别进行了单选、多选、判断和填空等多种题型的挑战，最终全班有18名同学抢位成功，3名同学获得正确率最高的前三名，成功站到最后的同学拿到了"一站到底"的终极奖项。同学们通过知识竞赛，不仅复习检验了知识储备，而且收获了比赛的经验，可喜可贺！

一分耕耘，一分收获。我谨代表四一班对台前幕后付出努力和心血的家委会成员和家长们表示感谢，孩子们的每一分进步离不开大家的努力和支持。经典文学作品是经过时间大浪淘沙后留下的闪光金子，是黑字印在白纸上的灵魂。余秋雨说："只有经典，才能将辽阔的空间和漫长的时间浇灌给你，把历史上一切早已消逝的高贵灵魂的信号传递给你，把一切美丽和智慧对比着愚昧和丑陋一起呈现给你。"

经典是跨越千年的美丽！但经典并不遥远，经典就在我们的身边！

经典作品是我们的根和灵魂，理应受到人们的重视！同学们，新学期让我们一起接力，走进经典，一本本读下去，共同感受经典诗文的无穷魅力！

点 评

大峪二小的这篇案例，以读《红楼梦》为例，讲述了全班共读的历程。其如何组织学生从小读文学经典的经验值得借鉴。

《红楼梦》作为大部头的古典小说，小学生读起来会有一定的难度，李老师抓住了一个"共读"，把家长和孩子共同阅读作为实施的载体。这样便有利于学生阅读时间、阅读质量的保证，同时调动了家长们关注孩子、关注班级建设的热情。"共读"过程中注意了儿童的特点，用排练课本剧、知识竞赛等形式调动了学生阅读的积极性。特别是课本剧的展演是一种拓展实践活动，人人参与，人人体验，收到了学生综合提升的效果。家委会打卡评比中出的各种问题则引导学生们阅读中要注意细节，阅读中要善于思考，有助于养成阅读的好习惯。

中国教育学会小学教育专业委员会常务副理事长　刘永胜

与书同行，点亮童年
——黑河市实验小学一六班家校合作阅读案例

黑龙江省黑河实验教育集团　陆璐

为了响应学校建设"书香校园，全民阅读"的号召，积极打造书香班级，让每一个孩子都养成"好读书，读好书"的好习惯，根据孩子们的年龄特点，从孩子们一入学开始，我班就以家校互动的形式，开展丰富的阅读活动，让孩子们在每一个阶段都有所收益。

一、亲子阅读，识字为基

（一）识字为基

识字是阅读的基础，有了一定的识字量，孩子们才能比较顺利地进行阅读，从而拓展知识面。所以，在孩子们入学伊始，我们就把识字作为阅读的重点，除了在学校中的课堂识字、游戏识字、生活识字以外，还把语文书中和大人一起读这一板块延伸到每一个孩子的家庭中去，从读一个板块到和家长读一个故事，再到和家长共读一本书。在这个亲子阅读的过程中不只做到了随文识字、边读边识，还增进了孩子和家长之间的感情。

（二）词语积累

在孩子们有了一定的识字量以后，我们就开展成语故事展示活动，一是对孩子们近期的读书成果进行反馈，二是给孩子们一个展示自我的机会。我们先是让孩子们在避免重复的前提下，每人选择一个自己喜欢的成语故事，在家和家长共同阅读，再把成语故事讲给家长听，最后利用班级每天的课前三分钟时间把这个成语故事讲给全班同学听，并把孩子们在班级展示的视频发到班级微信群中和家长们分享。这样既丰富了孩子们的词语积累量，又给了孩子们展示自我的机会，也让每一位家长看到和参与孩子的成长。

（三）校外延伸

我们还把我们的亲子活动延伸到课外，就在今年的世界读书日，我们共同来到普希金书店开展了"大手牵小手，喜迎读书日"活动，孩子们表演了精心准备的情景故事《猴子学样》，还有亲子读书汇报展示《分享的果子变甜了》，更有孩子们把读过的故事《咕咚来了》改编成的童话剧，孩子和家长们一个个精彩纷呈的表演赢得了在场观众的阵阵掌声。活动结束后，孩子和家长们一起坐下来，静静地读着彼此最喜欢的一本书，沉浸在书的海洋，脸上都洋溢着收获的喜悦。

二、好书漂流，书尽其用

随着孩子们阅读量的不断增加，家中的图书也越来越多，而"书读百遍"对于我们的孩子来说却不太实用。这些书很多时候只读过一遍后就被束之高阁，令人惋惜。而我们的好书漂流活动就是赋予这些图书第二次生命。

（一）学生之间好书漂流

我们先是在读书课上动员孩子从家里挑选出自己喜欢的1～2本图书带到课堂上来。因为孩子还小、语言表达能力并不是很强，只能简单地说一说选择这本书的理由。这个过程就相当于好书推荐的过程。在大家交流后我们就把孩子们从家带来的图书放置到班级的图书角，既丰富了班级的读书角，也方便孩子们借阅自己喜欢的图书。我们班的家长还跟我说："读书漂流这个活动好呀，我家姑娘花了一本书的钱读了好几本书，就连以前读过的书听别的同学说好又找出来重新读，真是太值了！"

（二）家长之间好书漂流

受孩子们好书漂流活动的影响，家长们也自发地办起了家长们的好书漂流活动，在每天的亲子阅读时间里孩子和家长都会选择自己喜欢的书进行阅读。家长们把孩子每日读书的视频发到朋友圈中，互相督促、彼此分享。好书漂流不光调动了孩子们和家长们的读书积极性，还做到了书尽其用。随着活动的开展，我们的孩子已经从大人读孩子听，过渡到孩子自主阅读，家长陪伴阅读了。

三、趣味读书，读写互动

（一）成语接龙

爱玩是孩子们的天性。我们从尊重孩子的立场出发，开展了多种多样的读书活动，让孩子们在趣味中阅读，在游戏中收获。就像我们的成语接龙活动，成语故事是孩子们所熟悉的，每天都在讲，但是当孩子们第一次接触到首尾相接的成语接龙时孩子们还是相当兴奋的，才发现原来成语还可以这么好玩，极大地激发了孩子们背诵兴趣。除了在班级一起玩成语接龙游戏外，孩子们还和家长、身边的小伙伴们一起玩成语接龙，这样孩子们除了会背我们提供的成语接龙300例外，还拓展出很多成语，当一组组被串联起来的成语从孩子们的口中脱口而出时，我知道孩子们已经从被动地"让我学"，变成了主动的"我要学"，真正在阅读学习中找到了乐趣。

（二）每日一诗

在每日一诗活动中孩子们和家长们一起在开学前就准备好本学期要分享的古诗，为了避免重复把选好的古诗名字发送到班级的微信群中。在每日一诗分享的过程中，孩子们会按着五步法来进行：第一步，由当天的每日一诗小讲师来为大家背诵一遍他所准备的古诗。第二步，小讲师分享古诗诗意。第三步，小讲师领读古诗。第四步，由小讲师带领大家齐读古诗。第五步，尝试背诵这首古诗。当然，每个孩子的背诵速度是有所不同的，所以我每天都把当天每日一诗的内容写在小黑板上，方便孩子们随时阅读，再让当天的每日一诗小讲师担任当天的领读员，只要打上课铃就带领大家齐读当日的每日一诗，用这种方法帮助孩子们加强记忆。就算有个别孩子还是记得不熟练也不用担心，因为，每天我都会把当天小讲师分享的每日一诗拍摄成小视频发送到班级的微信群中，这样家长就可以在回家后带领孩子们复习巩固，既不给家长们添加负担，又能让家长们时时关注孩子成长，使家长做到人不在班级，但知班级事。

（三）思维导图

孩子们最喜欢的还是每周四下午的思维导图时间，在思维导图时间中我们一起学习绘制思维导图，一起用思维导图厘清文章脉络，就如绘本《最奇妙的蛋》，我就和孩子们一起绘制思维导图，从中间主图部分的设计，到以四名主人公为主线，再以各自特点为支线进行拓展，孩子们玩得不亦乐乎。孩子们回到家和家长们分享自己绘制的绘本思维导图时，已经可以只拿着思维导图就把这个绘本故事用自己的话讲给家长听了，真正地做到把一本书从厚读薄，再把这本书读薄后质的飞跃。孩子们的进步更是让家长们欣喜不已。除此以外，我还把思维导图运用到我们的平时写作中来，教孩子们运用思维导图的联想法发散思维列出提纲，就以《小兔子运南瓜》为例，这是一年级教材中的说话部分，之前我们也练习过，但是大多数孩子总是寥寥数语就无话可说了。但是加上思维导图后就不一样了，孩子们能看到一就联想到二，能从摘南瓜完整详细地写到如何把南瓜运到家。我给孩子们准备的练笔本是绘画日记本，也就是左面可以绘制思维导图，右面是写字用的田字格，田字格上有88个格子，以往孩子大多数都写不满，可是这一次每个孩子的字数都在130以上，真的是让我惊叹不已，也让我看到只要方法得当就会激发出孩子们的无限潜能。我不光用思维导图带领孩子们进行写话，我还会在晨读时间对孩子们的晨读教材《日有所诵》中的篇目进行改写和仿写。我把读写互动落在实处，让孩子写有所获。

四、成果展示，家校合作

孩子们入学已经有一年的时间了，在家校合作的共同努力下他们也从一个个懵懂无知的幼儿，成为学有所获的小学生了。为了帮孩子们回顾一学年的学习成果，看到自己的成长，我们班举办了第一届"乐学游园会"，考官由家长们担任，让家长们不光感受孩子们的成长，更能够真切地参与孩子们的在校活动。活动中，我把孩子们一学年以来最直观的收获进行汇报，如：1500个汉字，350个成语（只是给孩子们的成语接龙300例和50个成语故事，不包括孩子们拓展内容），50首古诗，100篇《日有所诵》篇目，国学中的《弟子规》全篇和《三字经》全篇，语文书中要求会背诵的20篇课文和16个日积月累内容分成六项，每项由三名家长进行把关，以孩子们最喜欢的闯关的形式进行考核。闯关前我发给孩子们每人一张闯关卡，孩子们每过一关就会分别获得"博、学、善、思、笃、行"印章，集满6个印章即为闯关成功，最后根据印章数分出一、二、三等奖。此次活动参加人数为44人，做到了全员参与，最后评出一等奖37人，二等奖6人，三等奖1人。

"腹有诗书气自华。"这才是我们学习生涯的第一年。在这一年里，孩子们爱上了阅读，收获了知识，家长们更是和孩子们共同学习，一起成长。相信通过我们家校合作的共同努力，我们的孩子一定会成为新时代的儒雅少年，我们的家长也会和孩子们一起成为全民阅读的践行者和传播者。

点评

建设"书香校园"是许多中小学的目标，其目的是学生在读好书、多读书的过程中，养成"热爱读书"这一终身的生活习惯。

陆老师从孩子一入学就引导孩子喜欢阅读、学会阅读，取得可喜的成效。她结合低年级识字教学，推出"随文识字，边读边识"，将孩子阅读兴趣与习惯的培养大大提前。在这过程中注意语文学习，指导学生积累词语，讲成语故事，并且创造了校外延伸、好书漂流、读写互动、每日一诗、思维导图等好的做法。

陆老师的经验诠释了"语文教师是学生在校阅读的第一责任人"这一说法。如果所有的语文老师都能这样，孩子们会从小受益，终身受益。同时，这也是探索语文教学改革的一条思路。

中国教育学会小学教育专业委员会常务副理事长　刘永胜

对家庭教育效用最大化的思考——由一次家访所想到的

江苏省太仓市城厢镇第一小学　毛军芳

千师进万家，携手助成长。实地家访，让老师们更走近学生，更贴近家长。全面立体地了解学生的真实情况，坦诚直面地指导方法，达成共识，形成合力。

家访，融入的是真切关怀，肩负的是沉甸甸的责任，收获的是真诚信赖，留下的是更多思考……

——题记

一、家访面对面

9月19日，晚上8点半左右，我们班主任和任课老师一行三人在家访过五个家庭之后，走向最后一家小高的家进行实地家访。

小高（化名），个子高高，皮肤白皙，是个很可爱的大男孩。他头脑灵活，但由于学习不够自觉，所以成绩一直在中等偏下。与同学交往，有时会闹得面红耳赤，甚至会大打出手。老师与之谈话时，能听从教导，但过不了多久，又会反复。小高，是个矛盾的孩子，令人欢喜的同时，又令人头疼。

走向他家的门口时，听见他妈妈的声音，"老师来了"，小高跑过来，腼腆地笑着，向老师问好。我们三人和小高妈妈坐在外间拉起家常，小高一个人远远地躲在里间。

我打量着小高的家，底层的房屋，相对比较简陋。小高的妈妈，我还是第一次正式认识，温婉、端庄，一个很有气质的妈妈。我们坐在外间，他妈妈笑着说，今天小高吃过饭后，就没好好停下来过，一直在说，老师怎么还没来，跑进跑出，跑了无数回了。他的妈妈很坦诚，和他妈妈的交谈中，我们了解到小高在家的情况。他特别喜欢玩手机，为此，妈妈多次劝阻，还造成和他之间的冲突，最后妈妈摔了手机，但过了几天，他爸爸又给他买了新手机；妈妈说的话，不怎么听，有时急了甚至还会对妈妈动手……听着小高妈妈的话，我的心情沉重起来。

我踏进里间，来到小高的房间。书桌明亮，他坐在书桌前，心神不定。环顾四周，放着古筝和一些书籍，原来竟是小高妈妈平时的爱好。我的心又是一动。

和小高谈起手机的事，达成协议，周末可以适量玩，平时手机由妈妈保管。一方面影响视力，另一方面影响学习。和小高的谈话，转至他的妈妈，说到妈妈为他的付出，他好似有所触动。

二、我的行动——加爱的砝码

离开小高的家，我的心情很是复杂。小高的妈妈无疑是个优秀的母亲，温婉而又美丽，谈吐大方，通情达理，平时爱好阅读和弹古筝。按理，培养出来的孩子，应该是很优秀的！是什么样的原因，才造成了今天的小高呢？

回忆刚才交谈时的一些细节：妈妈摔坏了手机，爸爸又重新买上；小高会对妈妈动手……不禁又想起说起小高爸爸时，妈妈的欲言又止。也许，小高的表现，正是小高妈妈和爸爸之间的矛盾才造成的？后来与他爸爸的一次见面，更是加深了这样的猜测。

这样的孩子是很可惜的，这样的家庭情况，也是非常惋惜的。作为老师，我们能做些什么呢？我的心一直揪着，想不出合适的办法。

后来机会来了。在一次谈起母亲这一话题时，我对全班同学说："这次老师进行了家访，在家访过程中，有一位妈妈给我留下了很美好的印象。"同学们抬起疑惑的眼神，示意我继续讲。"她很有气质，很温婉，又很漂亮。"同学们兴奋起来，交头接耳。"但重要的不是这个，而是她还会弹古筝，又喜欢看书。"同学们发出啧啧赞叹，不禁响起掌声，并连声问："是谁的妈妈？"我故意停顿了一下，示意小高同学："是小高的妈妈！"同学们投去羡慕的眼神,并赞叹不已。小高同学听了脸色泛红,又带些难为情,但可以看出他内心很高兴。

也许,他的妈妈在家庭中的地位还不够高,但也许老师的加码,能倾斜小高心中的天平。慢慢地,有意无意间,我会在和小高的谈话中,加入爱的砝码。之后的多次电话沟通,小高的在家表现,有所进步,玩手机也能加以节制。在课堂上的表现,也慢慢地开始转变。字有时写工整了,我在边上画个小小的五角星;课间时,会让他来到老师课桌边,向他询问与妈妈的相处……小高,正朝着我们心中的方向,在慢慢转航。

也许,小高的今后,还会有反复,因为,真正的根源还没消除。老师的力量毕竟是那么微弱。作为老师,在家庭矛盾中只能起到一点引导作用,真正发生作用的还是家长本身。

三、我的思考

这次家访,带给我们的,除了肩上沉甸甸的责任以外,还有着更多的思考。

思考之一:如何使家庭教育效用最大化?

当你的孩子,只听家庭中某一人话的时候,你的家庭内部已隐隐产生矛盾了。因为正是家庭成员间日常的相处模式,才让孩子形成了这样的反应。如果爸爸太强势,妈妈弱势,平时爸爸能主导妈妈的一切,那么妈妈会变得没有威信可言。相反,也是如此。再比如父母与祖辈间的相处模式,也会导致对孩子的教育发生偏差。

我不禁想起了被誉为全球教育水平最高的芬兰,构成芬兰孩子良好童年的重要支柱之一,就是拥有稳定的家庭和观念一致的、慈爱的父母。在芬兰,父亲的角色已从根本上发生了改变,从曾经是有距离感的家庭权威,到如今,父亲们已习惯积极地参与孩子的养育工作,与妈妈一起照顾孩子、教导孩子、参与家务劳动。由此可见,家庭成员只有和谐共处,在教育孩子时形成一致的教育合力,才能使家庭教育效用最大化。其注意点如下:

一是家庭成员之间互相尊重,平等相待,和谐共处。

二是教育孩子意见不一时,不在孩子面前表现出来。可在教育孩子之前先统一好，或在教育孩子之后，再私下提出意见。

三是一方家长在教育孩子时，另一方家长要么发表一致意见，要么不发表意见。

四是家长间要对孩子的情况多沟通，避免孩子在家长面前的两面隐瞒。

五是严禁在对方教育孩子时，与其唱反调。

思考之二：学校还需加强对家长的家庭教育的指导

著名心理学家郝滨老师曾说过："家庭教育是人生整个教育的基础和起点。"确实，家庭教育是对人的一生影响最大的一种教育。但往往中国的大部分家庭还没有意识到它的重要性，或意识到了，却没有恰当的方法来实施。

一是家长们要提高认识，摆正心态。学校要通过家长学校，让家长们达成共识：不能单单认为孩子的教育，只是学校的教育，还要知道，家庭教育是学校教育的补充和延伸，家庭教育，在人的一生中起着奠基的作用。家长要有意识地通过自己的言行和家庭生活实践，对子女施以一定的教育影响。在忙工作的同时，不能忙得忘了初衷：孩子，才应该成为你一生投资的对象。

二是要进行专业指导。家庭教育有其特殊性、专业性，学校有必要对家长进行专业的指导。要帮助家长了解和掌握孩子成长的特点、规律及心理健康教育的方法。在不同年龄段，孩子会呈现出不同的心理特点，要有相对应的教育方法。同时，学校在了解孩子共性的基础上，还要有针对性地予以指导，根据家长遇到的实际问题，对症下药，协助家长共同解决。

三是要教给恰当方法。教师平时可引导家长加强亲子沟通，掌握恰当的方式方法。首先，要以平等、尊重孩子为前提。孩子通常会对居高临下的说教持反感态度，以致沟通效果不理想。其次，家长要注重自身素质的养成，以和谐的家庭氛围来熏陶感染孩子，以自身的良好素养来培养孩子乐观、自信的良好心理素质及勤奋、认真的学习态度。最后，更好发挥苏州父母APP的作用。苏州父母APP是内容非常精彩的家庭教育指导丛书，有《案例故事》《智慧分享》《现身说法》《拓展阅读》《亲子作业》《名人名言》及微课程等多个栏目。可惜的是家长只有一方在参与学习，今后将尽可能地让父母双方都能参与学习之中，读本带来的诸多精彩，定能给家长们更多的启发。

思考之三：在孩子的教育问题上，还需要社会的助力

在孩子的教育问题上，特别是涉及家庭问题的，教师的力量往往是比较苍白无力的。如果家长双方都比较好沟通，通情达理，也许通过坐下协商，还能有较圆满的结果。但也许有一方家长存在一些主观、客观上的原因，那么老师的作用也仅仅局限于家长的一方和孩子的一方，成效一般不明显或收效甚微。在学校无法起到一定作用的时候，我不禁遐想，要是妈妈怀孕时，社会上能有相关部门，对准妈妈、准爸爸有一定课时的继续教育学时，学一些为人父母应该掌握的知识，学一些育儿理念；在孩子入幼儿园、小学后，也能每年完成多少学时的相应养成教育课时，那是不是就比现在"无证上岗"的爸爸妈妈会好很多呢？幸福的孩子也会多很多呢？

父母是孩子的第一任老师，由于性别、角色的差异，父亲和母亲的影响力各有侧重，所以教育孩子过程中不能忽略任何一方的参与度。父母双方优势互补，共同养育，才能使家庭教育效用最大化。只要我们家庭间形成合力，我们家校间形成合力，抱着一致的信念，那么，我们的孩子定会快乐、幸福地成长。

点评

一次家访感悟父母教育不一致而影响孩子良好习惯的养成，对这个普遍存在的家庭教育问题，老师再次给予高度关注。作者采取的三个措施有重要启示：一是形成教师合力。语、数、英三科教师同时做家访，不仅打破了传统家访模式，而且激活了教师同伴的互助研究，对促进教师发展和孩子成长极为有利。二是形成师生合力。老师抓住时机在班内赞赏优秀妈妈、让同学为之羡慕，并坚持日常沟通增加孩子爱妈妈的砝码，既改善了母子关系，又密切了师生关系，这是决定教育质量的关键。三是形成家校合力。基于培养学生良好习惯必须发挥家长作用的认识，对学校指导家长并使家庭教育效用最大化提出五点意见，值得读者借鉴。

此案例如能在三位老师一起家访和作者平时与孩子沟通两方面加以完善，一定会给读者更多的启示。

北京师范大学首都基础教育研究院　乔树平

忧郁公主蜕变记

江西省永丰县恩江小学　李小梅

　　开学了，一切都是新的，新的教室，新的课本，新的同桌，新的老师，重新组建的新的班级……孩子们对全新的学习生活充满了新奇与向往，叽叽喳喳如小鸟般欢呼，雀跃，时不时还探出小脑袋瞄一下门口，新老师来了没？男的还是女的？我认识吗？长什么样？严不严厉？……只有她——小蕊（化名），白皙的脸蛋，瘦高的个子，黑珍珠似的大眼睛，这一切却好像与她无关，独自一人，静静地坐在教室一个偏僻的角落里，眼神中流露出的是12岁孩子不该有的成熟与忧伤，俨然一副忧郁公主的模样。

　　那眼神让李老师为之一怔，心中隐隐有些不安，这孩子怎么啦？接下来的日子更让李老师感觉到她的与众不同。课堂上小蕊静静地坐着，目光呆滞，魂不守舍。即便是让全班哄堂大笑的幽默笑话，她也无动于衷，面无表情，嘴角都不曾动过。课外也不说话，不和任何孩子打交道，作业从来不交，就如同班上的"隐身人"。多好玩、多有趣的事都无法让她展露笑颜，眼神中流露出的只有忧伤与疲惫。

　　一种本能，一种心痛，让李老师很想靠近她，了解她，温暖她，改变她，融化她心头的坚冰。从以前教过小蕊的老师处，李老师了解到，自从2016年小蕊妈妈被查出得了和霍金同样的病——肌肉萎缩性侧索硬化症（ALS），这孩子就由原来的优秀、阳光、活泼、可爱，变成现在这个样子，成绩也一落千丈，老师们怎么做工作都无济于事，只能听之任之。

一、家访察实情

带着不安与疑惑，李老师进行了开学初的家访。

放学后李老师带上送小蕊妈妈的小礼物后，紧跟着小蕊来到了她家。一座低矮的平房，住着好几户人家。走进她家，让李老师想到了"家徒四壁"四字。小蕊爸爸在家照顾生病妻子，无法出去工作，加上治病花费，家中早已一贫如洗。"都是我这病，把小蕊都拖垮了，原来多优秀的一孩子，现在……"看到李老师的到来，小蕊妈妈激动又欣喜，哽咽着。过了好一会儿，她说："好在有小蕊，这么小，却每天给我喂饭、洗脸、擦身、洗衣……照顾我，还念报纸给我听，要是没有她，我早就活不下去了。"小蕊爸爸说："我们每天都很害怕，不知明天她妈妈哪里又不能动了，看着她的病情一步步恶化，实在是食不知味，寝不安眠，这病比癌症还痛苦。看见从前对自己呵护备至的妈妈，如今只能躺在病床上，动弹不得，小蕊经常偷偷地流泪。"

李老师也被这个家庭的气氛压得喘不过气来，心被深深地刺痛了。多可怜的一家子，多可怜的孩子，我能为她做点什么，一定得为她做点什么，李老师在心中暗暗下决心。

二、爱心育幼苗

"没有爱就没有教育。"李老师决定先培养师生间的感情，"亲其师"，才会"信其道"。只有这样，才能让自己的言行深入她的内心；也只有这样，她才会乐意接受自己提出的要求。

李老师开始经常询问小蕊妈妈的病情，并和小蕊促膝谈心，缓解她的压力。生活上嘘寒问暖，学习上与她讲名人考低分的故事，让她明白只要努力，为时不晚。并教她如何调整心态，接受妈妈生病的事实，知道当事情无法改变时，一定不要让妈妈为自己操心，只有用每天的进步来报答妈妈，宽慰妈妈的心，珍惜与妈妈的每分每秒，努力让妈妈开心，才是最重要的。渐渐地，小蕊和李老师熟悉了，亲近了，经常到李老师身边说说妈妈，说说自己遇到的困难。

由于妈妈的病，爸爸整天愁云惨淡，无暇顾及女儿。为了转变这一点，一有时间，李老师就往小蕊家跑，和躺在病床上的妈妈聊天，说小蕊在学校的良好表现，时不时地帮点小忙。久而久之，爸爸感觉到老师的诚心，逐渐地把注意力从患病的妈妈转移到关注小蕊的成长，把小蕊当成信心与希望，积极配合老师的工作，为李老师的教育工作打下了坚实的基础。

三、合力融坚冰

得知小蕊家情况后，学校领导、班级家委会、老师齐上阵，送温暖，献爱心。校领导上门看望小蕊一家，深入了解小蕊的生活学习情况，并送上慰问金和祝福。鼓励父女俩要坚定生活信心，战胜眼前困难，微笑地面对生活。李老师班上学生小愉的妈妈，是班级家委会的成员之一，也是永丰县志愿者协会的副会长。小愉妈妈得知小蕊家的情况后，带领班上一些热心的家长，与老师一道看望小蕊及其父母，鼓励他们树立生活的信心，并送上祝福和爱心捐款；并向家长及孩子表示，将积极为孩子寻求资助，解除小蕊学习道路上的后顾之忧。

双休日时，班里的家长们还时不时地把小蕊接到家中与自己的孩子一同玩耍，一同进餐。

李老师给班里的孩子们讲小蕊的故事，并动员班里的同学一起来关心、帮助她。还偷偷叮嘱几个懂事的女孩子，主动跟小蕊交朋友，不管小蕊说不说，自己每天至少跟小蕊讲几句话，或有空时讲一些自己身边的有趣的事，尽量把小蕊的注意力从妈妈那儿转到学校来，让她感受到班集体的温暖。

征得小蕊的同意后，李老师让她当了班级图书管理员，并管理班上的一些财物。这样，小蕊和班上同学打交道的机会多了，班上孩子们逐渐感受到小蕊的能干与热心，小蕊也获得了大家的认可与尊重。渐渐地，小蕊变了，如花般美丽的笑容，重新回到了她白皙的小脸上，虽然有时只是那么一刹那，可却是那么动人。

四、补差树信心

由于家庭的突变，小蕊无心学业已两年，导致成绩极差，失去了学习的乐趣，每天的到校都成了机械运动而已。《为了自由呼吸的教育》的作者李希贵说："教育其实很简单，一腔真爱，一份宽容，如此而已。"虽然每天缺作业的名单中经常有小蕊，上课她依然精神不济，但李老师不再愤怒、指责，充分利用课余时间陪她补完。为了让她尽快地重回课堂，重拾信心，李老师向她爸爸借了小蕊每天放学后的一小时，利用这一小时单独辅导。一个学期下来，几乎一天都不曾间断。这样不仅帮助她尽快地追上大家的脚步，提高了小蕊的成绩，而且让李老师和小蕊建立了良好的师生关系，一点一点地走进了她的内心。当她主动把心中的苦楚向李老师倾诉时，李老师知道，教育已成功了一大半。

不知不觉一个学期过去了，小蕊的进步有目共睹：上课积极举手发言，坐姿特别端正，做作业更是一丝不苟，在班上有了自己的朋友。虽然在这半年里，妈妈永远地离开了小蕊，但小蕊成长了，重新拾起生活的信心，变得坚强、乐观，学习也积极主动了。

点评

李老师是教育的有心人，作为新接班的班主任老师善于观察，尽快地了解每个学生是责任心的体现，也是对学生的关爱。

李老师帮助小蕊重拾生活信心的过程，给我们四点启示：其一，老师必须学会读懂学生的喜怒哀乐，从学生外显的现象，深入了解背后的原因，才会有的放矢地实施教育，给予帮助。其二，引导孩子树立生活的信心，其家长的情绪，关注点是非常重要的，老师通过家访、谈心，帮助小蕊的父母点燃了生活的信心，为小蕊的成长打下了基础。其三，转变一个孩子的关键，是引导他悦纳自我，相信自我，并帮助其体验成功。其四，教育需要良好的氛围，李老师成功地发动家委会，引导全班同学，为小蕊的成长创设了一个支持性的环境，使她重拾信心，健康成长。

中国教育学会小学教育专业委员会常务副理事长　刘永胜

家、校、社区合力，破译儿童成长密码

江苏省无锡市连元街小学　殷毅、赵敏芳

儿童成长，有自我存在的密码，其成长的密码是什么？又如何协同家长引领儿童自己去破译，去促进自我养成？自2005年起，我校以"好习惯养成教育"来践行"培根俟实""立德树人"的教育追求。2008年，学校编写了《学生好习惯读本》，该读本由生活好习惯、学习好习惯和为人好习惯三大类组成，一共讲述了60个好习惯的养成。随着时代的发展，社会整体核心素养要求的提升，在新时期，儿童成长又呈现了新状态。2016年，我校的"非替代性支持系统"充分尊重儿童的自主成长，从学校、家庭、社区三方面整体推进，全力盘活"非替代性支持系统"建构的相关教育资源，充分调动儿童自我参与、主动实践与训练的积极性，通过"微行动"，建设"微工程"，实现"微循环"，全力建成学校习惯养成的良好"生态系统"。

一、密码破译一：非替代性支持系统的内涵与外延

要切实开展非替代性支持系统的构建，我们必须深度厘清其概念内涵，正确把握逻辑关系，科学建构循环系统，精准架构发展机制，这一工程才能有章可循，有据可依。

（一）厘清概念内涵，支持系统有"根基"

在此项目中，关于"非替代性""支持系统"，我们有如下认识："非替

代性"是指在儿童习惯养成中不能替代的要素，如自主意识、主观愿望、个人兴趣等。"支持系统"指促进儿童习惯养成的所有要素的总和。"非替代性支持系统"主要指促进儿童习惯养成的所有不能替代的要素的总和。

（二）把握逻辑关系，支持系统有"路径"

"好习惯"和"品格"是项目的核心词。在大量的实践与研究中我们发现，好习惯是儿童品格形成的前提和基础，是可以表现在行动上"看得见、摸得着"的外显性概念。品格，则是在习惯养成的基础上内化为一个人的心灵深处的隐性概念，是一个人的基本素养，也是教育带给人的最为重要的组成部分。

图1　好习惯培养逻辑图

为了培养全面发展的儿童，我们将"好习惯"分为三大类，即生活好习惯、学习好习惯和为人好习惯（如图1）。这三大类的好习惯，也正好与六大"核心素养"、24种品格的形成密切相关。通过习惯养成，促进素养提升，加快品格形成，最终成就了全面发展的儿童。

（三）关注循环系统，支持系统有"源泉"

这里的循环系统包含外在的"学校、家庭、社区"的大循环和儿童内在的"自省、自主、自能、自信"的微循环。

学校、家庭与社会三者形成一个动态平衡的生态系统，一方面，学校引领家庭教育，家庭支撑社区教育，社区又对学校教育起着重要的辅助作用；另一方面，学校将教育迁移到社区，社区再辐射家庭，家庭又对学校教育进行必要的拓展和补充。三者相互作用，形成支持系统大循环，共同为儿童发展提供着支持、影响与陪伴，并且共同作用于儿童"自省、自主、自能、自信"的自我建构。

同时，对作为最终受益者的孩子来说，在这样的生态系统里，他们也在不断发展与变化着，一步步学会自省、掌握自主、显示自能、形成自信。这一"微循环"（如图2），也恰恰成为儿童好习惯养成与品格提升的新动力。

图 2　好习惯培养"微循环"示意图

二、密码破译二：非替代性支持系统的实践与收获

我们在实施过程中，发现儿童的品格形成不是一蹴而就的，而是需要一个不断跟进，螺旋上升的过程（如图3）。校本教材《学生好习惯读本》分为"生活好习惯""学习好习惯"和"为人好习惯"三大类共计60个好习惯，每一个好习惯都渗透在儿童的成长过程中，年龄阶段不同，则具体达成的目标也不同，呈现出动态的提升过

图 3　24种关键品格

程（如表1）。

表1 《学生好习惯读本》范例

课题	第十一课 学会守时		
年段	低	中	高
场景	故事屋	小门诊	练兵场
教材			

科学合理的习惯读本属于上层建筑，只有儿童的"自省、自主、自能、自信"这一内部微循环能生动活泼地流转起来，才能使目标落地生根，而这必须要有一个抓手，能把"看不见、摸不着"的品格外化成"看得见"的好习惯。这抓手何在？又如何突破？我们采用了"三大行动计划"，即21天行动计划、"关键事件"行动计划和"敞开校门"行动计划，儿童在三大行动计划中，充分发挥自我生长的内驱力、内动力、内化力，真正实现"小习惯，大人生"。

（一）21天行动计划——"走四心"，习惯成自愿

在儿童成长过程中，只有勇敢地认识自我，诚实地剖析自我，才能更为恰当地厘清自我存在，使"微循环"良性发展，进而促进成长。在实践21天行动计划里，儿童做到了"走四心"。

一是走诚心。儿童能够勇敢、诚实地审视自我，直面"我有哪些本领""我有哪些不足"等问题。

二是走信心。在《学生好习惯读本》提供的60个好习惯的菜单式选项中，挑选最适合的，努力成为一个会规划、负责任、能坚持的孩子。

三是走慧心。在养成既定的习惯中，儿童无论在学校、家庭，还是社会，能够有创造性地学习，如创编儿歌、画漫画等，勤于实践，做一个勤奋、智慧

的孩子。

四是走爱心。21天行动计划里，儿童在非替代性支持系统的良性循环中养成好习惯，热爱生活，自信悦纳，积极乐观，提升品格，成就人生，做一个热情、宽容的孩子。

在此，非替代性支持系统充分挖掘和盘活了儿童好习惯养成中的积极性与主动性，突破了项目发展的瓶颈，儿童已真正站在教育中央，他们勇于审视，善于规划，勤于实践，乐于接受，形成了最美的品格提升"微循环"。同时，为了防止儿童出现"5+2"现象，项目组还结合好习惯具体内容设计了"自查表"（如图4），家长能够围绕孩子所选的计划进行必要的陪伴与指导，好习惯就能融入生活，成为儿童的必备能力。

图4 《学生好习惯读本》自查表

（二）"关键事件"行动计划——"三平台"，习惯成自然

关键事件是指个人生活中的重要事件，它不仅作为儿童经历的一部分，储存了儿童经历的信息片段，而且能够对儿童个体行为产生重要的影响，它是非替代性支持系统的关键要素。因此，我们启动"关键事件"行动计划，搭建"三平台"，好习惯就真正成为儿童的自觉行为与常态表现。

一是"习惯评价"平台。教师协同家长引导孩子明辨是非，在"习惯星"的评价中融入"非替代性"因素，由儿童自主设计，主动参与，每颗"习惯星"独具特色，同时用积攒的"习惯星"兑换奖品或体验活动。如孝亲星，早晚向长辈问好；待客星，有礼貌地招呼客人；睡眠星，每天保证充足睡眠时间……真正做一个主动、明辨的孩子。

二是"仪式教育"平台。入学时的开笔礼，入学后的升旗仪式、入队仪式、成长仪式、班级特色仪式等，儿童在特定的仪式中碰触内心的真善美，生发内需，外化实践，在自我行动中经历"仪式"，在"非替代"中自觉成长，做一个感恩、忠诚的孩子。

三是"主题活动"平台。学校坚持每周开展少先队活动，呈现出中队活动主题化、假期活动创意化、大队活动特色化的格局，儿童能在自主、合作、探究中实现"非替代"养成，做一个博学、善思的孩子。

在"关键事件"行动计划中，除了已建构的非替代性支持系统的"关键事件"，学校还高度重视偶发性的"关键事件"，如儿童平常生活中涌现的热爱集体、乐于助人、拾金不昧等榜样事例，把这些在儿童习惯养成过程中的亮点，放大为一种很好的资源，通过习惯评价、升旗仪式、主题活动等途径进行激励，被激励学生会进一步找到自我成长的动力，其他学生则会汲取榜样的力量，从而软化情感，激化动机，感化心灵，实现"自省、自主、自能、自信"的最美价值。

（三）"敞开校门"行动计划——"双线行"，习惯成自觉

教育，是开放的。在儿童好习惯培养的过程中，我们千方百计挖掘和调动非替代性支持系统的各项要素，采用"双线行"，即用"走出去""请进来"的方式，让教育领域不断扩大，生态系统不断更新，从小循环到大循环，不断提升儿童内在的品格修养。

一是多元协同，放线"走出去"。儿童躬行实践，知行必达，他们利用周末、寒暑假等，分年级、分层次开展争做"快乐小当家""快乐小雏鹰""快乐小先锋"等活动，做一个守时、有序的孩子；他们自建"寻访小队"，走进革命历史遗址、博物馆、纪念馆等场所，寻访革命后代，阅读革命传统故事，观看红色电影，做一个坚毅、朴素的孩子；他们四方游学，走出国门，展现健康风貌，提升品格修养，增强了自能实践、自信悦纳的能力，体验了非替代性支持系统中的教育内涵，做一个真诚、友善的孩子。

二是引育并举，拉线"请进来"。在充分"走出去"的同时，作为重要的"非替代性支持系统"的建构元素，学校还采用"请进来"的方式，助推学生品格提升。学校成立理事会，并且依照"横向联合，纵向沟通，优化配置，共有共享"的原则，建立起覆盖辖区的社区教育信息网络和教育网络，在"家校联合"中做一个勤劳、节俭的孩子；学校开展"故事妈妈"进校园的活动，讲故事，树榜样，悟道理，儿童在喜闻乐见的活动中积极自省，自主靠拢，达成自我教育，做一个尊重、博爱的孩子；学校注重父亲在儿童成长过程中的巨大影响力，组织开展爸爸专场家长会，儿童在爸爸的陪伴下，表现得更加果敢、

专注、守信，进一步提升了品格，"微循环"的建立也水到渠成。

三、密码破译三：非替代性支持系统的反思与方向

"随风潜入夜，润物细无声"，连小的"非替代性支持系统"构建希望达成这样的愿景：儿童能在这一系统的助推下，增强内驱力，养成好习惯，从而积极向上，提升品格，成为具有民族情怀、国际视野的新时代社会小公民。在实施过程中，我们也进行了深刻的反思，明确下阶段的方向。

（一）年龄有差异，"拉手"助成长

在三大行动计划实施过程中，因学生年龄心理特征不同，我们发现小学生六个年级的学生所呈现的样态不同，针对这一情况，我们拟采用低、中、高年级对口班级结对的形式，开展"小手拉小手"的活动，活动开展做到定时、定点、定员，有计划、内容、评价，以"三定三有"提升各年段学生的薄弱环节，加强与巩固自身优势，从而起到全面促进每一个连小儿童在非替代性支持系统构建中的自我成长。

（二）习惯有层次，"对号"助养成

从理论上看，习惯有三种层次，即行为习惯、身体习惯和思考习惯。不同层次的习惯养成所需的锤炼时间与作用强度也不同，我们必须充分了解相应习惯所处的层次，并且遵循三大原则，即一阶段一习惯、一行动一评价、多激励重养成，才能有计划、有步骤、有成效地帮助儿童提升品格。

（三）三维重融合，"对接"助循环

在近一年的实践中，我们发现，支持系统的"社区"维度力量稍显薄弱，理论上讲，三大支持系统要均衡，但事实上，学校最重，家庭次之，社区最轻。下阶段拟在学校、社区设立固定联系人，定期进行互访，加强对接，为儿童成长搭建平台。

"小习惯大人生"，在培养儿童良好习惯的未来的日子里，我们将进一步优化活动的组织方式和内容，更多地注入儿童的自主选择、自主发展要素，更多地关注儿童在活动中的积极性与主动性，真正将非替代性支持系统的架构走向深入。儿童能在习惯中润泽，实现成长密码的自我破译，从而锤炼品格，丰厚人生。

点 评

作者在《家、校、社区合力，破译儿童成长密码》的一文中，提出了"非替代性支持系统"的内涵与外延。所谓"非替代性"是指在儿童习惯养成中不能替代的要素，如自主意识、主观愿望、个人兴趣等。而"支持系统"是指促进儿童习惯养成的所有要素的总和。"非替代性支持系统"主要是指促进儿童习惯养成的所有不能替代的要素的总和。以此为理论基础，以培养良好的习惯为切入点，开展了一系列实践活动。其中包括 21 天行动计划——"走四心"，习惯成自愿；"关键事件"行动计划——"三平台"，习惯成自然；"敞开校门"行动计划——"双线行"，习惯成自觉。在整个实践活动过程中，家庭、学校与社区三者形成了一个动态平衡的生态系统。

作者通过研究总结的培养好习惯的三个规律即年龄有差异，"拉手"助成长；习惯有层次，"对号"助养成；三维重融合，"对接"助循环，对中小学教师有一定的参考价值。

北京师范大学中国基础教育质量监测协同创新中心教授　梁威

促进家校合作形成教育合力

四川省成都市新都区旃檀小学　宋碧云

在孩子的成长过程中,家庭教育是不可或缺的,即使孩子进入学校、接受学校教育,也不能完全把孩子的培养、成长寄托在学校教育上,毕竟当前的学校教育是面向大众学生的,是一种"点对面"的教育,要让一个"点"(教师)辐射到整个"面"(所有学生),不得不说有很大困难,而在家庭教育中家长面对自己的孩子,进行的是一种"点对点"的教育,正好弥补了"点对面"教育中的不足。正如一句话所说,"没有家长积极参与和配合的教育是残缺的教育"。于是,作为班主任和语文教师的我,不管是在班级管理上还是语文教学上,都积极地与家长沟通联系,尽力取得家长的合作,在教育孩子的理念、高度和实践操作等方面尽量与家长达成共识,使家校教育形成一种合力,共同培养孩子健康成长。关于如何形成家校合力,我主要采取了以下措施。

一、家长参与班级文化建设

班级文化建设不应该是教师的孤军奋战,而应该教师与家长携手共创,因此在班级文化建设中不应忽视家长的作用,而应积极鼓励家长参与班级文化建设,让家长成为班级文化建设的参与者,为班级文化建设出谋划策。如在刚开学不久时,每个班都要为班级取班名,当时我和辅导员绞尽脑汁也不知道取一个什么样的名字好,什么名字既响亮而又有意义。思来想去忽然想到:为什么不邀请家长和孩子一起来取班名呢?于是我在班级QQ群里发公告通知(如

图1）。第二天晚上大家准时参加，家长们积极发言，并且提出很多有意义的班名。还有很多家长从孩子的角度考虑，征求孩子的意见来取班名。大家群策群力，提出10个有意义的班名，最后为公平起见、取一个大多数人都满意的名字，班名最终由群投票产生（如图3）。

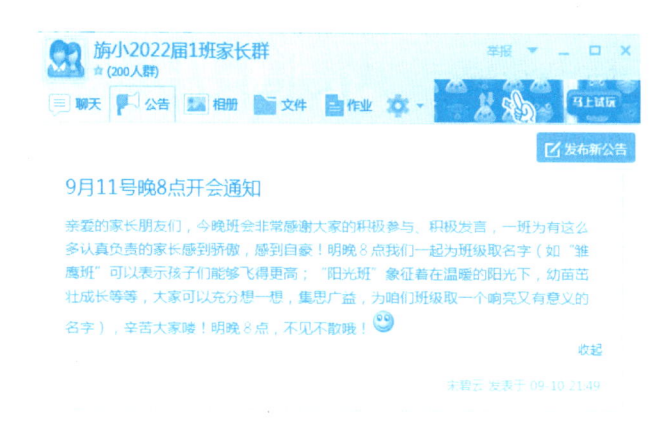

图1

图2 　　　　　　　　　　图3

也许在很多人看来，为班级取个班名是多么简单的一件事情，何必搞得这么兴师动众呢？的确如此，没有家长的参与也很快能取出一个班名，也许会更好听，但那样我们会错失家长的热情，根本不会感受到家长们愿意为班级建设贡献力量的热情，这是多么遗憾的一件事情，然而，庆幸的是我做到了，并且在接下来的一系列后续工作中（选班歌、做班徽、定班训等）更是见证了家长们的热情。同时，家长们也非常乐意参与，因为邀请家长参与班级文化建设，不仅能让家长成为孩子成长、进步的见证者，而且让家长感受到与孩子共同进步、结伴成长的快乐。此外，家长作为班级文化建设的支持者和推动者，也可以让班级文化在家中得到巩固和再现，从而让家庭教育在班级文化的熏陶下升华，让班级文化这种无形的教育力量在家庭教育中得到实践和展现。

二、与家长共同培养孩子的学习习惯

小学一年级的孩子刚从幼儿园毕业，个个活泼好动、学习随意任性，没有形成良好的学习习惯，因此如何培养孩子们拥有良好的学习习惯，就成为小学低段老师们最头疼而又亟须解决的问题。孩子在学校时，教师提出各种要求、各种口令，要求孩子们如何坐、如何听、如何说、如何评、如何写等，让孩子们循序渐进地适应小学生活。然而，良好的学习习惯不是一两天就可以培养好的，它是一个长期的过程，需要我们不断地提醒和纠正，再加之在学校老师也不可能每个孩子都提醒到，因此要想从小培养孩子良好的学习习惯，更是离不开家长的监督和提醒，更是要引起家长的重视。引起家长的重视并不是简单地让家长指导孩子的作业，而是家长通过每天对孩子的关注，及时了解孩子的学习态度，从而帮助孩子养成良好的学习习惯。我在开学第一周时曾给家长写过一封短信，内容如下：

> 亲爱的家长朋友们，时间过得真快，我们的孩子上小学不知不觉已经一周了，孩子放学回到家，我们有没有及时关注我们的孩子啊？有没有想要关心却不知从何下手的那种感觉呢？现在，我想给家长朋友们一些温馨提示，希望能够帮到大家！孩子回到家之后我们可以主动抱抱孩子，让他们深深感受到父母的爱，接下来可以问孩子三个问题。第一，今天你在学校里最高兴的事是什么？第二，今天你有什么事需要爸爸妈妈帮助的吗？第三，今天你在学校里学到了什么？这三个问题要按顺序问，不能颠倒顺序，问第一个问题时孩子们会有特别强烈的交流欲望愿意与父母沟通，接下来我们才能与孩子有更多的交流，才能更了解孩子。这只是我个人的一些想法，希望与各位家长朋友分享，希望能够帮到大家！

之所以给家长写这封短信，是由于孩子们刚入小学，希望家长能够及时关注孩子的心理变化，看孩子是否能够快速适应小学生活，并且让孩子乐意与家长分享学校生活，让孩子成为家校沟通中重要的"媒介"，同时，也让孩子喜欢上学校生活、喜欢上学习。

此外，我也充分利用微信、QQ群进行有效引导，我经常给家长发一些温馨提示，分享进步的喜悦，渗透教育的策略，指导孩子学习的方法。如一年级的孩子在完成作业时更多地需要家长辅导，因此我在作业的布置上会尽量详细、要求明确，以便于指导家长在辅导孩子时应关注孩子们的哪些方面，如9月8日的语文家庭作业（如图4）、10月31日的家庭作业（如图5），分别强调如何培养孩子的倾听习惯、写字习惯及坐姿，将有效的教育方法详细地告知家长，从而给家长适当的引导，让家长充分地参与到孩子的学习当中，使家长和教师相互配合培养孩子良好的学习习惯。

9月8号语文家庭作业

😊 表情　🖼️ 图片　▶️ 视频

今天晚上的语文作业是孩子回去给爸爸妈妈讲《小魔怪要上学》的故事，父母引导孩子讲故事，不需要孩子全部复述出来，比如问孩子"你最喜欢这个故事里的谁啊？""故事里什么事情最吸引你啊？"等等，引导孩子说。咱们前期主要是培养孩子倾听习惯，引导孩子集中注意力，这些习惯培养好了，后期上课孩子才会认真听讲！！！

图4

旃小2022届1班家长群
(200人群)
聊天　公告　相册　文件　作业　⚙️
比PPT有趣的演示软件
发布新公告

10月31日

语文作业：
1、在语文2号本上写课本上第35页田字格里的生字，要求先写笔顺，再写5个字并组两个词（写字时先观察再书写，在家写作业一定要强调孩子的坐姿，现在发现一些孩子上课喜欢趴着，趴着上课的孩子注意力不是很集中，容易走神，所以在家写作业也一定要强调坐姿哦！）。
2、背诵课本第35页的《小书架》，…

展开

宋碧云 发表于 10-31 17:45

图5

三、拥有强大的家委会

开学一个月之后，我们就组建成立了家委会。同样，在成立家委会之前，我也是在班级QQ群里提前发公告通知，让所有的家长都知晓我们班级要成立家委会，并且提前把我们班的家委会章程发到群里，让家长们仔细研读，提前知道家委会设有主任、组织部、宣传部、生活部、会计、出纳等职务，鼓励家长们结合自身条件积极报名参与，最终通过家长会公开选举产生，而没有加入家委会的家长则全部是班级家长志愿者，至此，我们强大的班委会成立了。为什么说它"强大"呢？因为每逢学生、学校、教师遇到什么情况，需要家长协助时，家委会都能积极参与配合，这主要体现在以下三个方面。

（一）为班级购置学习用品

家长是学校一种潜在的资源，这种潜在性表现在家长的集中优势上，因为家长身份各异，有公务员、商人、医护人员、教师、工人等，如果充分利用家长所从事行业的优势，能为班级学习生活带来便利。例如我们这里的家长大多在北部商贸城工作，对商贸城非常熟悉，为孩子集体购买学习用品也会优惠很多，所以家长们都很乐意。同时，有家委会的参与购置，办事效率也特别高，例如提前一天通知孩子在校需要哪些学习用品、哪些需要统一购买，第二天东西就可以买到，并且帮忙送到学校，真的是非常感谢我们的家委会，特别积极负责！此外，班费完全由家委会保管，由家委会动员家长志愿者为班级购置学习用品，因为由会计做账（如图6），并且定时在家长群里向大家公布什么时间段买了什么、开支了多少钱，有效地避免了乱收费乱开销的事情，也让家长们放心，知道每一笔开支都是为了孩子。

（二）动员家长参与孩子的学校活动

如我们最近举办的少先队队员仪式、班级才艺展示活动，家委会就鼓励家长参与孩子的学校活动，积极动员并安排家长志愿者在力所能及的范围内参加班级义务工作，一方面协助老师顺利地开展了活动；另一方面也见证了孩子在学校的成长过程，了解到孩子们在学校的学习和生活情况。因此，家长们通过

图 6　　　　　　　　　　　　　图 7

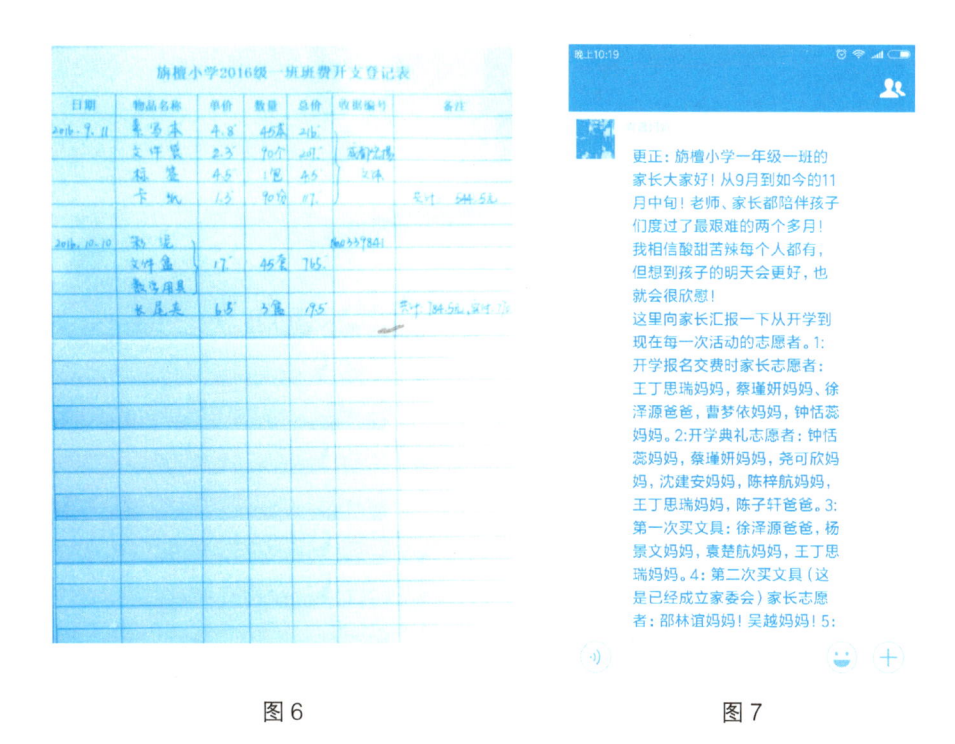

参与孩子们的学校活动，不仅感受到孩子们在校的真实状态，而且了解到教师在校的工作状态，从而更加支持和配合老师的工作。此外，家委会也加强了家长内部管理，协调家长与学校的关系，使家长志愿者维护学校正常教学秩序，协助老师开展活动，并且认真记录每次活动家长志愿者的参与情况，定期召开会议总结表彰家长工作（如图7）。

（三）家长教育家长

我们学校的学生大部分是外来务工子女，家庭教育薄弱，能很好地承担起家庭教育这一责任的家长非常少，所以帮助这些家长提高家庭教育水平，可以大大促进对学生的教育。除了我给家长提供一些教育方法和指导意见之外，家委会成员中也有几个优秀的家庭教育人才，他们有好的教育方法和经验，我会鼓励他们分享给其他家长，他们优秀的家教案例也是最生动的教材，最易为其他家长学习效仿。虽然我们的家长来自不同的工作岗位，有着不同的思维、性格和行为方式，但他们有个共同的目标，就是让自己的孩子受到良好的教育。因此，家长与家长之间的距离感较近，共同语言多，家长们会感到特别亲切，这样不仅带动了家长间的相互交流、相互启发，促进了家庭教育的发展，而且也有效地推动了班级教育的发展。

总之,一个孩子的成人、成才需要家长和学校的共同努力、密切配合,只有这样我们对孩子的教育才不会是脱节的、游离的。因此,在以后的教学管理中,我会继续用心做好家长工作,使家校形成合力,这不仅体现出老师与家长之间的尊重、理解、信任和支持,而且也传递出家校双方对孩子共同的爱,我们能做的是让孩子们沐浴爱的阳光,静静等待他们的绽放!

点评

在学校和班级管理中,一直倡导"咱们的学校""我们的班"这一家长文化,这指的是家长的语言习惯,应该是"咱们学校"怎样,"我们二(1)班"怎样。语境反映了家长对"家校共育"的共识。宋老师在班级建设中做到了引领,使全班家长积极参与学校的教育活动,形成了育人合力。

家长参与学校教育活动是现代学校的标志之一。这种参与要有专业的引导和指导。宋老师组织家长参与班级文化建设,使班级文化不局限于表面形式,而是深入家长、学生和老师心中。这种建设的过程就是文化形成的过程,也是教育的过程。其文化才能发挥"班魂"的教育作用。另外,宋老师引导家长共同培养学生的良好习惯,抓住了养成教育的关键——学生良好的兴趣,学生良好的兴趣正是需要家校统一配合,更多的是家长的督促指导和示范引领。

组建家长委员会是班主任必做的一件工作。宋老师同样没有流于形式,而是引导"委员会"发挥作用,起到教师的主导作用。

中国教育学会小学教育专业委员会常务副理事长　刘永胜

家校共育，"星"光闪耀——假期家校协作实践活动

北京师范大学常州附属学校　李赞

暑假是孩子们一年中最期盼到来的大长假，整整两个月的时间，可以尽情休闲娱乐，放松身心。但是电子产品的不断推陈出新、假期时间没有很好规划、自身意志力薄弱等原因，导致很多孩子出现假期沉溺于电子游戏、作息时间严重颠倒、体育锻炼严重缺乏、学习任务不能完成等问题。眼看着假期已经过半，孩子背后的"隐形班集体"成员——家长们显得很焦虑，很无助，家庭大战时有爆发，亲子关系异常紧张。面对"班级成员"倾吐的满腔苦水和求助的真诚眼神，我把自己"蓄谋已久"的想法整理了一下，采取了很有针对性的措施——但这次不是正面针对班级的学生，而是向"隐形班级"的各位爸妈"开炮"了。

因为我们都清楚，每一个成功的孩子背后一定站着一对成功的父母，父母对孩子潜移默化的影响对孩子的成长起着非常重要的作用。因此我制定了"假期家长星级评定"制度，利用家长微信群和学生QQ群相互作用的影响，无论是家长，还是孩子，都获益匪浅。具体实施情况，我以第一阶段为例与大家分享。

一、制定方案，引导实施

周一：早晨，我先在微信群里转发了一篇文章《经常玩手机和不玩手机的孩子，十年后区别让人难以想象》，接着以此为引子发了一则通知：

开学倒计时开始了，请各位爸妈关注：

☆□孩子的假期计划是否在按部就班地完成？

☆□孩子交给您的一个月里，养成了哪些好习惯？

☆□下学期的课程预习了多少？

☆□对于手机和游戏，您是怎么跟孩子约定协调的？

☆□假期里您是怎样跟孩子做好沟通交流的？

☆□……

重点来了——

希望从今天开始，各位爸妈可以根据以上问题（也可自由发挥），每天总结思考一下，做好记录，标好日期，开学孩子报到时我会一一检查评价，不限字数，不必面面俱到，只要您对孩子负责的态度。另大家在群里请每日打卡，即在本群回复"今天多付出一分，将来少费心百倍"，每天晚上9点，我会指定5位家长晒一晒自己的成果。最后，开学孩子报到后，我们会根据各位在群里的表现评出"五星家长""四星家长"……

不要把"爱孩子"挂在嘴边，要体现在实际行动中，加油各位爸妈！

晚上8点我把自己的一日小结分享在了群里，并附上了自己学习的照片，给家长作为参考。9点时，点了5位家长分享自己的小结，其中有4位做了回复，一位家长由于孩子不在身边说明了理由；一位家长回应了我所发的学习照片，表示自己也要多从自身找原因，做孩子的榜样；两位家长在群里交流了自己与孩子的生活日常。

二、改进措施，破冰成功 >>>>>>>>

周二：一早，我回忆总结了一下昨晚家长们的表现。昨天的打卡要求都没有做到，多数还是不够积极的，点名制往往会让家长存在侥幸心理，还有就是发现爸爸参与活动的人数很少，因此我决定要制定一些细节化的内容来调动大家关注孩子。所以，我在群里总结了昨天晚上群里几位家长的表现，进行了加分，没有打卡的扣了分。提醒大家晚上会请5位爸爸和5位妈妈分享自己的一日小结，并告知大家打卡时间安排在上午，提醒自己从早晨就关注孩子，且不应只关注孩子的学习，应多关注孩子的日常生活和行为举止，发现优点，发现问题。

很惊喜的是还没有点名，有三位妈妈就提前写好了总结私信发给了我，还有两位妈妈很详尽地总结了孩子放假一个多月来的学习生活情况私信发给我，我把5位妈妈的总结转发到群里进行了分享，并给予相应的分数奖励。这样一铺垫，10位点名分享的爸妈也都及时分享了自己的总结，并且大家今天小结的质量明显高于昨天，在关注孩子学习的同时，还关注到了孩子的习惯和情绪，爸爸们的参与热情也很高涨，且分析理性到位。我随后制作了"假期星级家长评定"的积分表格，认真总结了近两天大家的得分扣分情况，并提醒家长此表格会同步上传到孩子们的QQ群。这样一来，就把孩子的表现和家长的荣誉连在了一起，既促进了孩子习惯的养成，也促进了家长对孩子的关注，同时，大家分享自己的育儿成功经验或出现的问题，都能够起到互相学习的作用。最后，我在群里做了总结表彰：提醒大家这只是教育向前的一小步，我们任重而道远。

三、继续跟进，积极调动

周三：早上我针对昨天一位妈妈总结中提到的孩子逆反，不听劝解的问题，转发了一篇《正面管教——引导孩子转移注意力》的文章，之后大家就开始了今天的打卡。并委婉地提醒了两位爸爸："昨天晚上有事错过了分享，今天肯定不会了。（笑脸）""最近一段时间最好不要把咱们的群设为'消息免打扰模式'。（偷笑）"

晚上6点，为了更好地调动大家参与的积极性，让更多的家长沟通交流，我又一次更改了规则：各位爸妈，今天的分享不再点名，从9点开始，根据大家发送的名次和小结的质量，分别给出相应的分数，"与孩子一起成长，我付出我快乐"！结果7点刚过，就有家长发来了分享，我首先肯定了她"生活的味道，细节即教育"，又提醒了她"只是时间没看准，还没喊'开始'，就抢跑了（偷笑）"，这位妈妈马上说："我还有答题的机会吗？""有的（偷笑）。"紧接着又有几位家长"抢跑了"，还有几位家长在一旁提醒。群里的气氛一下子热了起来。9点一到，很快就有30位家长（全班39人）分享了自己的总结，我一一看过后给大家总结了成绩，了解了孩子们的生活学习状况，并给予了评价："今天绝大多数家长都积极认真地做了总结并分享给大家，我都逐篇看过了。很温馨，很感动，很真实，很诚恳；有交流，有沟通，有学习，有品行。大家也一定要互相阅读交流，发扬自己的优点，找到自己的不足，相信701班这个大家庭一定会越来越好！大家辛苦了，晚安！"

四、主动分享，收获幸福

周四：早上我依旧转发一篇家庭教育方面的文章《你和智慧父母之间，只隔着这九张图片》，大家的打卡时间开始，并且早上9点前都完成了打卡"今天多付出一分，将来少费心百倍"。关注孩子，关注生活，从每天打卡开始。

晚上6点多就有家长开始主动分享自己的一日所得了。我马上提出：大家的积极主动性势不可当！今天就不规定时间了，大家完成后即可分享到群里了。

今天又收获了惊喜：三位家长写完当天的经历后，还加了"反思"，反省总结了自己一天的得失，以及跟孩子之间如何更好地相处。还有的家长晒了自己的学习笔记，说生活好像一下子积极阳光了起来。一位家长发表感慨："如此多称职用心的爸妈！701班威武，李老师威武！"还有一位家长晒了与儿子的对话：

儿子："妈妈，你怎么天天写呀，每天都会抽到你吗？"

妈妈："不是，现在不点名了，每个家长写好天天发群里，大家互相学习（笑脸）。"

最后，我做了总结："今天35位家长分享了一日小结，大家关注到了反思自己、生活细节、教育契机、道德品质、家庭环境等方面对孩子的影响和引导，真是让人惊喜！今天得分高的爸妈我都在表格中给了评语，请大家关注一下，互相学习，共同进步！辛苦了，晚安！"

刚总结完，晚上10点47分，一位妈妈又赶着发了一篇，并附上感悟："李老师，今天反馈得有点晚了。自从开始了这项互动，我和孩子每天交流的时间、话题也越来越多了，亲子关系也越来越好了！"看着我的"隐形班级"的成员越来越幸福，我从心底为他们高兴。

五、正确引导，双方受益

周五：我给了大家一点加分的小技巧——孩子的反思感悟加进来，收获的一定不止加分这么简单，看各位爸妈的能量了！

晚上我总结得分并总结：今天36位家长分享了孩子一天的生活状态，自己一天的收获，值得表扬的是还有三个孩子也为爸妈助力加油，写了自己的小结，点赞！付出总有收获，辛苦一天，晚安了！一位妈妈随后发来：老师一对三十九，我们一对一，老师这么有责任感，我们没有理由不努力，再忙我也要抽时间关注孩子！为家长的理解和支持点赞，为家长的负责和进步点赞。

六、习惯养成，贵在坚持

周六：大家的打卡和分享已经成为一种习惯，每天的晚饭后时间就是我们总结反思，整理情绪，梳理生活的时间，也是我们一起交流教育孩子心得的好时机。快周末了，大家坚持得非常好，但我觉得每天还是要加一些作料才更有味道：今天39位爸妈分享了与孩子一起的点滴生活，今天不知不觉已经第六天了，相信每个家庭都收获满满。明天是第七天了，可以周总结一下，翻翻一周的内容，思考一下，期待大家精彩的周总结（质量好的分数翻倍）！晚安啦！

七、反思总结，继续延伸

周日：今天的总结大家都做得非常认真，仔细梳理了一周的成败得失，还有几位爸爸分享了自己看到的好文章。我还为大家准备了一道研讨题目："在家庭生活中，怎样让孩子愿意与我们主动沟通？"家长们纷纷发表自己的看法，都很有见地。

第一阶段的"星级评定"活动，调动了家长参与孩子成长的积极性，更新了家长的家庭教育理念，激发了家长再学习的热情，同时促进了学生学习生活习惯的养成，提升了学生的思想道德观念，缓解了紧张的亲子关系，也为学校班级教育教学活动加油助力，形成了家校共育的和谐局面。后续的家校沟通活动将继续跟进，继续完善，希望能让更多的家庭受益，孩子能够更加积极健康地成长！

附：话题讨论的观点和看法

江妈妈：关于"怎样让孩子愿意与我们主动沟通？"的话题，我觉得首先要把孩子和我们放在同一高度，都是平等的关系，不要总认为我是家长比你大，你凡事都必须听我的，如果家长在和孩子交谈时一直是居高临下的态度，那对于青春期的孩子来说，内心肯定是不服气的，她们其实有很多自己的想法，有时迫于大人的"威严"，反而不愿意主动表达，多数表现为要么忍气吞声、逆来顺受，要么和大人顶嘴、发脾气。我家其实有一段时间就是这样的情况，双方关系剑拔弩张的，每天家里硝烟弥漫……慢慢地在701班的老师的引领下，我也开始慢慢反省自己，学会管住自己的嘴，学会尊重孩子。渐渐地孩子也愿意和我聊天，愿意说一些小秘密，当然肯定也有不愿意告诉我的事情，我也不强求。（以上就是我目前的一点看法，仅供大家参考。）

杨妈妈：跟孩子交流，我认为有时候要适当示弱，表示需要孩子的帮忙，其实很多时候孩子还是很主动的，关键有时候需要引导，不能用命令的口气说。孩子就是自己的镜子，你柔他也柔，你刚他也刚。

……

附：某学生父母的周总结

2018年8月8—14日一周总结

爸爸总结与反思：

孔子曰："其身正，不令而行；其身不正，虽令不从。"家庭是习惯的学校，父母是习惯的老师，我没有完成老师点名，完成每日一结，但是在这一周里每天都观察群里动向。每天在确定妈妈没有打卡的情况下，主动打卡。在今后的日子里还要多参与孩子的成长与教育，成为孩子成长路上的良师益友。

妈妈总结：

在假期里，没有对孩子的补习有一个比较完善的计划，而是随她自己的选择，一周三次补习，对结果也不太过问。不过在近一周的和谐关系中，我和孩子已经建成比较密切的亲友关系。

八、成果

以下是家长们反馈的成果。

1.每天早上她在爸爸的监督下早饭都是吃我做的，凡事与我商量，达成共识后大胆放心地去做。

2.对于孩子的爱好，我主动迎合，比如说，一起看她喜欢看的电视《惹上冷殿下》《甜蜜暴击》等。最近她总爱臭美，发抖音后又偷偷删了，我鼓励她爱美是天性，没有什么好害羞，不过多少要有点内容，虽然外貌是可以有一些优势的，但是真正能让人有价值的应该是内外兼备、品德优良，她也认可，所以我也偷偷地给她点赞并且评论。她非常开心，也愿意跟我交流。

3.饭后快走慢跑等锻炼是每天都要进行的，在家闷了一天，也需要出门透透气，她都能配合。

4.对手机的热度明显下降。每天规定晚上11点睡觉，我们俩一起关机休息。健康的身体才是革命的本钱。

九、不足与措施

1.看到其他家长对孩子的教育排布得非常有序，这一块是我最失误的，因此也在网上买了字帖，白天我上班后让她练练字。并且联络补习老师规定下午1:00—3:00补习英语，4:30—6:30补习数学。

2.学生必须以学习为重，必须要加强教育学习的重要性，以身作则应该是蛮有效的。

十、孩子的总结

1.逐渐改掉下午上课老师等我的坏习惯,明白尊重别人从遵守时间开始。

2.跟爸妈的说话态度明显变得和谐了很多,由于昨晚睡前约定早上起来陪我去吃小馄饨,妈妈也做到了,她临上班前还亲了我下并且说:女儿我爱你。"

十一、反思

1.由于以往在家由妈妈帮我洗衣服做饭,所以我的自理能力较差,经常把桌子上摊得到处是手工制作,妈妈回来总会责怪我,我也想着不就是骂两句,现在我要主动帮着收拾收拾。

2.前天晚上跟妈妈说好这个学期不住校,妈妈也同意了。我对怎样才能做个优秀的学生备感压力。我身上还是缺乏一些吃苦的精神。其实我明白一个道理,吃得苦中苦,方为人上人,但是做起来却不容易。要知道心灵手巧,动手能力很重要。往往,能自立的人,喜欢多做事的人,总是会得到比他人更多的锻炼机会,也就拥有了较强的能力,可是有时我会觉得吃力,或跟不上大家的脚步,主要是因为吃不了苦,得不到锻炼的结果。所以,我觉得我还是要多抓住机会,让自己每天都在学习中得到不同的锻炼。我可以抓住每天扫地的机会,学习如何劳动,同时培养与同学合作的精神。

王婧怡妈妈整理
2018.8.14

点评

假期是孩子们休闲娱乐、放松身心的好时机,但假期更是家校共育的有效契机。如果我们,包括老师和家长真的认为假期就是让孩子休息或报班学习的，可能孩子原本在学校里习得的好习惯、养成的好身体、培养出的好的心理品质反而因为有了假期而大打折扣。因此一个爱孩子、有智慧、有行动力的好老师一定会重视假期的教育作用，发挥家长的教育力量，让假期成为孩子进一步成长的好时机。

读完这篇文章，深深地为这位老师感动！这就是我所认为的一个爱孩子、有智慧、有行动力的好老师！针对班级中许多学生假期时间没有很好地规划、自身意志力薄弱、沉溺于电子游戏、作息时间严重颠倒、体育锻炼严重缺乏、学习任务不能完成等问题，眼看着假期过半，家长们焦虑、无助，家庭大战时有爆发，亲子关系异常紧张的现象，李老师制定了"假期家长星级评定"制度，利用微信群让爸爸妈妈坚持每天打卡，晒假期中与孩子生活的日常，晒爸爸妈妈的反思。一周的坚持，不仅让爸爸妈妈改变，而且带动孩子改变，更形成了家校共育促进孩子成长的好气氛，这多么令人欢欣鼓舞！

严格地说，李老师的做法可能并不能说有特别大的创意，但最重要的是坚持和行动！这个过程无不体现出老师对教育事业的忠诚、对育人工作的责任心以及对孩子满满的关心。所以，家校合作有时并不是高深的理论，重要的是行动！

北京师范大学中国基础教育质量监测协同创新中心教授　边玉芳

家校融合促发展

广西南宁市凤翔路小学　周丽萍、郑胜梅、劳颖明

2019年4月3日，在美丽的南湖边举行了一场盛大的三月三庆祝活动，我们学校也参加了此次活动。我们展示的主题是：服饰里的梦想。这是当时展出的作品——孩子们精心制作的具有浓郁民族风情的服饰作品，以及孩子们自己编织的红豆饰品。这些小小的创意作品，却成了当天最亮眼的展示。当时我接受了全国百名主持人采访，大家都问了同一个问题：凤翔路小学的校园文化特色是什么？我毫不犹豫地回答：家校融合，谦谦凤翔。

我这里可以给大家看几个数据：一是参加此次活动，我们一共4位老师代表，12位学生代表，12位学生都有家长全程陪伴，每个家长都默默地站在展示台的后面，看着自己的孩子去展示去表现；二是展示的所有服装，都是家长与孩子们共同制作的，他们利用废旧的纸材、布料，以孩子的创意为主，展示家庭成员合作的成果。这是去年科技节上的作品，一件当天最吸引人的公主裙，是用泡沫纸做成的。当时我们拿着照片去寻找这件衣服时，家长告诉我们，这件衣服用的是纸材，已经损坏了，但她可以马上再做一件。结果，第二天，她拿来了这件精美的公主裙。

这套青花瓷就更有故事了。这件衣服的设计者是妈妈，盘子上的花纹是孩子一笔一笔画的。重点是：这个孩子是一个有自闭症倾向的孩子。我们通知她来参加活动时，妈妈很开心。孩子那天也很开心地走到了众人的面前去展示自己，家长过后发信息给我，感谢学校给了她们这样的机会。

从这次展示中，我们不难看出，什么是家校融合？那就是同心同德同携手，相知相亲相关怀。学校把同样的关爱给予孩子，家长也把同样的爱奉献给

学校。

为此，我们提出了家校融合的三大核心理念：一是家校融合中，学校、家庭是平等互助的关系；二是家校融合是以学生为中心的；三是家校融合是社会参与学校教育，也是学校走向社会的双向活动，目的都是为了学生身心的健康发展。

谦谦君子，彬彬有礼。学校的家校融合工作，必须以学校发展的核心理念为支撑。南宁市凤翔路小学以君子文化育人为办学理念，以"立君子品行，树君子风范"为目标开展独具特色的君子文化家校融合，形成君子文化为核心的教育共同体，培养学生的君子文化，以仁、礼、智、信、义的儒家文化为内涵，全面提高学生的整体素养。厚德载物，办人们满意的教育。

创新型家校融合模式内容的实效性在哪里？家校融合的创新合作模式有哪几种？如何落实创新合作与运行机制的有效途径，以及从每一个家庭出发，针对孩子的具体情况开展指导探索？这些都是我校在开展君子文化特色家校融合活动中，一直在思考的问题。

一、家校融合，搭建合作共育平台

学校的家校共育工作，必须以学校发展的核心理念为支撑。以顶层设计搭建起学校、家庭、社会"三位一体"的共育平台，形成了"学校主导、全员参与、整合资源、完善体系"的工作思路，形成君子文化为核心的教育共同体，全面提高学生的整体素养。

家校合作的重要性，将家校合作看作帮助学生健康成长、促进教师专业发展、实现家庭幸福的重要途径。家长不是学校教育的对手，而是学校教育的同盟军。让家长参与学校管理是现代学校教育的必然趋势。学校应与家长建立平等的家校合作关系，认真聆听家长的建议，尊重家长的态度，积极引导家长参与学校活动，而不是单方面的要求与命令。

在凤翔路小学的君子文化家校融合中，学校与家长们一起完成了理念的转变。完善家长委员会的构建与管理机构，创新家校融合的合作模式，建立健全以公益性为基本立场，具有奉献精神和志愿服务能力的三级君子风范家长委员会。2017年10月16日，我校成立了第一届校级家委会。校级家委会下设六个年

```
创新合作方式                     创新运动机制

校内成立三级家委会              网络管理，不同层次，
                                不同大小平台推进

与先进发达城市学校              校内校外相互渗透
结对子

与香港小学结对子                校内品牌活动为载体

与农村薄弱学校                  校外实践活动延伸
结对子

与社会各界可用有益
资源合作
```

图 1

级主任，分别建立校级家委会工作群、年级交流群，由主任管理和组织开展活动。建立了我校2800名学生家长的沟通渠道，大事小情，经过层层交流和指导，家长们能够妥善解决。

2018年12月，经过个人自荐—班级推荐—年级推荐—全校投票选举，选出了黄品柳先生为南宁市凤翔路小学校级家委会主席，陈凤娟、张兆两位女士为家委会副主席。成立凤翔路小学校级家委会，下设年级家委会，年级家委会主任同时也担任校级家委会的职务，人人都有明确的任务分工，工作起来更有干劲。比如：美丽的女士谢艳，就是我们家委会的文体委员，负责组织家委们排练合唱，在学校的舞台上一展风采；邱官德，生活委员，他每天负责指导校门安全护卫值勤，并且给每天的校门安全护卫队员拍照，风雨无阻。

二、齐心协力，推动学校文化发展

（一）搭建良好的沟通渠道

1.制定章程，让合作更规范

制定规范的家长委员会章程，使家委会有章可依。以制度的形式明确家长的知情权、参与权、建议权、决策权、监督权，只有当家长充分意识到家委会

对孩子教育有用时，才会真正信赖并积极参加家委会活动。

学校每年会开两次大会，一次是学期初的学期工作会议，向家委们介绍学校学期工作的设想，听取建议与支持；另一次是学年结束的总结大会，表彰先进家委，总结工作情况，提出来年工作的设想。

为此，由家委们与学校共同制定了评优评先的方案与细则，并经过了家委会的热烈讨论，大家觉得，不能只是校级家委有奖状，班级的、年级的家委也要有奖状。于是，我们按照比例进行了评选，让班主任在开家长会时当众颁奖，家委们特别高兴，工作的干劲也更足了。这个学期一开学，各班纷纷组织了有意义的亲子活动，三月三的活动积极参与也可以看出家委们的积极性。

2.建立沟通渠道，让爱循环流动

君子敏于事，我校的君子文化家委建设，正是通过成立三级家委会——校级—年级—班级家委，让全校的每一个家长都能回归集体教育参与权，都能参与学校的管理与建设，为学校发展建言，为学校成长建议。最大限度的家长集体教育参与权，以现代教育观为指导，通过三级家长委员会的建立和运营，探索依法治校，实现民主、自主管理，促进学生、教职工、学校、学校所在社区的协调和可持续发展。

建立良好家校融合关系四要素（如图2）：

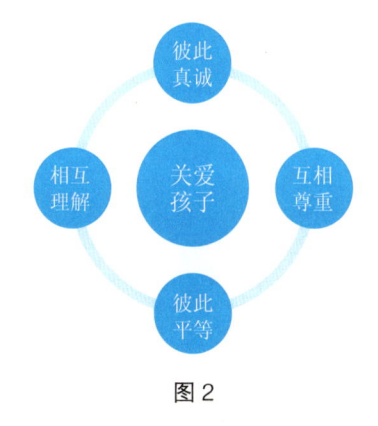

图2

第一，彼此真诚。学校和家长坦诚相待，真诚地表达自己的思想感受。

第二，互相尊重。学校和家长应互相尊重对方的人格，接受彼此的思维方式，宽容对方的缺点不足，意识到双方在教育孩子上都有自己的独特优势。

第三，相互理解。教师和家长设身处地，站在对方所处的立场思考问题，教师在下班后也是一位家长，家长在教育孩子时也是一名教师，这样教师家长就有了共识点。

第四，彼此平等。在学校教育教学的所有问题上，我们与家委不是上下级关系，也不是师生关系，而是一种平等、对话、合作的关系。家长有话语权、建议权，教师与家长可以相互交换意见，形成一种合作互助的关系，共同帮助孩子健康成长。

在校级家委会的努力下，我校师生家长牵挂的交通安全问题得到了顺利解决。家委会主席黄品柳先生联系各方力量，在凤翔路段安装了隔离栏，保障了师生步行上下学的安全。黄品柳先生还与陈凤娟女士一起，经过不断地观察，发出了倡议，号召家长们一起行动起来，在校门做交通安全志愿者，穿着志愿者的服装，轮流值日，护送孩子们穿过车水马龙的街道。2018年5月9日，南宁市气象台发布了暴雨橙色预警信号，在强雷电、大风、暴雨来袭时，我校家委会自发组织的家长交通安全引导员，志愿者家长们站立在路口，指挥过往行人和车辆，在风雨中守护着孩子们的"绿色通道"。正是由于他们的坚守，学校大门口的交通状况保持了安全、高速、有序、有效的畅通！这风雨中的绿色背心，这一个个平凡而又伟岸的身影，正是我们最为坚定而温暖的一道风景线！

在上个学期，邱官德主任也提出了后门放学秩序不佳的问题，当时各年级的家委们与班主任们进行了沟通，于是就有了这个学期开始实施的"无声有序，快速放学"，从排队到出校门，家长、学生、老师不说一句话，真正实现了放学的高效。这些改变，都是来自家校融合，来自一颗颗热爱凤翔的心。

（二）优势互补，拓宽家校融合渠道

在校级家委会的组织下，我校组织了到香港特区爱秩序湾官立小学，以及青秀区乡镇薄弱学校的参观活动，以校级家委会的形式进行合作共建，拓宽家校融合的渠道；整合了社会各界可用有益资源，极大丰富家校融合的内涵与形式。

参观香港爱秩序湾官立小学，让我们都大开眼界。家委们看到了先进地区的家校融合，渗透学校教育教学生活的方方面面，也看到了香港特区家校联合会的工作是如何开展的，给了我们极大思考与探索。黄品柳说："我们要把好的文化与理念带回学校，让我们的孩子更快乐健康地成长。"

2018年3月30日，南宁市凤翔路小学、学校家委会代表与协办单位广西人民广播电台交通FM100.3台一同走进青秀区刘圩镇那里小学，开展爱心公益活动。早晨8点，带队老师，各班的家委代表们和孩子们集中在校门口，为自己的车贴上统一的车标。20辆私家车一行150多人从学校门口出发，带着满怀的爱心与热情前往青秀区刘圩镇那里小学，与那里的孩子一起表演节目，阅读，交朋友，在献爱心活动中感受君子的博爱之心与奉献精神。

社会参与学校教育，学校教育走向社会，而这渠道就是家校融合。

（三）优势互补，共同促进学校发展

家长委员会职能运行从单一向多元化发展。家长委员会不只是组织活动，更是学校教育教学的支持者和协作者。

2018年，三（9）班家委黄一丹率先在班级开展家长学校系列课程，将正面管教的理论引入实践，与家长进行线上交流与学习分享活动，取得了良好的效果。三（3）班家委也聘请正面管教讲师黄中萍作为指导教师长期跟班开展相关活动。家长与老师们一起行动起来，用"尊重、平等"的态度与孩子沟通交流，了解孩子的需要，相信孩子自我觉醒的力量，鼓励孩子向更好的自我勇往直前，将"天行健，君子以自强不息"的勇气带给孩子们。

我校开展的一系列大型活动，都邀请家委们一起来协助，一起来感受。校运会上有家委的身影，艺术节上有家委的身影，学校的"十二五"课题结题、"十三五"市级课题开题会，学校接待来自广东、香港的参观团……包括今天的活动，我们都邀请了校级家委来参与，一起互动，一起学习，感受凤翔路小学的努力进取与锐意创新。

（四）亲子活动，让爱走出校园

成立校级家委会后，我们惊喜地发现，学校各班级的亲子活动形式变得更丰富多彩了，内容也更有趣多样了，各班家委互通有无，把好的经验和心得互相分享，到田间地头去种植、在春天里植树，到户外去拓展锻炼、在科技氛围里熏陶……每个班的孩子共同在精心组织的亲子活动中快乐起飞。让校外实践活动成为君子文化教育的延伸载体。

如五（8）班家委会暑假期间组织学生开展"我是小小图书管理员"的社

会实践活动，六（3）班组织学生赴南宁市中级人民法院参观并开展模拟法庭活动，三（2）班家委组织孩子及家长到烈士陵园开展祭扫等活动都让师生及家长深受教育。2019年3月，四（9）班组织了社会实践活动——我是小小环卫工人，让孩子4点多起床与环卫工人一起打扫街道，体验环卫工人工作的辛苦，景晖一（3）班参加了爱护母亲河公益行动等，家委会的加入充实了学校未成年人思想道德建设的力量，极大地丰富和补充了学校教育的不足，更具实践性，为学校的良性发展做出贡献。

孩子们怎么看家校融合？

图3

三位一体的教育模式，指将学校教育、学生自我教育与家庭、社区教育相结合的教育模式如图（3）。学生参与家校融合，学生的成长离不开学校和家庭的教育，学校的教育需要学生的配合，家庭的教育也需要孩子的支持，当学校、学生、家庭三者形成教育合力时，教育效果的最大化也就显现出来了。

点 评 >>>>>>>

家校合作是现代学校制度建设的必然需要，是学校为促进学生健康成长的必然选择。目前，绝大多数学校已经将开展家校合作作为一项重要工作，但效果却各不相同，原因是在如何正确认识家校合作的作用和如何开展家校合作上大家的答案是不同的。

　　本文给我留下印象最深刻的两点，一是这所学校在对家校合作的作用和双方关系上的认识很到位，二是学校通过强调制度建设，保证家校合作起到应有的作用。在对家校合作的作用和双方关系的认识上，学校提出了家校融合的三大核心理念：家校融合以学生为中心；家校融合中，学校、家庭是平等互助的关系；家校融合是社会参与学校教育，也是学校走向社会的双向活动，目的都是为了学生身心的健康发展。在制度建设上，学校完善家长委员会的构建与管理机构，成立校级—年级—班级三级家委会，建立以全公益性为基本立场，具有奉献精神和志愿服务能力的三级君子风范家长委员会；制定规范的家长委员会章程，使家委会有章可依，以制度的形式明确家长的知情权、参与权、建议权、决策权、监督权；建立沟通渠道，让全校的每一个家长都能参与学校的管理与建设，为学校发展建言，为学校成长建议。

　　正是学校以现代教育观为指导，通过三组家长委员会的建立和运营，探索依法治校，实现民主、自主管理的理念和措施，才能促进学生、教职工、学校、学校所在社区的协调和可持续发展。

北京师范大学中国基础教育质量监测协同创新中心教授　边玉芳

照亮男孩的内心世界——"家班共育"男孩成长案例

上海市宝山区实验小学　王丽秋

一、案例呈现

一天早上,班长来敲门:

"老师,小云的本子找不到了,他到处乱翻!小晗的作业又没交!小芃座位周围一团糟!"

这三个孩子在我们班20名男生中具有一定的代表性:天资聪颖,课堂表现好,学业成绩不错,却因为不善于沟通和表达,常常让伙伴反感、让老师头疼。在他们表面阳光之下,仿佛有个坚固而孤独的内心城堡,抵御着任何可能的外来入侵。

面对三个沉默的男孩,家长们这样说:

"这孩子脾气差,道理经常和他讲!"

"昨天作业写到11点钟,我一个巴掌下去,他才动作快一点。"

"孩子的问题我们知道,昨天他爸爸和他聊了一个小时,我们以为他懂了!"

匆忙应付、打骂责罚、无效沟通,是大人们最常采取的处理方式。可是,大人们最应该做的是:主动去了解孩子的内心感受,找出他们烦恼背后的原因。

二、教育举措

如何改变孩子这种不善于表达的状况、走进男孩的内心世界？一定要给他们一个行得通的选择，否则今天压抑、愤怒的男孩注定会变成明天孤独、痛苦的男人。

可是：变成一个情绪完整的人，男孩需要些什么？怎样帮助这些孩子呢？我开始思考。

（一）试种一棵树苗

善于表达，能够共情，是成为情感上完满的人的首要条件。男孩面对问题时，常会因情绪冲动而引发激烈的冲突。

因此，帮助他们处理情绪、转换心境，引导他们理性地看待经历的事件，能够让他们抓住反思自己情感体验的机会。

在小云又一次与同学起了摩擦之后，我请他完成这份简单的表格——《树苗的心事》：

表1 树苗的心事

事件	树苗的想法	树苗的心情	换一个角度想	哪个想法更好
同学把我的橡皮蹭掉了	他一定是故意的	很气愤	也许他是不小心	后面的想法更好

在引导下的小云，情绪得到了处理，他也进行了适度的自我反思。

老师帮助男孩打开了内心，但这仅仅处理了当时情况下发生的问题。当成长中遇到问题，有困惑、有迷茫，孩子就会渴望得到大人的帮助。然而，当他们的感觉超出了自身言语表达能力或者其他表达方式，大人又不能帮助他们找到出口时，男孩就会把外部活动作为情感表达的出口，就会表现出各种各样的问题。最理解孩子、亲近孩子的人，莫过于孩子的父母了！

（二）共洒一束阳光

1.建立教育同盟

我先和同为教育工作者的小云家长进行了沟通。小云爸爸积极肯定了孩子的转变，意识到了男孩教育的特殊性，于是，我们在班级中共同发布倡议书，建立班级男生家长微信群"男孩部落"，完善家庭教育，有意识地关注男孩的性别因素，让父亲参与进来，让男孩在家里找到温暖和自豪感。

2.学习"正面管教"

在一次学校组织的家长课堂活动之后，家长们意识到情绪管理对孩子的成长非常重要，而且也意识到需要学习的不仅是孩子，还有家长。为了从专业的角度帮助孩子和家长们，群里特意邀请了教育专家和心理老师。于是，"正面管教"这一新兴的教育观念开始被家长们认识和接受。家长们学习到了很多科学的知识，比如说要教孩子认识情绪，要接纳孩子的情绪，更要教会孩子如何正当地表达情绪。特别是最后一点，帮助孩子澄清自己的感觉，学会辨识、并能知道这份感觉来自何处，这是走进孩子的内心、帮助他们处理情绪的重要途径。

不仅如此，家长们还经常举办适合男孩子的亲子活动，引导孩子要有担当、有意志、有坚韧不拔、勇于挑战的精神。

家长们互相学习、成长着，改变也在悄悄发生。男孩们的学习和生活自理情况都有了很大改善。

"男孩部落"这个家长群，仿佛是照进男孩生活的一束阳光，当男孩感觉到自己被全面接受的时候，也就是说当他们感觉到自己在发展的技能和行为属于正常范围，特别是最亲近的父母、老师也能理解他们时，他们才会更主动更有目的地投入学习中。

3.引入多元评价

人，各有所长；才，因人而异。结合班级日常观察和个别访谈，我针对男孩子的特点，在班级设置了若干个小岗位，让每个孩子特别是男生能在班级中找到自己的位置，同时以小组争分争优的形式，从学习、礼仪、卫生、文明、纪律等方面建设多元的评价观，不将学业成绩作为唯一的评价标准，建构民主对话的师生关系。这下，男孩们都忙起来了，一个个干劲十足，班级也终于"国泰民安"！

4.给予成长空间

可是，当我扬扬得意的时候，现实给我浇了一盆冷水：接下来班委选举时，选举结果让我大大意外：八位班委，男生仅仅占了两位！

我冷静分析了一下情况：虽然男生在进步，但是由于男女生性别上的差异，男生发育较晚，在班上与女生相比较就显得弱势。

于是，对于参选的男生，我都给予了表扬！并且每月拿出一周时间，班内的所有管理岗位全部临时换成男生，开展"男生周"活动，这一举动关注到了孩子们之间的差异，极大地调动了全体男生的积极性。

老师和同学们慢慢发现，男孩们不但能管住自己，能控制自己的情绪，还能为别人着想了。

（三）建造一片树林

关注男生，并不意味着忽略女生。班里的每个同学都是一个个音符，都有着自己特有的音调与节奏。将每个人的音色发挥出来，有了他们的组合，才会演奏出最动人的旋律。在学校管乐队组建时，我认为这是促进学生全面发展的好机会，于是做了很多家长的工作，极力推荐。经过严格的面试筛选，我们班有6位同学成了校管乐队的首批成员，迄今为止，我们班也是全校管乐队成员最多的班级。这些队员因为在乐器方面的发展，极大地增强了自信心，也极大地带动了其他方面的发展。

三、反思评析

（一）尊重性别差异，"因性施教"，给男孩充分的理解和帮助

科学研究发现，男孩从出生开始，在大脑和心理的发展上都迟于女生，发育速度也较女孩缓慢。长期以来，我们的教育忽视了性别差异的存在及其影响。事实上，环境教育只能在一定限度内塑造一个人的社会性格，我们应该尊重这些与生俱来的性别差异。因此，我们在平时的学习生活中要重新发现男孩，尝试站在男孩的角度，去了解他们，帮助他们。当男孩遇到情绪挑战时，帮助他们找到合理的"出口"，引导他们理性地思考自己的对与错，让男孩在包容与关爱中快乐成长。

（二）每个家长都是潜在的教育家，教育合力离不开父亲的参与

新生代家长们，学历普遍较高，教育程度、职业经历都比较好，在教育孩子方面更注重"科学化"。所以，家长们一方面会对孩子的学习有较高的要求，另一方面更重视孩子能力的成长。

在我的教育实践中，我坚信，每个家长都能够成为教育家。家长不能单纯依靠本能去培养孩子，需要更高层次的智慧引导。男孩和女孩一样，同样需要足够的关爱。实际上，家长们已经具备了很多教育学的相关知识，缺乏的仅仅是对教育孩子的理性认识，对于教育需要科学指导。一旦有了理性认识和教育方法，他们就会在今后的教育过程中不断地反省自己，提高自己，经过一段时间的学习，家长就会成为非常称职的父母。母亲能提供给男孩充分的爱和安全感，父亲在男孩的成长过程中也发挥着不可或缺的作用，让父亲回到男孩的生活中来，让父亲成为教养男孩的"合作伙伴"，发挥他独特的价值和影响是至关重要的。

（三）多元评价，给男孩开辟新"领地"

当前学校教育中，常常容易把学业压力当作突出的问题，更适合女生特长的发挥，而男孩的优点常常被忽视，一些动手的、操作的、推理的、想象的内容，使校园生活和评价形式更加多元、更加灵活，就会有更多男孩的特点与优势在班级中得到展现和认可，就可以帮助更多的男孩找回自信，走上良性发展轨道。

在以往的教育中，我们对男孩子关注不够，缺乏理解和包容，就会对男孩表现出的破坏行为进行简单的惩罚和打压。可是两点之间最短的不一定是直线。当我们了解到男孩的成长特点以后，倘若仅仅表示理解和体谅，并不足以帮助男孩成长为真正的男人。因此，要帮助一个男孩成长为真正的男人，也就是说有责任感、有担当、理性的成熟男性，同时还要有合理的情感表达途径，成长为一个情绪健全的人，首要的就是引导男孩学会管理自己的情绪、成长为一个身心健康的人。发挥了自身天性特长和实现自我满足的男孩，才能达到真正意义上的成功。男孩很在意别人的评价，如果他们感觉到被尊重，感觉到被爱和被关心，这些男孩就很容易走近，他们开始在你手心里融化。因为本质上，他们需要的是被爱、关心和尊重。

在儿童成长过程中，学校仅仅是其发展的影响因素之一，仅仅依靠学校来解决男孩危机是不可能的。家庭作为影响孩子成长的重要因素和场所，在拯救男孩的行动中应当负起应有的责任。

在我的教育实践中，关注到了男生的发育特点，在家校沟通中做了特别的努力，帮助男孩以智慧的方式处理情绪、表达情感，在和家长的交流沟通中，共同寻找解决问题的良方，例如参加家长课堂、引入新教育理念，并且通过多元评价的方式引导男孩爱上学校生活，让班级变成一个孩子们可以体验到成功的地方。

教育是一个不断反复的过程，是一个不断探索的过程，也是一个不断成长的过程。

点评

这篇案例很有新意。一是教师在努力读懂性别不同的学生，不仅关注个体差异，而且走进男孩的内心世界，针对男孩整体发育晚的特点，持续探索"因性施教"，弥补了当今教育的缺失。二是教师在男孩的成长发展上，不以学习成绩作为评价的唯一标准，而是将培养责任担当、意志品质作为目标，落实了教师的育人使命。三是教师在男孩的教育措施上，通过试种一棵树苗、共洒一束阳光、建造一片树林，体现了教师的育人策略，如：填写"树苗的心事"以促进学生自我教育；建立教育同盟，鼓励父亲参与，搭建"男孩部落"家长微信群，引导学会正面管理；采用多元评价，设立"男生周"，自选管理岗位，培养自信、自理、自控能力，激励男生主动发展。四是教师"因性施教"的实践理念值得借鉴，即：尊重性别差异，探索"因性施教"；发挥家长潜能，组成育人伙伴；巧用多元评价，让班级成为每一个孩子体验成功的地方。

北京师范大学首都基础教育研究院　乔树平

与家长有效沟通，提高教师职业幸福感

黑龙江省哈尔滨市泰山小学校　兰晶微

有些故事表面上看是一个语言技巧的问题，但如果我们深入思考就会发现，这其实是一个策略问题。策略正确与否直接影响到目的是否达到，由此可见，策略的选择是决定事情成败的关键因素。作为老师，选择恰当的策略去解决与家长沟通的问题是十分必要的。那么下面就从两个方面来谈一谈我在工作中遇到的案例和我的思考。第一个方面是家长的分类：根据家长对我们工作的支持程度，我们大体上可以把家长分成配合与不配合两大类。但我们今天重点要分析的是怎样去应对不配合我们的家长，不配合我们的家长当然也各有各的原因，各有各的问题，那么根据他们不同的性格特点和处事方式，我们把这些家长分为四个类型，分别是：强势型、踢球型、冲动型和暴躁型。面对这四个类型的家长，我们应该如何应对呢？这就是我要跟大家汇报的第二个方面的内容：应对策略。首先我们来看一看强势型家长。

一、强势型——不乱方寸移花接木

记得在听于颖慧主任的讲座时，她曾提到为什么现在的家长在老师面前越来越强势，因为他们的学历越来越高，对于小学的知识他们是基本能够辅导的，而为什么在古代大家这么尊敬教书先生？因为在一个村子里，或者在一个地域里，教书先生是最有文化的，自然他在人们的心目中就有一定的权威性，这就是最强烈的对比。其实我们想一想确实就是这么回事，随着社会文明的进

步，高等教育的普及，我们所面临的家长是一群受过高等教育、每天都在接受新鲜资讯的年轻人。在他们的心目中，他们有强势的资本，所以越来越多的家长在与我们老师沟通时会摆出一副高高在上的样子，他们认为对于教育他们比我们在行，我就曾经遇到过一位这样的家长。

这个孩子的名字叫小松（化名），有一次，为了孩子的学习问题我将他的爸爸请到学校，刚一见面还没等我开口，孩子爸爸就立刻跟我宣扬"因材施教、有教无类"等教育理论，而且说得眉飞色舞，根本不给我开口的机会。当时我就在想，面对这样一位强势的家长我首先得不乱方寸，否则就失去了今天找他来的意义，要尽快变被动为主动。这时我看到了窗外教学楼后面那尊"张衡"的塑像，于是计上心来。我问他："小松爸爸，既然说到因材施教，那么你知道那尊塑像是谁吗？"他想都没想就说是孔子。我告诉他是张衡。这时，他有些不好意思了。借着这个机会，我赶紧将他的注意力转移到我要谈的话题上来，便和他交流了孩子在学习上有待提高的方面和需要家长配合的地方。谈话顺利结束。因此，我在想，面对这种强势型的家长，我们万万不可被他牵着鼻子走，要将他的注意力转移到我们要解决的问题上，这样才能达到与家长有效的沟通。

二、踢球型——充分预设家校共育

为什么叫踢球型家长呢？因为这类家长在老师找到他们沟通孩子的教育问题时，他们总是推卸责任，把教育的责任踢给老师，踢给学校，就像踢皮球一样，就是不从自身找原因。

接下来我们就通过一个案例来看看面对这样的家长我们应该采取什么样的策略。

我们班有一个叫小熙（化名）的孩子，她的书写十分有问题。有一次在批改学生的听写卷子时，我将她的卷子拍照发给她的妈妈，结果不一会儿她的妈妈就给我发来语音信息说：老师，是不是你听写的速度太快了？这一句话就把责任踢给了老师。幸亏之前我跟她沟通过两次，知道她是一个典型的踢球型家长，于是这次在给她发照片之前，我把班级其余43个孩子的卷子也拍照存在了手机里，现在看到她这种反应，我便立刻把其他43个孩子的卷子照片也发给了她，请她自己判断是老师听写的速度快，还是孩子的书写有问题。过了一会儿，她又说：我姑娘平时在家写字挺好的，怎么一到学校就写不好呢？这是第二次把责任踢给了老师。我告诉她：书写是一个习惯的问题，只有老师和家长配合共同督促孩子才能帮助孩子养成良好的书写习惯。这个好习惯一旦养成，孩子都会把字写好。然后她就没有再回复信息。接下来的一段时间里我刻意关注了一下小熙的书写，结果发现竟然有很大的改观，虽然还是不美观，但是却工整了许多。经过询问孩子，我知道了她的妈妈告诉她如果再不好好写字就剥夺她最喜欢的玩具。通过这个案例，我想，面对这种踢球型的家长，我们在沟通前应做好万全的准备，做好充分的预设，同时要让家长意识到孩子身上存在的问题是可以通过家长与老师的配合来解决的，只有家校共育才能达到良好的教育效果。

三、冲动型家长——避其锋芒晓之以理

冲动型家长的特点是遇事不够冷静，不想着解决问题，而是先发泄自己的情绪。面对这样的家长，他们冲动我们就不能冲动，否则是不利于问题的解决的。在他们激动时，我们不妨先避其锋芒，让他们把情绪发泄出来，但这时我们要心平气和，不能受他们的影响，在他们平静之后，我们再和他们讲讲道理，解决问题。

在若干年前我曾经教过一个叫小希（化名）的孩子。有一天中午，小希哭着回来找我，满嘴是血。当时看到他的样子我立刻带他来到保健室，保健老师帮他清理伤口后发现血是从嘴唇上的伤口流出来的，伤口并不深，无大碍，但我还是赶紧电话通知了他的家长，然后又赶紧调查他摔倒的原因，找到了将他碰倒的孩子的家长。不一会儿小希的妈妈到了，让我出乎意料的是小希的妈妈见到我便高声呼喊起来，声称老师处理不当，要追究学校的责任。看到她的样子我便判断她属于冲动型的家长，因此，在她高声叫嚣时我并不与她辩驳，我想待她声嘶力竭之后她必定会有一个疲惫期，我便抓住这个疲惫期下手。果然，过一会儿这个机会来了。我当时并未对她说太多，而是让她先带孩子去医

院请医生做专业的处理，至于责任待孩子的伤口处理好再追究也不迟。大概是觉得我说得在理，她们便听了我的劝告带孩子去了医院，此事暂告一段落。第二天，我主动将小希的妈妈请到了学校，先询问了孩子的伤势，得知孩子并无大碍后我向她交代了昨天处理这件事情的经过，并请她指出我的问题在哪里，有则改之，无则加勉。听我这么说，她大概是意识到了自己昨天的冲动和言行有失之处，于是主动向我表示歉意，我也原谅了她。最让我欣慰的是这件事情的发生并未影响到这个孩子与我之间的情感，很多年过去了，孩子还会时不时地给我打来电话聊天。每当接到这个孩子的电话，我的心中都会涌起一种幸福感，当然与此同时我也庆幸自己当年在面对这种冲动型家长时能够避其锋芒，过后再晓之以理，否则今天怎么会感受到这种幸福呢？

四、暴躁型——心如百炼钢也化绕指柔

这类家长的特点是只要老师向他们反映孩子需要改进的问题，他们便对孩子非打即骂，本来老师的目的是希望他们配合老师尽好家长的职责，结果却给孩子带来了"灭顶之灾"。我就经历过一次这样的事件，这可以说是我教育生涯中一个失败的案例，给了我血的教训。这么说大家可能会觉得我夸大其词，危言耸听，那接下来我就跟大家说一说。

这件事就发生在这个学期初，我们班有一个叫小然（化名）的孩子，这个孩子自律性比较差，本身不爱动笔，不写家庭作业，再加上家长长期对孩子的学习不予关心，所以导致英语单词和语文的基本字词大部分是不会的，于是我找来他的家长，向他如实地反映了孩子的情况，希望他能多关注孩子的学习情况。可是没想到我的这种如实反映却给孩子带来了灾难。第二天课间操的时候，别的孩子都下楼活动了，只有他坐在自己的位置上不动，我便问他是怎么回事，结果我这一问，孩子的泪水一下子就涌了出来，他说他的屁股被他爸爸打肿了，一走路就疼，可是当我问他知不知道爸爸为什么打他的时候他却一脸茫然。他的这种情况对我而言真是当头一棒，我追悔莫及，孩子的伤害已经造成了，无论是心理上的还是生理上的，不管我是出于负责还是恨铁不成钢，我想这次与家长的沟通是失败的，孩子莫名其妙地挨了一顿打却不知自己错在哪

里，我虽然是如实反映情况却并没有达到让家长配合的目的，这怎能不是失败的案例呢？于是，这件事引发了我的思考。尤其是前些日子，学校带我们学习了刘永胜主任的一次讲座后，我豁然开朗了。刘主任在他的讲座中提到了"双赢理论"，是啊，我们与家长沟通的目的要达到双赢，如果只是我们教师单方面地向家长把孩子的问题一吐为快，而不讲究方式方法的话，那怎么能达到"双赢"呢？于是，我在想，如果能早一点听到刘主任的讲座多好，那样我们就会懂得面对这种暴躁型的家长我们做老师的即便是心如"百炼钢"，可是在与家长交流的过程中我们也要化为"绕指柔"，要换一种柔和的口吻，一种家长能够接受的方式，说白了就是"以柔克刚"，一定要避免此类事件再次发生。

最后，希望我们所有的班主任老师都能够运用正确的策略在我们与家长之间架起一座有效沟通之桥，得到家长的配合与支持，这样我们的工作就会顺顺利利，我们也会开开心心，这不就是最简单最真实的幸福吗？老师们，让我们一起幸福地做教师，做幸福的教师吧！

点评

作为中小学教师，不仅每天与学生接触，而且经常要与家长联系。为了促进每一个学生的发展，如何与家长有效地进行沟通，对于教师而言，是十分重要的。面对这一问题，兰老师不仅对学生进行研究，而且对家长进行了深入的研究。

兰老师首先了解每一位家长的性格、脾气和教育背景等，然后根据其特点，分成不同类型且摸索有效的沟通策略。其中包括强势型家长，采取的策略是不乱方寸，移花接木；踢球型家长，采取的策略是充分预设，家校共育；冲动型家长，采取的策略是避其锋芒，晓之以理；暴躁型家长，采取的策略是心如百炼钢，也化绕指柔，取得了良好的效果。

兰老师之所以能够与家长沟通得十分顺畅且有效，其实兰老师付出了许多，自身也发生了很多的变化。兰老师不仅改变了最简单的、习以为常的告状式的沟通方式，而且通过多年摸索，为我们总结和提供了因人而异，从学生优势出发的一系列行之有效的策略。

正是由于兰老师的改变，才有了家长的变化。

北京师范大学中国基础教育质量监测协同创新中心教授　梁威

同频共振搭建多元课堂

重庆市人民小学校　杨莉红

同频才能共振。家长与老师同频，即目标一致、节奏相同，就能迸发出"1+1>2"的力量，增强班级的向心力与凝聚力，最终指向孩子发展。

一、美好意愿，带来同频基础，多元课堂想法萌芽

小学低段学生，对周围的世界充满了好奇，处于对未知世界最有探索欲的时期，在学习国家课程的基础上，还有多方面的成长渴求。小学低段的家长绝大多数都有成为优秀家长的美好愿望，但又不知道从何而为。除了用传统的面谈、家长会、网上聊天等交流方式以外，我试图和家长一同搭建多元课堂，让他们真正地成为教育的参与者，让孩子们的学习空间无限扩大，真实地感受世界为教室、生活即课堂。

"最美的童年在这里发生"是我们学校的办学愿景，"好奇"是学校精神的重要组成部分。作为一所社区学校，家长素质普遍较高，有一定的知识储备和较多的社会阅历。这为搭建多元家长课堂提供了较好的现实基础，于是想法萌芽了。

二、丰富资源，形成同频合力，多元课堂雏形初现

君子性非异也，善假于物也。开发利用好丰富的家长资源，真的能让教育形成合力，为家校同频筑基。

（一）偶然的提议，为孩子认识世界打开更多的窗

起初，只是单纯地想让家长参与到课堂中来。我每周拿出一节辅课，让家长到班上来讲课。西西妈妈是医生，轮到她到班上讲课时，她说她想结合自己的专业给小朋友们讲讲细菌的知识。她从小朋友能看懂的《人体百科全书》引入，讲到人体内的细菌，再告诉小朋友怎么和身体里的细菌和平共处，最后推荐了微电影《细菌大作战》。我发现这部分知识在学校的传统课堂上是很少涉及的，西西妈妈一讲，小朋友们收获可真不小。我茅塞顿开，每一位学生家长来自不同的行业，从事着不同的职业，其中不乏行业的精英、道德的模范，有丰富的人生阅历和广泛的兴趣爱好，如果他们都来到课堂上，把自己所长，讲给孩子们听，那孩子们将接触到多少传统课堂上学不到的东西啊！这些东西会不会像一粒粒小种子在孩子心里发芽，有一天，当环境适宜的时候，长成大树呢？

（二）用其所长，让家长课堂内容丰富起来

我告诉家长们不需要去刻意寻找讲课内容，就讲自己最擅长的，认为对孩子们有益的内容。有学历史的家长为孩子们讲《历代帝王服饰研究》，有擅长画画的家长带领孩子们用吹塑纸体验版画的制作，有在摩托车厂上班的家长为孩子们带来专题讲座《摩托车的过去与未来》，也有全职妈妈的家长，她带着孩子们一起制作零添加的健康奶茶……孩子们很高兴，都盼着每周三的家长课堂，有孩子问，什么时候才轮到我妈妈呀？家长们很认真地准备，因为最终受益的是自己的孩子。有的家长还很兴奋，可以当老师，看看孩子们在课堂上的表现。还有的家长说，来当一次老师才发现要搞定这些小家伙还真有点辛苦。似乎家长和老师的距离更近了，因为借助家长课堂这一平台，家长和老师有更多时间进行更深入的交流；学生和家长的距离更近了，看到自己的家长来上

课，感觉挺自豪的，表现也更好了。家长和老师逐渐同频。

（三）走出校园，生活也是教育大课堂

家长们参与到课堂中来，你会发现他们的潜力是无限的。一位在图书馆工作的家长说他们图书馆每年都有针对小学生的开放日活动，于是在开放日当天，我们的课堂移动到了图书馆，在那一天，孩子们学会了如何有效地检索借阅图书。一位在四川美术学院工作的家长说四川美术学院的春天有种艺术的美，于是我和家长们一起准备，春天利用周末的时间在四川美术学院和孩子们一起找春天、聊春天、诵读春天。有一位家长对重庆历史和地理很感兴趣，于是他带领同学们到了重庆最高的建筑——重庆环球金融中心，去鸟瞰重庆并讲解重庆的前世今生，使孩子们更爱自己的家乡。

让孩子见多识广不再是老师一人的美好意愿，家长们参与进来并积极地作为，在一系列的活动中，不仅组织课堂的家长与老师同频，而且参与课堂的其他家长也在一次次活动中看到孩子的成长，更愿意把心思花到家长课堂中来。因为部分优秀家长的榜样示范作用，更多的家长知道该怎么去做更好，越来越多的家长和老师同频，教育有了更多的同盟军，课堂走出了书本、走向世界、走进了生活。

三、有章可循，加速同频共振，多元课堂搭建而起

无规矩不成方圆。有规矩、有规则就会有章可循，让教育，让课堂不是某一人，某一次的突发奇想，而是形成长期的有效机制，长期地滋养孩子、润泽孩子。

（一）以点带面，共同制定课堂实施方案

因工作的调整，我将重新带一个一年级，有了之前家长课堂的经验和学生们的受益，我决定把这个事一直做下去。首先选出9名家长代表告知他们之前家长课堂的做法，并把课堂照片一一进行了展示。此举得到了他们的认可，为

同频打下了基础。其次，我们讨论了活动实施的细节，讨论中最有见地的两名家长和我一起制定了书面的家长课堂方案。我们细化了选题内容，把其分为：常识方面，如礼貌礼仪、安全、儿童理财、健康卫生等；职业特点或兴趣爱好方面，如飞行员、警察、工程师等或绘画、手工、唱歌、乐器、舞蹈等；当月的主题节日，如中秋节、国庆节、圣诞节、春节等；讲故事方面，如读绘本、童话、小说等。家长课堂的老师人选不限于学生家长，也可将身边的能人高手请进班级课堂。课堂原则上每月一次，一堂课40分钟，每次由一名志愿者负责家长课堂活动的安排、组织、摄像工作。开学一个月内由志愿者服务小组向全体家长征选主题。最后，方案制定后家委会会长在班级QQ群宣布，由9名家长带头实施。因有章可循，家长课堂快速搭建起来。

（二）逐步实施，搭建长期课堂运行机制

9月制定方案、征选主题，10月结合国庆节主题由武警战士给孩子们进行爱国主义教育并对刚进校的孩子们进行简易的军事化训练。11月一位妈妈给孩子们讲安全常识，让一年级的小朋友提高安全意识，因邻近期末，12月和1月合并，一位妈妈给孩子们讲圣诞节和中国传统节日文化比较，孩子们邀请爸爸妈妈来课堂观看以小组为单位自编自导自演的庆祝会。另有全班参与的亲子植树课堂、风车制作物理小课堂、母亲节感恩课堂等。每次课后我会让孩子们回家向家长口述当天的活动或用一两句话记录当天的课堂。一年下来，孩子们感受了多元的家长课堂。由此，家长课堂的长期运行机制建立起来了。

（三）正向同频，形成向上生长力量

一次次的家长课堂为孩子们打开了一扇一扇的窗。丰富多彩的世界成为孩子们的教室，生活中的课堂指向孩子们更好的生活。越来越多的家长和老师同频，心往一处想，劲儿往一处使，希望给孩子们提供更多更好的课堂，此举也吸引了那少部分有点临频或者逆频的家长主动调频加入家长课堂，参与到孩子的教育中来，进而形成了更强大、节奏更快的教育共振力场。而这犹如振翅的蝴蝶，这些家长课堂所带动的是整个班级团结协作积极向上的风貌，是家校之间更多默契的配合与向上生长的力量。

同频共振能产生更强大的力场。笔者以家长课堂的搭建为平台，让家长们更加齐心协力服务于班级的发展、学生的成长，从而产生强大的教育力场。核心素养以培养"全面发展的人"为核心，多元课堂能为孩子的全面发展播下更多可能性的种子。整个过程中不仅请家长进课堂，而且把家长看作一个教育合作伙伴，让家长参与到教育活动中来。这种参与不是简单的进入，而是形成一种良性机制以促进学生发展。多元课堂带给学生未来生活更多的可能性。

点评

　　在学校课程建设中有这样一句话："家长是重要的教育资源。"作为教育者应挖掘家长中的这种资源，为孩子们的健康服务。杨老师正是落实了这一点。"多元课堂"是教师自我开发的"班本课程"，它紧紧围绕学校倡导的"最美的童年在这里发生"这一理念，其目的是让全班的孩子开阔视野，广泛接触社会，在童年留下更多的美好记忆。

　　多元有三层含义：一是指课堂的授课者来自家长，即来自各行各业；二是讲授的内容丰富多彩，从自然到社会；三是学习的场地不局限于课堂学校而是整个社会。

　　"多元课堂"实际上是综合课程，有关知识，有学做人，而更多的是让孩子更全面地了解认识世界，为后续人生打好初步基础。同时，该课程与班级教育活动，与家校共育融为一体，收到了良好的教育效果。

中国教育学会小学教育专业委员会常务副理事长　刘永胜

家长角色大变身，携手家校育优才——以"家长夜校"为例

重庆市永川区兴龙湖小学校　王农川

家长是孩子的第一任教师，家庭是孩子成长的第一片沃土，家庭教育和学校教育对孩子成长有重要的影响。如何调动家长参与教育的积极性，充分发挥家长在教育中的作用，形成家校教育合力，是每一所学校要研究的课题。家长为了生计或发展事业，想通过学习提升自己的家庭教育水平，但苦于没有学习时间和机会。为了解决家长的工作和学习教育之间的矛盾，我校积极开设家长夜校，以家长夜校为载体，转变家长角色，提升家长教育水平，形成家校教育合力，激发教育活力。

一、家长做学生，背着书包上夜校

晚上7点多钟，正是人们在家里看电视或到公园散步的时候，但在我校，依然热闹非凡，4000多名家长带着笔和本子，背着"书包"来上学了。

每次家长夜校授课内容怎样确定呢？学校采取"点餐式"授课，在授课前进行调研，根据家长的学习需求，确定3～5个主题，围绕主题进行授课，实现"因需施教"。

李玲是一年级刚入学学生的家长，她很年轻，面对孩子第一次入学，因此很紧张，甚至有些不知所措。对如何当好一名家长，她一片茫然，于是在班主任针对家长夜校授课内容的调研中，她提出了自己的困惑。她的困惑引起学

校重视，学校开学初，首先给一年级新生家长举办了第一次家长夜校，授课主题分别有"一年级新生入学须知""牵着蜗牛散步""一年级孩子重点培养的行为习惯"等。这可乐坏了李玲，她如饥似渴地学习起来。李玲在课后激动地说："第一次当家长我充满迷茫，甚至不知所措，听了这次培训，感觉就是专门为我准备的，这样的培训真是雪中送炭啊！"

胡忠才今年60多岁了，儿子、儿媳都在外上班，不能天天照顾孩子，把7岁的孙女交给了他。他说："儿子教得好，孙女不一定教得好，现在的'娃儿'不听话，特别是我们老人的话更不听。"如何带好孙女，成了他焦虑的事。班主任得知后，立即向学校提出建议，学校进行了调研，发现隔代教育很普遍，就算父母在身边，爷爷奶奶、外公外婆也会参与家庭教育。在接下来的一次家长夜校中出现了胡忠才感兴趣的教育话题——如何让隔代教育不隔代。那次家长夜校令胡忠才终生难忘。培训结束后，胡忠才无限感慨地说："教儿子都没有这么认真学习过，原来教儿子是想怎么教就怎么教的，现在为了带好孙女，60岁的我又当起了'小学生'。确实是时代在变，教育方法也必须要变。"

通过家长夜校的开展，家长们渐渐达成了共识——想要当好家长，首先要当好学生。

二、家长当先生，登上夜校大讲台

"家长夜校"办起来了，谁来给家长们上课呢？学校邀请全国著名家庭教育专家给家长上课，引导家长转变教育观念，提升思想认识高度，丰富教育理念。同时由学校优秀教师针对本校家长实际需要进行授课。不过最多的"培训专家"来自家长，为此学校形成家长资源库，将家庭教育做得好的家长、博士家长、教授家长等汇聚起来，邀请他们走上夜校讲台，重点分享成功家庭教育案例，以案例分析的方式，进行方法指导，家长戏称"以案说法"。这样的培训接地气，因为优秀家长就在身边，不仅指导了方法，而且也起到了很好的榜样作用，所以更容易产生教育共鸣。

家长王忠兵的孩子学习习惯特别好，他就在一次家长夜校上对同年级家长进行主题为"好习惯怎样养成"的发言,深受家长欢迎。家长马晓凤出身书香门第,孩子在他的培养下爱上了阅读,小学三年级就阅读了大量的名著,学校便邀请她到家长夜校上开展了主题为"阅读伴成长"的讲座。一年级家长普遍感到孩子入学的养成好习惯的教育很困难,于是学校从刚刚升入二年级的家长当中选择了5名做得好的家长,从"入学要有仪式感""如何做个会收拾的孩子""如何让孩子爱上学习""怎么交朋友""小学与幼儿园的不同"5个角度对一年级家长进行经验介绍,整体提升了一年级家长入学养成教育水平。

每一期家长夜校都可以邀请5~10名家长来开讲座,围绕设计的3~5个主题,开展研讨式培训。每位家长时间限定10分钟,一期家庭夜校培训时间不长,但内容丰富,角度全面,让家长满载而归。听众家长收获大,开讲座的家长更是受到激励,家长们的积极性在一次次交流研讨中、一次次培训提升中得到调动。

三、家长当顾问,教育热线启心灵

教育是长情的陪伴,是长久的润物无声的事业。家长虽然在夜校学到了不少,但是最关键的还是教育实践,家长在家庭教育中面临的问题随时会发生。

为此,家长夜校开设了教育热线,由优秀教师和有经验的家长组成夜校顾问团,家长每晚7~9点可以打电话咨询当天遇到的教育难题。夜校顾问团成员每天设值班顾问3名,其中包括1名教师、2名家长,顾问团共60余人,每位顾问团成员每3周左右值守一天,这样既避免给顾问团成员带来负担,又为全校家长提供了丰富的咨询资源。

家长张晓丽就是家长夜校热线的受益者。她的小孩子明明在上小学一年级时特别喜欢打同学,三言两语不合便对同学拳脚相加。原来张晓丽的丈夫在外地工作,一年也回不来两次,教育孩子及照顾老人的重任就落在了她一个人的肩上,同时还要工作。因为压力大,也因为本身性子急,张晓丽教育孩子的方式就比较简单粗暴。后来,班主任告诉她:"急性子的家长很容易培养出急性子的孩子,家长要学会'牵着蜗牛散步',要静待花开。以后教育孩子再生气，首先深呼吸，等心情平静了，就给我或者给夜校顾问打电话交流。"于是，张晓丽再遇到想不通的问题，心里很着急时，第一时间给班主任和夜校顾问团打电话，通过一次次的交流沟通，张晓丽终于能冷静地直面孩子的教育问题。她变了，孩子也变了。明明渐渐改掉了爱动手的坏习惯，性子也没那么急了。夜校教育热线如一缕缕阳光照亮家长，温暖孩子的心灵。

家长夜校的开设，实际上是给家长搭建了一个共同成长的平台，在这个平台上，家长们可以互相学习、互相交流、共同提升，家长夜校成了由学校、教师和家长组成的"学习共同体、成长共同体"。这一过程，家长的角色成功转变，家长成为学生，也可能成为"专家"，最终大家都成为教育的学习者，成为学习型的家长。角色的转变，促使意识的转变，即家长进一步强化了主角意识，他们更加清楚地明白了"家长是孩子第一任教师"的内涵，意识到自己就是孩子教育的主体，自己应该成为学校教育最有力的支持者。意识决定行为，意识的转变，使家长的教育行为在悄无声息中转变。家长变被动接受为主动思考，变不知所措为迎难而上，家校教育因此形成合力，促进教育发展。

点 评

对家长进行专业引领，是现代学校的职责。许多教师常抱怨，家长对学校工作不支持，对老师不理解。那么反问，我们对家长有哪些专业引领？现实社会的家长文化水准得到了一定程度的提高，但毕竟不是专业教育工作者，对教育的解读往往有偏差。这就需要学校，需要老师对家长进行专业引领。兴龙湖小学的"家长夜校"不失为一种好的做法，通过一期"夜校"向家长宣传教育法规，解读学校的改革，传授教学方法，听取家长心声，可以使家校真正携手育人。该校的"夜校"聘部分家长走上讲台，相互交流，相互鼓励，收到好的效果。组建家长"顾问团"，开辟教育热线更是针对热点问题，加强沟通，共同提升的好平台。

除"家长夜校"之外，各个学校要开好每学期的家长会。家长会一定不要多种一个调，泛泛谈学校教育，而是每次都有主题，针对家长关注的一个问题予以解读，或授以若干方法。这样，每次家长会就是一次家长的全员培训。

中国教育学会小学教育专业委员会常务副理事长　刘永胜

我的寒假创意菜单

内蒙古巴彦淖尔市第二实验小学　吕春燕

忙碌的2018年已经过去了，寒假悄然到来。说起寒假，我首先想到两个字——轻松，但职业（班主任）的习惯，忍不住还要多管"闲事"，操心孩子们的假期。

想放松，但不敢放松，这恐怕是绝大多数人持有的一种矛盾、纠结的心理。其实，人生就是在纠结中一寸一寸度过的，没有无缘无故的获得，也没有轻松的获得，所有的成长都必须付出努力和辛劳，于是我开始思考，应该给学生布置什么样的寒假作业，才能让我或者我的家长们心安？

于是，我想到设计四份菜单，供家长、学生选择。因为是寒假，自然要考虑到年俗，我千万不要把孩子们的任务安排过重，所以在具体操作过程中一定要遵循适度性、选择性和灵活性原则，因人而异。

要适宜，首先要了解每个家庭每个孩子的不同情况。所以，我让每位家长协助孩子制定一份假期计划表。我先拿自己的孩子做了示范，把我给孩子制定的计划表发到班级群，家长们一目了然，很快就给自己的孩子完成了计划。

这其实就是我要布置的第一份菜单。

菜单一，我计划，我执行

要求先做短期的，也就是一周的，如果执行顺利，可以继续执行，如果有变动，要及时调整。总之，有计划，才有方向。于是，孩子们纷纷开始制订自己的计划。我大致浏览了一遍，大部分计划还是比较切合实际的，可操作的，但愿他们能够很好地执行。

菜单二，读书，读"我"，读父母

（一）读书

在书籍的丛林中，一字字、一行行、一段段、一页页，会带你认识越来越多的朋友，循着文字铺成的路，走向远方，也走向了自己的内心世界。大阅读推荐了适合我们三年级阅读的八本书，《明天要出大事》《好习惯很重要》《义虎金叶子》《奇怪的包裹》《暖狼》《石榴灯的秘密》《橡皮镇传奇》《懒猫伊万内奇》。且不说哪本书必读，哪本书选读，以我的性格，我会用各种方式"诱导"孩子们都读。当然，每个孩子能力不同，有人可能几天读完，有人可能整个假期都读不完。没关系，读书的好处和重要性我已经告诉他们了。不读可是他们的损失哦！我会用委婉的语言告诫他们。我也经常在班级群帮家长做一些规划安排，偶尔也会用"温馨提示"检查阅读情况。

（二）读"我"

其实有这个想法，因为期末考试刚结束，又逢元旦，接着是春节，我不想家长和孩子们因分数影响假期生活。这项作业其实是布置给家长的。我请家长列举孩子的10个优点，发到班级群里。很有意思的是，先发出来的是几位爸爸。我还做了点评，其实是动员，让更多的家长能够勇敢地发出来。我们这一代人其实很含蓄，尤其是对孩子的夸奖很吝啬。有几位家长就私下告诉我：哪有优点，满脑子全是缺点。我会打趣地询问：是亲生的吗？就这样，只要有人发，我就及时点评回复，最后所有家长都完成了这项作业。

（三）读父母

为了明确我的本意，我发了很长一段导语：阅读父母，了解父母，父母小时候都吃什么，玩什么，上学都学什么？放学后都有什么活动？他们犯过错吗？被自己的父母批评过吗？说过谎吗？成绩如何？得到过什么奖励？受过什么处罚？他们和爷爷奶奶、姥姥姥爷之间有矛盾吗？他们曾经觉得父母不理解自己吗？他们是怎样处理这些矛盾的？可以和父母聊聊天，也可以静静地观察父母，你可以做一份调查报告，也可以用文字记录下自己的感受。当然，报表我也设计好了，并嘱咐了家长一句：周末了，陪孩子聊聊天吧！同样，家长们完成得特别好，都回复了，并填了表格，而我更关注的是，孩子们真了解这些情况了吗？家长陪孩子聊天了吗？开学后我要调查。

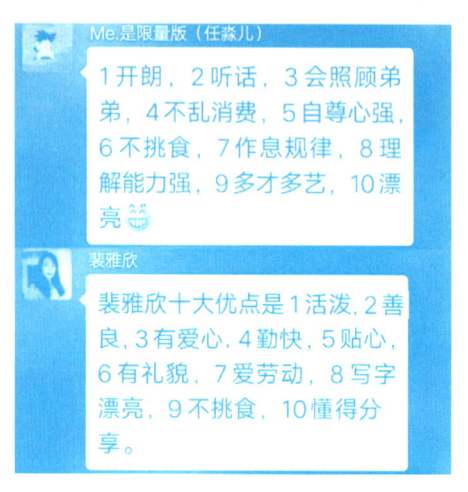

图1

图2 图3

菜单三，家务劳动，人人有责

"腊月，是家长们最忙碌的时间，各种过春节准备工作，其中大扫除必不可少，看着爸爸妈妈忙里忙外，我们作为三年级的孩子，也能帮很多忙了，那么，我要怎样做呢？请爸爸妈妈把我做的事拍成照片或小视频发到班级群，我们互相比一比，看谁是最勤快的孩子，谁是家务小能手。"此项作业一布置，家长们成了受益人。有几位家长发了很长的感言，让我感动。看到我的孩子们都那么能干，我也由衷喜悦，也许，这也是一种幸福。

菜单四，我眼中的中国年

没有太多煽情，几次作业布置下来，我已和家长们心心相通。我提出要求：请大家拍摄和年有关的照片或视频，让我们在班级群里共享中国年。家长们比我想象得有创意多了，利用各种有趣的手机软件做的拜年小视频，妥妥地展示了孩子们的才艺。

啊！我布置完了一身轻松，收获了那么多惊喜和感动，让这个假期充实而有味。我始终相信，所有深藏的感动，总有一天会发芽。所谓幸福，不过是生活中点滴的美好与感动。

点 评

假期在许多人心中是为了孩子休闲娱乐、放松身心，特别是寒假，时间短，又逢中国传统的春节，所以我们往往会忽略假期特别是寒假对孩子成长的重要作用，也会忽略寒假其实是家校合作的天然场所。而本文的这位老师是一位有心、有智慧的老师，她为孩子们设计的四份菜单值得老师们学习和借鉴。

寒假开始了,"我应该给学生布置什么样的寒假作业,才能让我或者我的家长们内心踏实与心安?"带着这个朴素的问题,吕老师设计了四份菜单,供家长、学生选择。菜单一,我计划,我执行;菜单二,读书,读"我",读父母;菜单三,家务劳动,人人有责;菜单四,我眼中的中国年。这四份菜单巧妙地利用了春节这个中国传统佳节所赋予的教育作用,教师在让孩子完成这些作业之余很好地达到"育人"的效果。第一份作业,培养孩子时间管理的能力,让孩子在假期能养成自主管理的好习惯;第二份作业,让孩子在假期既能养成阅读的好习惯,又能更好地理解自己、了解爸爸妈妈、体会爸爸妈妈工作的艰辛;第三份作业,让孩子认识到自己作为家庭一分子应该尽到的责任,也让孩子热爱劳动、掌握一定的劳动技能,同时增进亲子关系;第四份作业,让孩子认识和认同中国传统节日的魅力,体味中国传统文化的内涵与力量,也体会生活的美好和快乐。为吕老师的四份菜单点赞!

北京师范大学中国基础教育质量监测协同创新中心教授　边玉芳

利用现代信息技术进行家校合作
——矫正小学生拿他人物品的行为

上海市虹口区第四中心小学　周备峤

儿童在其发展的过程中，最先融入的环境是家庭。家庭教育对儿童起举足轻重的作用。许多家长对儿童的教育存在心有余而力不足的现象，即不知如何采取正确的教育方式引导学生成为理想中的样子。因此，我们计划利用现代信息技术开展家校合作，给家长提供切实可行的教育方法，纠正学生的不良行为，形成教育合力，实现家校共赢，推动学生的全面发展，个体与社会的协调统一。

一、个案背景

（一）基本背景

1. 基本情况

个案姓名：小佳

性别：女

年龄：7岁

年级：一年级

辅导时间：2018年9月—2019年1月

2. 性格特征

★学生小佳在家十分任性、在校霸道，只要是自己喜欢的物品都会占为己有，生气时会动手打人；

★看见同学一些新奇的物品总忍不住要去"拿"；

★争强好胜，喜欢自主管理同学，有时会私拿老师的章为自己或他人盖章，也会带一些手工纸分发给周围的同学，希望赢得老师和同学的喜欢；

★每当犯错误时，总是推卸自己的责任，否认自己有不当行为；

★学习自主意识较差，上课容易走神，好啃手指、转头与左右说话；

★字迹端正，有一定的上进心，希望得到老师的赞赏与肯定；

★上语文课时，总是高举小手，积极响亮回答老师的提问；

★喜欢画画、折纸等手工活动。

3.主要事件

开学初，小佳已有私拿他人物品的行为但家长及老师都不知情。随后的一段时间内，有多位家长和学生反映小佳有"偷窃"行为，老师也渐渐发现以往放在讲台前的食物是小佳悄悄拿走的。几位脾气较为急躁的家长更是在微信群中肆意指责小佳家长，认为小佳有品德问题。鉴于此，班中许多学生排挤、讨厌小佳。

（二）背景资料

1.家庭背景

小佳的老家在安徽，父母多年前来沪创业，家中有两个孩子，小佳是家中较小的孩子，父母长辈对其疼爱有加，并且告诉孩子在学校要信奉"以牙还牙"的原则。由于父母经营公司，家庭相对比较富裕，尽可能满足小佳的一切物质生活，但是疏于对孩子品德教育。

2.学校背景

（1）学校大环境

某小学是一所公办学校，基础设施、学校风气、校园环境都十分好，是育人的好场所。

（2）班级小环境

一（3）班是一个团结友爱的集体，学生淳朴善良，都有强烈的上进心。多数孩子与家长都喜欢与学习优秀、老师喜欢的学生交流接触，小佳的学习并不是很突出，也比较好动、话多，很难融入班级氛围中。个别老师对小佳私拿他人物品的行为进行口头教育，但孩子只在表面顺服，内心排斥，所以教育没有效果，不少老师和家长有种"哀其不幸，怒其不争"的失望心理。

二、问题分析

我一直认为小佳这种行为与"偷窃"是有区别的，不能给她扣上"小偷"的帽子，这主要是她在成长过程中出现认识偏差造成的。特别是她的物品归属意识和自控能力。我认真分析了其中的原因。

（一）家庭因素

家长溺爱：小佳是家中较小的孩子，家人都很惯她，所以对小佳的不良行为管教不严，甚至有袒护现象。

家长错误的处事观念：孩子的母亲文化程度较低，父亲虽有一定文化但视女儿为"掌上明珠"，不准女儿吃任何亏，自以为"以牙还牙"是解决事情的最好方式，导致女儿为人霸道、不讲理，甚至有时会动手打同学。

（二）学校因素

1.同学、家长的排斥

小佳的学习不优秀，又多次私拿他人物品，其他孩子的父母都要求远离小佳，不愿和其做同桌。家长的思想潜移默化地影响着班级中每个孩子。无论小佳如何积极表现或带手工纸讨好同学，大家都予以否定。

2.老师批评

小佳希望得到老师的认同，博得老师和同学的喜爱，而每当其学习有进步时，部分老师并未及时让家长知晓或当众表扬。相反，一旦她有错误或行为失控时，缺点和问题就会被无限放大，造成小佳自尊心受挫，封闭和保护自己。

（三）由于前两者的因素造成小佳产生以下心理

1.自我为中心

家人对小佳的溺爱导致孩子事事都以自我为中心，让小佳形成了人人都应该听从自己，只要自己喜欢的就一定要得到的偏差观念。

2.恐惧心理

由于做了错事，害怕身边的人知道，小佳担心谎言被拆穿后又受同学和老师的指责，所以她总是说谎、推卸责任。

3.侥幸心理

因一开始小佳拿同学的铅笔、橡皮擦等物时，没有被发现，发现了也说谎是自己买的，同学也未及时和老师反映，久而久之滋长了她随意拿他人物品的侥幸心理。她认为只要自己不承认，拿别人东西是没有什么后果的。

4.自控力不强

她容易受别人新奇的东西诱惑，特别是当别人不给她玩的时候，她"拿"的意识较为明显。

三、利用现代信息技术进行家校合作、共同商讨，摆脱心理困扰

我利用微信、班级博客等现代信息技术及时与班级家长有效沟通，共同努力，帮助打开孩子的心结。我主要做了以下几方面的工作。

（一）利用班级博客及时表彰孩子优点

每个孩子的父母都希望老师能发现孩子的闪光点，小佳的父母也不例外。我抓住每一次表扬孩子的机会，将她和其他孩子的点滴进步记录到班级微博中，如小佳的每一次写字或美术作业完成良好，认真打扫教室的模样，争当语文小明星的光荣时刻。我的目的在于提升小佳在班级的公信力，让其他家长也能用正面的眼光看待小佳的成长。只有他们的思想改变，他们的孩子才能逐渐从心底接受小佳。同时也取得小佳父母对我的信任，以便我和他们沟通小佳的不良行为。

（二）架起沟通的桥梁，用微信向家长反映学生在校情况

有调查显示，大部分家长都很惧怕收到老师的消息或电话，原因是这些电

话和消息总是传递子女在校的负面消息，这对家长配合老师的工作产生一定的副作用。因此，我在平时留心观察孩子们的闪光点并及时与父母交流、表扬，尤其是问题孩子，要多向父母传递正能量信息，而不是只有当他们犯错时再和家长联系，这会让家长对你产生"敌对"心理，我们要试着让家长和你站在同一"战线"上。

在发现小佳有不当行为后，我耐心地教育过小佳几次，先消除她的恐惧心理再告诉她这种行为的严重性。更重要的是我开始留意和观察小佳的种种行为，多向小佳父母传递孩子的信息。这样做的好处是成功让家长与你"联盟"共同纠正小佳的不良行为。小佳在老师和父母的共同约束下，渐渐明白私拿物品的严重性，不良行为和自控力得到很大的改善。但在这之后，我收到小佳母亲的一通电话，她的母亲情绪很激动，原因是小佳同桌的母亲在班级群里公开指责孩子有"偷窃"行为，希望我为小佳讨回公道。我一言不发，认真倾听小佳母亲的抱怨后，开始表明自己的立场："我很理解你目前的心情，换作是我，听到这样的话也会难过。我认为小佳目前处于成长期，说是'偷窃'很不恰当，在我心里，她真的是一个好孩子。"听完我的话，原先感到愤愤不平的母亲，语速变得缓和了许多，也感谢我的理解。随后我又补充道："孩子难免会犯错误，小佳也不断在改进，但毕竟年龄小，自控力差，据我所知，小佳在上课期间未经同学同意屡次拿他人物品，其他孩子开始渐渐不信任她……"我开始把自己所知道的一些情况如实地告知家长并向他们阐述这些行为对小佳带来的种种负面影响（小佳母亲渐渐意识到自己在教育孩子方面确实存在问题），希望他们能和我一起教育小佳并表示我会尽自己最大努力改善其他孩子对小佳的偏见。在沟通期间，家长并未出现排斥或不服心理，反而耐心听从老师的建议，这无疑产生了事半功倍的效果。

（三）主动融入班级 QQ 群，营造"和谐"氛围

在处理小佳的事件中，我调动家委会资源，邀请几位比较信得过的家长一同与我管理班级群。当不利于班级和谐之声出现时，他们成为阻止负面舆论的"主力军"，维护班级的"和谐"，而我则私下找小佳同桌的母亲交谈，说服及请求她当遇到问题时可以主动与老师联系而并不是肆意在群里发表言论。同时为了提高小佳在班级的公信力，我试图帮助小佳展示自己的画画天赋。在校

"爱心义卖"评选优秀海报设计的活动中，我号召有画画特长的孩子积极参与班级海报设计，也鼓励小佳参与："小佳，麻烦你过来一下，好吗？"（小佳眼神中略有不安）接着我说："老师发现你画画很有天赋，愿意参与这次'爱心义卖'的海报设计活动吗？"她突然眼睛发光，兴奋地点点头。随后我又说道："可是，老师最近却有一些困扰，不知道小佳能帮我吗？"她满脸好奇地（基于前面小佳犯错误时，我多半是用宽容和理解对待她，已经取得了她初步信任）问道："是什么事呢？""就是这次的海报比赛我们是投票选出最好的作为参赛作品。但是，小佳平时喜欢拿他人的东西，这一点让其他孩子不高兴了，老师很担心因为这个他们不再信任你，导致小佳的作品落选。"她脸一沉，若有所思。此刻我马上说："老师有个好办法能帮助你，不过……"她两眼放光，激动地问："是什么？""首先，从现在起你保证改掉随意拿他人物品的坏习惯，这是一个可怕而又不好的习惯。你知道的，那样不但会失去朋友还会让自己受伤，其余的事就交给老师吧，我相信你，也希望你相信我，只要你保证改掉坏习惯！"她使劲点点头。之后，我将学生设计的海报拍成照片并隐去了每个孩子的真实姓名（只有作品编号），将它们放到班级群中，要求家长和孩子自主投票选出我班的优秀海报。我还告诉参赛选手，不得向班中其他家长和孩子透露自己的作品编号，否则将取消参赛资格。孩子们都遵守规则，保守秘密。幸运的是小佳作品的得票数最高，这也证实了小佳的画画实力。当我揭晓这幅作品是小佳画的，很多孩子都吃惊极了，但是这是他们自己的选择，结果无可改变。

就这样，我有效利用班级群，成功将其变为传递正能量的平台，也为小佳打了一场漂亮的"翻身仗"。

四、初步结果

（一）孩子自控力明显得到提升

小佳很少会私拿他人物品，而且当桌上出现不属于自己的物品时，立即交给老师。

（二）愿意和老师交谈、亲近

学习兴趣明显提高，小佳每天都能按时完成作业，新学的知识掌握得也不错。

（三）与同学关系得到改善

画画能力得到多数孩子的认可，其他孩子在老师的引导下也渐渐意识到不该用"有色眼镜"看待小佳。

五、从此案例中引发的几点思考

（一）健全的心理比成绩更重要

有些老师总是告诉学生：只有成绩决定着他们的未来。然而，我认为成绩并不是决定人成败的关键。一个孩子拥有善良的品格、健康的身体和良好的综合素养才是我们培育的重点。

每一位班主任都应该明确自己是学生的心理顾问及心理保健医生这一特殊角色，应及时发现他们的心理问题，利用班集体的优势和特点，向学生进行心理教育，满足其心理需求，增强学生承受各种心理压力和处理各种心理危机的能力，提高心理素质，以迎接未来社会的严峻挑战。

（二）心理问题别当作品德问题来看待

许多孩子的内心是单纯的，孩子会随意拿他人物品只因为他们喜欢。身为老师的我们切不可以将这样简单的想法夸大、更不能将它视为品德问题。低年级的孩子思维简单并未形成自己的道德价值观，老师应当及时纠正学生不当行为，利用家校合作、家校平台引导学生走向正轨。

（三）请相信每个学生真的是好孩子

"你真的是个好孩子。"这是《窗边的小豆豆》一书中，校长先生对小豆豆最常说的一句话，正是这句话改变了小豆豆的一生。作为教育者，不要随意为身边的孩子贴上"差生""捣蛋鬼""坏孩子"等标签，要相信教育能挖掘每个孩子的潜能，教师富有艺术的教育方式会让孩子受益一生。他们都是好孩子，只是你用对教育方法了吗？

（四）请对自己的教育负责

学生的教育是谁的责任？让我们先来看一组某小学的调查数据：

表1 某小学有关学生教育责任调查数据表

身份	责任划分 项目	A 完全是老师的责任	B 完全是家长的责任	C 家长和老师都有责任，但家长责任更大	D 家长和老师都有责任，但老师责任更大	E 无所谓
家长	人数	16	7	140	69	3
	比例	6.6%	3.0%	58.1%	28.6%	1.2%
老师	人数	—	—	41	10	—
	比例	—	—	80.4%	19.6%	—
学生	人数	1	8	178	81	25
	比例	0.3%	2.7%	60.5%	27.6%	8.5%

苏霍姆林斯基认为："没有家庭教育的学校教育和没有学校教育的家庭教育，都不能完成培养人这一极其细致复杂的任务。"学校教育和家庭教育是培养完整的人的主要因素，两者相辅相成，缺一不可。从表1可以看出无论是家长、老师、学生都偏向于选C。这也就是说，如果家长认为自己对于孩子的教育责任更大会使家长对孩子的教育持积极主动的态度。反之，如果认为老师的责任更大则会影响学生对于学习的积极性。

"闻道有先后，术业有专攻。"其实，对于学生的教育老师和家长各有责任，只是分工不同。教师的教育是一项有着明确教育目标的专业教育，家长的教育是与子女长期共处的亲子教育。教师与家长不但要各司其职更要紧密合作，这有助于矫正特殊学生的不良行为。

点 评 >>>>>>>

在每个学校、每个班级总会有几个特殊的孩子或面临一些特殊的情况，老师和班主任如何对待他们、处理他们的问题是教师专业能力和教育智慧的体现，更是教师教育观、育人观的体现。本文中周老师面对的就是一个特殊孩子的问题，一个7岁一年级女孩子小佳不仅有平常随便"拿"别人东西的现象，而且在学校也比较随心所欲，不受同学欢迎，不能融入班级集体，老师一般的批评教育没有起到应有的效果，更"头痛"的是小佳的行为受到班级其他同学的家长公开指责，认为小佳有品德问题，几位脾气较为急躁的家长还在微信群中肆意指责小佳家长……

如何看待小佳的行为？如何改变小佳的行为？周老师在这个案例中给我们做出了回答。周老师认为，小佳这种行为与"偷窃"行为是有区别的，不能扣上"小偷"的帽子，这是她在成长过程中出现认识偏差造成的，是她的物品归属意识和自控能力不足导致的。周老师这样解释小佳的行为，是她有正确儿童发展观的体现。

接下来，周老师利用现代信息技术如班级博客、微信、班级 QQ 群等多种方式开展家校合作，一方面，通过班级 QQ 群、班级博客让全班同学及其家长正确认识小佳和小佳的行为，为小佳的成长提供良好的环境；另一方面，与小佳家长紧密配合，与他们一起商讨切实可行的教育方法。通过多管齐下，不仅很好地纠正了学生的不良行为，还形成了家校教育合力，实现家校共赢，为全体学生的全面发展创造了条件。

北京师范大学中国基础教育质量监测协同创新中心教授　边玉芳

"3+365天"：永不落幕的"劳动节"

上海市青浦区实验小学　朱丽叶

一、"一份"值日工作

"朱老师，我……我的作业来不及……"小琪见了我支支吾吾，"我马上就要把讲台擦干净了……"

午饭后，我准备进教室，站在走廊，发现其他孩子都已经在座位上埋头写作业了，唯独小琪正在擦讲台，要知道刚刚我离开教室的时候她已经在擦拭了，现在已经过了十多分钟。我皱着眉头走进了教室，刚想说些什么，但看着眼前的一切，我什么都明白了：一瓶洗洁精，一块湿漉漉的抹布，一张满是泡沫的讲台，一个手足无措的小琪……

经过一段时间默默观察后，我发现我班学生在劳动方面的情况存在两种完全不同的情况：绝大多数孩子能认真完成每周的值日工作，在老师的安排下、在组长的督促下，能把教室打扫得干干净净。但在没有被安排、被督促的情况下，无论是散落的粉笔头、满满的垃圾箱、凌乱的书籍，还是几近枯萎的植物，都不在他们关注的范围之内。对他们来说，劳动似乎是"一份工作"。同时，他们能完成老师交给他们的"任务"，但缺少一定的方法技能，也缺乏主动性，可见劳动并没有在他们心中生根发芽。

那么，孩子们在学校生活中的情况是不是和家庭生活有一定关联呢？

于是，我在家长中展开了关于孩子进行家务劳动的小调查。调查结果显示仅2.86%的孩子能主动做家务，并能坚持做，甚至很多孩子认为家务活是家长的事，和自己毫无关系。82.86%的家长偶尔要求孩子做家务，绝大多数孩子也只会做一些简单又省力的家务。调查结果进一步验证了我的想法，看来激发孩子的劳动欲望，让他们学会一定的劳动方法，并能持续进行劳动，需要学校和家庭共同配合。

二、"一次"家校讨论

为此，我召集家委会委员讨论这个问题。当调查结果发在群里，家委会委员立即开始讨论。大家都对此次调查结果感触良多。有的说："我们家的娃根本不做家务，让他做，他也勉强应付，也是来帮倒忙的，唉……"有的说："没错，别看他学校里卖力扫地，在家根本是个懒虫，根本叫不动。"还有的说："我家的倒是想凑热闹做家务，可爷爷奶奶承包了家务活，孩子根本插不上手。"看来，孩子不主动劳动是个普遍问题，怎么办呢？家委会的爸爸妈妈们开始了一轮"头脑风暴"，经过这次讨论，大家一致决定进行班级家庭总动员，展开一次"劳动节"的秘密行动。当然，我也给家长们布置了很多作业：要记录、要拍照、要具体指导、要鼓励、要赞美……

三、"3天"家务比拼

五一劳动节前夕，我在班级中布置了一个特殊的作业——做家务。孩子们听了，一个个都摸不着头脑。我带着神秘的口吻说："孩子们，我们要利用劳动节的三天假期，在家做一件家务活，做之前可以让家长教给你们方法，在劳动的时候我们还要拍下照片或视频，在班级群里面展示哦！"大家听完后开始七嘴八舌地议论起来。"做家务？我不会啊，怎么办……""哈哈，太好了，我要让我妈妈用'抖音'来拍视频。""啊？还要拍照啊，看来要好好干家务了。"我笑而不语。

五一劳动节假期的第一天，我在等待。究竟孩子们能不能在家长的帮助下顺利完成这个特殊的作业呢？整整一个上午，班级的微信群里悄无声息，我内心有些忐忑。我清楚地认识到，要唤醒家长对劳动教育的意识，就要让家长品尝到亲眼看见孩子会劳动后的喜悦，感受孩子在劳动过程中的成长，如何迈出这第一步就显得极为重要。

终于，在下午1点左右，班级群里出现了第一张照片——小宇拿着拖把弯着腰煞有介事地拖着地。其他的爸爸妈妈发来了一个个欣赏的表情和一句句赞美的话语。在接下来的两天里，班级群里炸开了锅，家庭劳动新闻不断在群内发布，家长们的热情也前所未有地高涨。看，昊昊正在和外婆一起换床单，这认真的架势真像个小大人；瞧，视频中的小婧一手拿着鞋子，一手拿着刷子，在妈妈的指导下把鞋子刷得干干净净；听，锅中的"滋啦滋啦"声伴着铲子的声响，这厨房里也奏响了劳动的新乐章……

"就这几个碗竟然洗了20分钟，哈哈哈！"

"我妈在旁边恨不得帮她干活，但看到她的进步，满脸的欣慰。"

"今天我的活被他抢去了，真是太阳打西边出来了。"

我透过手机屏幕，看着群里一条条评论，看到的是家长对参与这次活动的感慨，是对劳动教育的认可和对劳动教育态度的转变。

当然，作为教师，还要教会家长如何"教"孩子们学习劳动技能。因此，我私下跟几位做得不好的孩子家长聊天：指导孩子要具体到细节，例如劳动要及时，要有一定顺序，要有一定的力度，可使用有效的工具等，甚至可以亲身示范。这样孩子们在劳动时就有方法可循了。并且友情提示家长化解劳动技能的每一个步骤，由简入繁，由易到难，反复练习，如何鼓励、赞美、安慰、激励每一个孩子。

果然，在我和家长们的及时点拨、引导、激励下，孩子们劳动的兴趣被大大激发。看来，外部灌输式的说教根本不能满足教育和现代学生的需求，让他们亲身体验是非常有必要的，实践和探索正是对传统德育的一种完善和补充，更是一种提升和发展。

四、"一堂"主题教育课

在家务比拼过后，我们在班级中上了一堂"爱劳动会当家"的主题教育课，针对本次活动进行了展示和分享。所有孩子劳动的画面都展示在大屏幕上,他们一个个兴致勃勃地讲述自己的体验及掌握的本领,脸上洋溢着自豪的微笑,很显然,劳动给他们带来了快乐。轮到小米上台了,他讲述了学到的本领。"在这次家务劳动中,我学会了采蚕豆的方法,要把蚕豆转三四圈,这样蚕豆才能被我拧下来,不然硬采的话就很费力。"原本有些紧张的他,看着同学们目不转睛的样子,越说越自信了,"剥莴笋是一门力气活,一开始,我完全不会,外婆教我一定要一只手抓紧莴笋,另一只手抓着叶子往下扯。一小时下来,我已经腰酸背痛,我觉得大人干活真得很辛苦。"掌声响起,我看到,专程被邀请来的家长代表们,有的发出了会心的微笑,有的眼眶都红了……

最后,现场的几位家长都对孩子在劳动中的表现给予评价并提出希望。小天的奶奶上台了,她微笑着说:"天天,看着你帮爸爸择菜,奶奶觉得很高兴,很欣慰,你能主动为家里分担家务,说明你长大了,懂事了……你真是奶奶的乖孩子,是我们家的小大人。"长辈们的真心话深深触动了孩子们,他们也体会到不会的事情要学着做,学会的事情要坚持做。

我深深感悟到教育是需要多方的合力才能够促成的。如果没有家长的用心指导,孩子们就未必真正领悟劳动的窍门,也不会有这种切身的体验。

五、"365天"持之以恒

一次活动、一堂课对孩子的成长来说也许教育成效是微小的。但很可喜的是,孩子们对于劳动、家长们对于劳动教育的态度和意识都发生了转变。很多家长通过活动认识到了:培养孩子们的劳动意识和习惯,其实就是培养孩子们的自理能力,为他们将来顺利踏上社会,适应社会做好准备。

德育的最终成效来自行为习惯的呈现,心理学表明,一个长久记忆的形成需要27次以上的重复,一个习惯的形成需要在更漫长的时间里反复的强化。因此,单靠一次活动来改变孩子和家长的劳动观念和劳动习惯是不够的,还需要长时间的反复训练、强化,直至养成习惯,最终内化为终身受益的品格。

五一劳动节只有三天,但孩子们需要实践体验、反复参与的"劳动节"不止三天,未来的每一天都是"劳动节"。为此,在家委会和家长会上我反复跟家长们讨论，达成了共识：劳动教育应当形成一个序列。三年级的争章活动中，结合"家务章"，持续进行家务劳动；四年级时可以结合"向日葵章"，寻找身边的党员，记录并学习他们的劳动故事；五年级时可以在校内友谊班，教给低年级的小朋友如何劳动……当然，家长们也没有停止，他们有的跟孩子拟定了家务亲子契约，和孩子们分工合作完成每天的家务；有的制定了家庭奖惩条例，定期完成自己的小岗位的，坚持一段时间奖励一本好书，看一场电影等；有的用家务劳动明码标价，让孩子用自己的劳动赚取报酬来鼓励孩子多劳动……总之，家长们也动足了脑筋。而作为班主任的我，则经常在家长沙龙、家长微信群（分组别）中组织家长们交流家庭中开展劳动教育的经验，让更好的经验发挥更大的效应。

就这样，一步一步，劳动教育从不间断，从3天，延展到365天，"3+365天"的成效，让劳动意识牢牢铭刻在每个孩子的脑海里，我们的"劳动节"永不落幕。

家庭是人生的第一所学校，家长是孩子的第一任老师，习惯的养成，德育的实践都离不开家长的家庭教育。在这次活动中，班级教育得到了家长们的支持，家校形成了教育合力，通过活动转变了家长的劳动教育观念，家长从忽视劳动教育到重视劳动教育再到直接参与劳动教育，因此孩子们的劳动意识和劳动技能都得到了很大程度的提升。而作为班主任，对家长的家庭教育指导更不容忽视。家长有一颗参与教育的心，还需要会教育、懂教育的艺术和方法，这就需要班主任老师及时地点拨、引导。家校形成了教育合力，这与学校教育单方面开展的劳动教育，只有老师指导和落实的劳动教育成效是不能相比的。

家班共育，不仅仅是一句口号。班主任教育学生的同时，更要指导好家长，充分发挥家长的教育力，才能更好地形成家班共育的合力，营建更完善的教育生态。

点 评

  劳动教育很长一段时间被学校和家庭所忽视。习总书记在2018年全国教育大会上明确指出，教育要培养德智体美劳全面发展的社会主义建设者和接班人。习总书记强调："要在学生中弘扬劳动精神，教育引导学生崇尚劳动、尊重劳动，懂得劳动最光荣、劳动最崇高、劳动最伟大、劳动最美丽的道理，长大后能够辛勤劳动、诚实劳动、创造性劳动。"这充分反映了党和国家对劳动教育的高度重视。我们应该如何重视和开展对孩子的劳动教育、提高孩子的劳动意识和劳动技能呢？本文作者通过自己的实践做出了自己的回答。

  家校合作是现代学校制度的重要组成部分，对劳动教育更具有重要的作用。家庭是孩子开展劳动实践的最主要场所。所以家校合作开展劳动教育既是劳动教育本身的需要，更是促进学校和家庭互相配合实现家校共育促进孩子全面健康成长的需要。本文用生动有趣的笔法，用"一份"值日工作、"一次"家校讨论、"3天"家务比拼、"一堂"主题教育课描述了朱老师在学校是如何利用家校合作开展劳动教育。通过五一劳动节三天的家务比拼、劳动主题教育课，孩子们对于劳动、家长们对于劳动教育的态度和意识都发生了转变。很多家长通过活动认识到：培养孩子们的劳动意识和习惯，其实就是培养孩子们的自理能力，为他们将来顺利踏上社会，适应社会做好准备。更可喜的是，通过这次活动，家长和老师达成共识：劳动教育应当在小学的不同阶段形成系列活动，让劳动教育持之以恒。家长们也在家中把家务劳动还给孩子。本文不但可以为学校如何开展劳动教育提供参考，更是如何实现家校共育的一个范本，我们期待这样的"劳动节"永不落幕！

北京师范大学中国基础教育质量监测协同创新中心教授　边玉芳

"组团阅读"与好书"漂流"子母卡

上海市青浦区实验小学　胡玉燕

有家长问："孩子不爱看书怎么办？"

三年级家长会上，我在与家长交流教育孩子时，小沈妈妈第一个提出了问题："我们家孩子回家做完作业就看电视，从来不看书，给他买了许多书，他都不愿意看，该怎么办啊？"小沈妈妈这么一说，很多爸爸妈妈也连连点头，说自家的孩子也存在同样的问题。小杨爸爸无奈地说："每次让他看书，我都得坐在身边盯着，好几次他看书看睡着了，我盯着盯着也睡着了。"

为了确定班级中有多少孩子回家不看书，我们现场进行了举手统计，结果出人意料，一个50人的班级，竟然有四分之三的孩子不爱看书，难怪家长们会如此担忧。那么这些孩子在业余时间做些什么呢？经过调查，大部分孩子完成作业后都是看电视、玩手机，有些孩子还要参加课外兴趣班，学习各种才艺。相较于这些丰富有趣的业余活动，阅读就显得比较枯燥、乏味，孩子们也就不愿意花时间读书。

怎样才能激发孩子们的阅读兴趣呢？我想到了那四分之一喜欢看书的孩子，便请他们的爸爸妈妈现场分享经验。

小丁妈妈从小就培养孩子阅读的习惯，从幼儿园开始就陪着她读绘本故事，等孩子识字了，就开始阅读文字较多的书籍，每天固定阅读时间，所以孩子渐渐养成了每天阅读的好习惯。听完小丁妈妈的经验分享，家长们都露出了羡慕的眼神，可是孩子如今已经三年级了，这阅读习惯怕是一时养成不了。

小林爸爸告诉我们，孩子对科技类的书籍十分感兴趣，所以家里大部分都是这类书籍。孩子喜欢看，从来不需要家长督促。小林爸爸的分享给了我们很大的启发。

在家长们的经验分享中，我们学习到了许多培养孩子阅读的方法，爸爸妈妈们似乎又重新燃起了希望。但是孩子之间存在个体差异，不能照搬照学，而阅读习惯的养成也不是一蹴而就的，需要循序渐进。所以，经过家长们的讨论，我们决定将50组家庭分成10个组，有经验的家长担任各组的大组长，根据孩子的实际情况讨论制定"组团阅读"计划，更有效地养成孩子的阅读习惯。

一、组团阅读、亲子"漂流"乐趣多

家长会后的第二天早上，班级里热闹非凡。显然，孩子们已经从爸爸妈妈那儿知道了要进行"组团阅读"的消息，身为各组大组长的孩子，他们担任起了组长的职务，要为自己的小组找成员。经过一场热闹的招募，10个小团体形成了。孩子们都显得异常兴奋，好像要进行一场游戏。

放学后，小丁妈妈在微信群里宣布"扬帆"小组组建成功，他们经过讨论，已经为自己的小组取好了名字。很快，其他小组纷纷效仿，一个个有寓意的名称诞生了，"爱书"小组、"智慧"小组、"思源"小组……大组长们还为自己的小组名称的由来进行了阐述，可见大家都非常重视这次的"组团阅读"。

光让孩子们读书，家长怎么指导呢？为此我请教了有经验的班主任，当她说到自己曾在班级里开展过"好书漂流"行动（即一本好书，每个人都读一遍，在同一张读书卡上写一点读书体会，向下一位阅读者提一个问题，回答上一位阅读者一个问题）的时候，我眼前一亮。

于是，我召开了班级家委会，邀请委员们一起来商量好书亲子"漂流"行动的方案。我们在讨论的基础上，拟定了"亲子子母漂流卡"。在子漂流卡上，孩子们可以写一句话感言，就本书内容给下一位读者提一个问题，回答上一位阅读者的问题；而爸爸妈妈们，则在母漂流卡上写一个自己和孩子共读的感受或者交流一个亲子共读的好点子，并向后面的读者提一个问题。

一套"漂流"子母卡，在小组亲子阅读中渐渐流传起来。很快有家长在朋友圈发了亲子阅读"漂流"子母卡的样子，家长和孩子们的阅读感言已经轰动了家长们的朋友圈。两周后，好书从一个小组"漂流"到另一个小组，家长们都恋恋不舍地在群中叮嘱：小心保管啊，别把卡弄坏了。有的提醒我：胡老师，可以补充点新卡了，都写满了，不够用了。

二、"1+1"选书显奥秘

周末，"思源"小组在微信群里分享了他们的第一次"组团阅读"活动——带娃买书。大组长小李爸爸告诉大家，他们买书的方式很特别，以"1+1"的形式购买。小李爸爸解释说，他和组里的其他爸爸妈妈一起商量，精心挑选了适合孩子阅读的书籍，推荐其中的一本给孩子，然后带孩子一起去书店的时候还让他自主选择一本喜爱的书籍。孩子就可以阅读家长们精心选择的好书和孩子自己喜欢的书，"1+1"的方式让孩子既能在师长的影响下阅读好书，开阔视野，也能照顾他们的兴趣。只要孩子对书籍感兴趣，他就愿意花时间去阅读，并从阅读中感受快乐。当孩子的阅读习惯慢慢培养起来，他会愿意阅读更多书籍。

看着小李爸爸分享的方法，还有他传来的孩子和家长一起选书的温馨画面，大家纷纷为他点赞。其他小组的家长们也表示要取经学习，培养孩子的阅读兴趣。

一周后，班级里发生了很大的变化。孩子们手里都有一本书，有的在津津有味地阅读着，有的在小声交流着。看着孩子们兴致这么高，我便借机问道："你们都在读什么书呀？"孩子们挥挥手中的书，迫不及待地说起来。"这是我新买的《淘气包马小跳》。""这是我妈妈周末带我去买的《笑猫日记》，可好看了。我妈妈说，如果我喜欢，还会给我买一个系列呢！""昨天我和爸爸妈妈去图书馆也借了几本书呢，真没想到图书馆的书这么多，看都看不完。看，这本《恐龙》就是图书馆借的。"……看着孩子们兴奋地介绍着自己的书，我们的"组团阅读"计划已经在顺利实行。

我把孩子们认真阅读的情景拍摄下来，发在微信群里，家长们也激动不已，决心要将"组团阅读"计划实行到底。

三、创意书签点亮阅读氛围

当孩子们都拥有了自己的书籍后，我鼓励孩子们回家与爸爸妈妈一起制作一份专属书签。我同时也通知家长们，要在书签上精心设计一句鼓励孩子阅读的话。接到这个任务，孩子们跃跃欲试，家长们也开动脑筋，摩拳擦掌。

布置任务的当天晚上，微信群里上传了一张图片，点开一看，原来是小李的书签做好了，是一张塑封过的枫叶书签，有秋天的味道。小李留言说，这是她和妈妈共同制作完成的，她捡来树叶擦拭干净，妈妈用塑封纸进行塑封，由小李裁剪穿线，枫叶书签便做好了。书签上，留着妈妈的一句话：妈妈希望，我们能一起读完100本书。100本书，这是一个看起来很大的目标，但也是一个明确的目标。这是一张多么有创意的书签啊！

很快，微信群里热闹了起来，大家纷纷上传合作完成的亲子书签，有卡通图案的书签，有彩纸做成的书签，还有发簪式的书签，真是形式多样，想象力丰富。从家长的留言中，我也感受到了家长们对阅读的重视和对孩子寄予的希望，相信孩子们在翻阅书籍的时候，看到这张书签就能感受到父母的关爱和支持。

四、好书分享共成长

"组团阅读"开展一个月后，为了了解每组家庭阅读的收获，我与孩子、家长们商量，决定开展一次好书分享会。先以小组为单位，在组内进行好书推荐和分享，经过讨论，推选组内最受欢迎的一本书，由这本书的推荐家庭代表小组参与班级的好书分享会。

好书分享会上，每个代表家庭用不同的形式向大家推荐好书。小林一家三口穿上了汉服，表演了课本剧。活灵活现的表演之后，爸爸还即兴介绍了跟小林一起读《三国演义》的过程，有时是父子讨论，有时是故事推演。一段《三国演义》让小林爸爸妈妈成了班级里知名的人物。小杨家庭制作了一份PPT，他们利用多媒体向大家介绍了《海底两万里》一书，还插入了一段小视频，介绍了自己家庭的读书计划，每个月的必读书目……10个家庭用自己的方式分享了不同的好书，也让孩子们从中感受到了阅读的乐趣，鼓励他们阅读更多的书籍，在阅读分享中共同成长。

五、评价激励促长效 >>>>>>>

在全体家长的支持配合下，我们还举办了各类展示、评价活动，促进孩子阅读习惯的养成。如经典朗读者评比，由家长和孩子们挑选经典书目中的片段，朗读录音后上传到微信群中分享，再由全体学生和家长共同投票，评选出班级亲子经典朗读者金奖、银奖、铜奖。同时，我们还结合学校的"阅读小博士"评选开展"五星小书虫"评选活动。每读完一本书，就在读书单的书名后为自己打分。五颗星表示阅读认真，能做好读书笔记，能写下自己的所思所想；四颗星表示阅读认真，能适当记录，有感想；三颗星表示能读完书籍，适当做笔记。自评栏后还有家长的评价栏，家长根据孩子平时的阅读情况进行评价。每月根据学生阅读情况，经典朗读者评比情况，以及好书分享会的交流情况，评选出"五星小书虫"，并从中选出最优秀的学生推荐为校级"阅读小博士"。

著名教育家苏霍姆林斯基说过："学生的智力发展取决于良好的阅读能力。"当孩子在阅读的时候，大脑始终处于无形的运转当中，当在书中遇到问题时，会主动地思考。而学校教育的大量时间付诸课堂学习，课外阅读就更大程度上依赖于家庭。家长对阅读的指导和支持，很大程度上决定了孩子对阅读的兴趣和坚持。

我努力发动家长，让家长不知不觉中参与读书活动，抱团阅读、亲子阅读，在好奇中品尝读书的乐趣，在亲子共读中感受读书带来的进步，于是孩子和家长的阅读兴趣被激发了，亲子关系也和谐了。

如今，孩子们已经五年级了，在这两年的家校共育中，"组团阅读"顺利开展，孩子们的阅读兴趣有了很大的提高。从原来家长选一本，孩子选一本，到现在家长选N本，孩子选N本，孩子们的阅读兴趣已经被激发。同时，家长们努力为孩子营造良好的阅读氛围，以身示范，做好榜样，书籍又重新取代了手机，回到了孩子们的手中。班级中，图书角放满了孩子们分享的书籍，学习园地展示着孩子们的读后感想。孩子的阅读面广了，知识面也广了。课堂上，许多孩子回答问题时，能够更清晰、流畅地表达自己的想法，能结合课外的知识来证明自己的观点。写作时，作文内容更加丰富精彩，不再是流水账似的表述，他们会模仿书籍当中的写作手法，很多孩子在各类写作比赛中获奖，这是对他们的鼓励和肯定，更是推动他们继续阅读的动力。

纵观孩子们改变的过程，我们可以发现，培养好的阅读习惯离不开家长的配合和支持。小学阶段，孩子们的认知能力处于发育期，对周围的环境非常敏感，单凭学校一方面的努力，无法真正让孩子喜爱阅读，只有孩子的第一位老师——父母以身作则，做好榜样，孩子才能在潜移默化中，培养阅读的兴趣，真正养成阅读的好习惯。

点 评

良好的阅读习惯能促进学生多方面的成长，当前学生业余活动日益多样，阅读的吸引力大幅减退，如何培养他们的阅读习惯、提高阅读能力是老师和家长们面临的难题。本文提出了很有操作性和实效性的好方法，值得老师们认真学习和借鉴；这些方法和举措背后蕴藏的理念，也值得细细揣摩。

一是采用游戏化的方式增加孩子对相对枯燥的学习活动的兴趣。游戏化的学习方式、组织方式和管理方式利用了儿童喜好游戏的天性，摆脱传统的说教模式，通过有趣的互动和创造、清晰的评价和激励，让学习者在轻松、愉快、积极的环境下进行学习。文中提出的"组团阅读""亲子漂流阅读""创意书签""好书分享会"，以及游戏化的评价和激励等都充分体现了这一点。二是充分利用了群体的力量、发挥了家长的作用。孩子的阅读大多在业余时间进行，这就离不开家长的支持和参与，前面提到的游戏化方式在激发家长的参与动力、提高参与的成效上同样发挥了重要的作用；与此同时，作者也巧妙利用了家长和学生的群体促进效应，助力个体的阅读行为，从而达到了事半功倍的效果。

"中国好老师"公益行动计划专家委员会办公室副主任　王昌海

从迷"吃鸡"到"慧"用机

上海市青浦区实验小学　顾叶青

一、课本上的涂鸦

初秋的午后，阳光晒得人有些慵懒。教室里的课正不紧不慢地进行着，调皮的小李却耐不住性子了，开始在书本上涂鸦。我恰巧走过他身旁，一时好奇，俯下身看了起来：AK-47、M4-A1……都是有名的枪械，画得有模有样，想不到他还是个军事迷。为了不影响课堂，也不叫小李在同学面前难堪，我轻声地提醒道："把笔放下，下课后拿好课本，来我办公室。现在认真上课。"

铃声响起，刚出教室门口，小李同桌却先找到了我："顾老师，班级里的男生都爱画这些！""对啊！他们下课后，就喜欢在一起画这些武器！"另一个女孩子补充道。一起画武器干吗？带着心中的疑惑，我又折回教室，在学生的提醒下，找了几个男生，果然，都是跟小李一样，小本子上画满了各种有名的枪械，还标着攻击力、距离等数据。这看着并不像军事迷，倒像是游戏。出于班主任的敏感性，我觉得这里肯定有问题。

二、调查后的发现

我把班级里那几个画枪械的男孩子叫来了办公室，问他们画枪怎么还带上"攻击力"这样的数据。几个孩子你看看我，我看看你，面面相觑，最后还是小李诚实地说："这个是'吃鸡'的武器。""这不是那个很火的手机游戏吗？你们几个都爱玩这个游戏？"我继续追问。他们点了点头。在一顿追问下，我了解到，原来不止他们，班级里好多男孩子周末常常联机打这个游戏，玩得久的，甚至会整天都沉迷其中。有的孩子父母还并不知情。因为他们常常一起玩，所以也会一起讨论，书本上的涂鸦，就是他们讨论武器装备时相互展示用的。

听完他们的讲述，我很震惊。进入高年级后，因为学习和社交上的一些需求，学生使用手机等智能通信设备已经是常态。但是，有了这个方便渠道，手机游戏也慢慢进入了学生的生活。的确，在越来越紧张的学习生活中，学生能偶尔打打游戏来放松一下，看起来让家长很能接受。但如果借此方便，沉迷于手机游戏，那危害性是显而易见的。早有医学专家指出，长期沉溺于手机游戏，会对青少年的身心健康产生危害，严重者甚至分不清现实与虚幻。而如今，结合这几个孩子的讲述，班级里的男孩子的确已经沉迷游戏成风了。想到这儿，我的眉头禁不住紧紧皱了起来。这样下去怎么行？手机的使用不能再这样放任自流了，问题必须得到解决。

三、群内议对策 >>>>>>>

因为玩游戏是在家里发生的事，光靠班主任在校努力，恐怕是不够的，有必要联动家长，一起教育，才能真正引导学生摆脱对游戏的沉迷，回归对手机的正常使用。

在教育这几个孩子，游戏需要在父母知情情况下有节制地玩，并且不影响学习后，我先让他们回教室上课去了。

打开家长联系群，我把几位玩游戏厉害的学生家长和家委会聚集起来，建立了一个小群，把情况向大家反映了一下，并问他们平时在家中可曾注意过孩子使用手机的情况。有些家长因为平时忙于工作，忽略了孩子，听闻后显得非常惊讶。有些家长是知情的，但没有料到这么严重，纷纷表示，这个问题平时倒真没太注意。一位家委会成员还提醒我，不单是男生玩游戏问题，女生拿着手机跟同学聊天、刷"抖音"等视频软件也很痴迷，问题严重性不亚于男生。

另一个家长说："我和其他几个家长在孩子手机使用问题上也是绞尽脑汁，明争暗斗了好久。今天听老师一说，看来再不好好解决是不行了。"

于是我顺势提出："所以今天召集大家在一起，就是针对这个问题，大家群策群力，想想办法。高年级孩子，手机使用是避不开的。学习、社交等，确实有需要，不能一刀切地禁止。所以我想，以班级家委会为核心，一起协商出一个行之有效的手机使用约定，通过这样的举措，引导学生合理使用手机。不知道大家意下如何？"

家长们听后纷纷表示赞同，家委会小李妈妈说："咱们定下约定，老师在班级里教育，家长在家沟通，相信在家班一起努力下，孩子一定能慢慢学会合理使用手机的。"

于是，群里开始了对使用约定的讨论：

小徐妈妈首先说道："学习上使用手机或者iPad确实是有需要的。有时候他要问的一些单词，语文里的成语典故等知识，我都一下子说不上来，通过网络的帮助，就方便多了。所以，用还是得给他们用的。"小沈爸爸提出疑问："那手机放在他们手里，我们又怎么保证他们没有偷玩游戏呢？"另一个徐妈妈立刻说："所以我们要制定约定嘛！要有规定，也要有惩罚。我提议，手机或者iPad必须在家长知情的情况下使用。如果我们不知情，他们就有可能偷玩游戏了。"石爸爸立刻跟进："对！而且，学习时间里使用手机或iPad，就只能使用和学习有关的功能！""但是也不能一刀切地不让他们玩，也可以在规定时间内让他们自由使用手机，甚至玩会儿游戏，毕竟他们也需要放松。"……

家委会成员们各抒己见，最后，我也提出意见："毕竟都是小学的学生，约定不能太繁杂，要言简意赅，要求明确。"于是，我们总结罗列了一下，大致形成了以下三条管理框架：

1.手机（iPad）必须在家长知情的情况下使用。

2.学习时间，只能使用和学习有关的功能。

3.自由支配时间，可以玩游戏，但不得影响休息和后续学习。暂定自由支配时间为每周一小时。

可是教育管理离不开监督和约束，那应该怎样合理地了解孩子们使用手机的情况呢？

小黄爸爸对于智能设备颇有研究，他提出："现在很多手机有耗电量和APP使用时间监察功能，我们完全可以根据手机上的这些记录，了解孩子使用手机时到底使用了哪些软件，使用了多少时间。以苹果手机为例，通过家长控制功能，能给孩子设定应用时间限额。这样即使不在家，也能了解孩子的使用情况。"小徐妈妈附议："学习期间，家长也可以随机抽查，看看是否在正确使用手机。"石爸爸紧接着说："也要教育孩子有自控能力，不能一味依赖家长的管制。明确告诉孩子们，手机的充电由家长完成，他们的使用情况我们是可以通过软件了解的，希望孩子们能诚实遵守约定。"我觉得这样的处理，既合情合理，又监管到位，很不错。

四、家长会上的推广亲子公约

手机使用公约的初步框架已经架设好，鉴于手机使用问题，涉及面不仅仅是小群内的这些家庭，更重要的是公约首先要获得全体学生的认可，所以，借两周后的家长会，我决定广而告之。

会上，我首先通过PPT，讲述了长期沉迷手机游戏给学生带来的危害，还跟家长们一起了解了好几个青少年因沉迷手机而误入歧途的案例，让家长们惊呼，原来手机游戏危害如此巨大。又将在校调查发现的情况和小群内了解到的信息，向全班家长做了一次交流，并把我们讨论出来的公约展示了出来。家长们看过后纷纷表示非常赞同，觉得通过家班合力，运用亲子公约的方式，既对学生充分尊重，又能起到良好的引导效果，真是一举两得。我也特别提醒家长："每个家庭，每个孩子，情况各有不同，我希望大家以此框架作为基础，在家里跟孩子好好沟通，根据实际情况和孩子一起详细制定符合自己的家庭情况的亲子公约。而作为班主任，我也会在校跟学生做好沟通和教育。期盼通过我们家班一起努力，引导学生合理使用手机。"

之后，我特别邀请小黄家长上台来，给家长们讲述智能手机软件使用量的查看方法，以此了解孩子手机使用的情况。他先通过实时投影，以苹果手机为例，引导大家打开"设置"，单击"电池"功能，屏幕向下滑动，首先显示的是上次充电时间，他解释道："以我为例，昨晚9点充满电，一直使用至今。

大家再看下面的柱状图，是每个时间段电池的使用量，比如刚刚家长会这一小时，我没有使用，这里就显示使用量为零……"随着小黄爸爸的讲解，一列手机使用电量的数据赫然出现，自上次充电结束后，哪一个软件耗用了多少电量清清楚楚，许多家长直呼"神奇"！小黄爸爸还补充道："在其他智能手机的'设置'功能中，多多少少都有相关功能，大家会后可以自己研究一下，也可以向我询问，我这里再给大家推荐几个能检测电量使用的软件，大家安装后也能有相似的功能。"

五、入户家访个别指导

完成了这份公约，我并没有忘记班级里还有小李这样的"重症患者"。他们真的能通过一份公约就能不玩游戏了吗？我决定通过家访的形式，深入小李他们这一群体，打好这一场"攻坚战"。

我到小李家就问他："手机公约妈妈跟你谈过了吧？老师今天就是来听听你们小孩子的意见，也好及时跟家长沟通。"小李支支吾吾不肯说，但表情是不太乐意的。在我向小李妈妈询问之后，我知道，妈妈跟他约定的时间是每次20分钟。小李听到就小声抱怨："20分钟不够打一局。"原来一局要半小时，所以妈妈制定的契约条件，对小李而言完全是限制性的。我很乐意当这个调解者，所以跟妈妈谈了放宽10分钟，但又要小李保证，在家的时间先要好好完成作业，然后要有时间可以帮爸爸妈妈做点家务，看点书，做做锻炼。小李立刻大声答应了下来。

临走我提醒小李妈妈，教育孩子不能生硬，也要站在孩子立场好好想想，这样才能让孩子更信服你，听从你的教导。

从小李口中，我还了解到了其他跟他差不多的孩子的情况，也一一走访或者电话沟通，让家长们适当调整方法和契约内容。同时建议这些家长再组建一个小群，方便随时约出来活动。有了群体活动，孩子们就更愿意放下手机了。

经过了一段时间的公约实施，家长反映孩子在家对于手机的使用越来越自觉。甚至课外阅读、健身也多了。尤其是几个超级游戏迷，尽管还会约好时间一起玩，但总能在规定时间里玩好，并且还能互相督促，或看书，或打球，把周末的生活安排得更有意义了。

　　一群沉迷"吃鸡"的孩子，一场手机使用的风波，就这样，在家班共育的努力下得以解决了。教育孩子，从来不是父母一方的事，也不是班主任一人的责任，孩子的成长，也不单是大人用力的事，更需要得到孩子内心的认同。班主任要站在孩子的角度，关注孩子的需求，也要站在家长的角度，了解家长开展家庭教育的需求，及时开展教育和指导，帮助家长理解孩子，也教会家长平等尊重孩子，进行科学的家庭教育，在家班共育的情况下，不断根据孩子的实际情况调整教育方法，才能营建更好的教育生态，让孩子更健康快乐地成长。

点 评

　　怎样减少手机和相关电子产品对孩子的消极影响几乎是家长和老师都思考过的问题。本文作者在发现问题后与家长们群策群力，言简意赅地提出了三条很有实效的管理原则；又利用家长的经验，运用技术手段将这些原则落地；通过家长会让更多家长能够意识到孩子的问题，掌握对孩子手机管理的方法；并通过对实施成效的深入调查，指导家长优化和调整对孩子使用手机的管理，最终让孩子们真正地从沉迷"吃鸡"到智慧用机。

　　让人印象深刻的还有两点，一是老师能从孩子描画枪械这件不起眼的小事中追溯到孩子们沉迷手机游戏的真相，体现了一位优秀教师在教育工作中的细致和敏锐；二是在家访中发现"20分钟不够打一局"后，既让家长们调整约束时间，又对孩子提出相关的具体要求，充分体现了实事求是和"堵不如疏"的教育智慧。

"中国好老师"公益行动计划专家委员会办公室副主任　王昌海

让"高配"不再遥不可及

浙江省奉化龙津实验学校　林常绿

名词解释：这里的高配是什么呢？这个词好像只有购车时才会考虑到，低配是简配，标配是标准配置，高配自然就是说车内的配置是高标准的。那么这个词放到我们教育中来，我们是否可以这样划分：低配——父母甩手不管的，基本属于"放养"状态；标配——以目前社会现状来考虑，可以这么说，孩子的一切是妈妈一手操办的；高配——父亲与母亲共同参与孩子成长教育过程。

一、故事回放

在三年级下学期家长会上，我发现，那一天爸爸来了不少，竟然快一半了，我很开心，于是结束后，我在微信群里表扬到会的爸爸们。妈妈们说，爸爸们难得出面一次竟然有这么好的待遇。此时，我忽然想到我们的孩子平时就缺少爸爸的陪伴，为何不趁此机会呼吁爸爸们来加入呢？

（一）爸爸，行动起来吧

我翻了一下微信群，发现40个孩子的妈妈都加入了，可爸爸呢？只有七八个。于是我发校讯通，请每一个妈妈把爸爸拉进来。我呢，就经常在微信群里发爸爸对孩子的影响等文章，比如《爸爸，你再不陪我我就长大了》《爸爸的陪伴是奢侈品》等，从思想上让老爸们引起重视。每一次家长会，我都会安排一定的时间请几位爸爸谈谈育儿经验，从行动上拉爸爸加入教育队伍。孩子的教育问题上我如果有什么想要和家长交流的话，我不会单独和妈妈或爸爸说，我会在微信里拉个临时群，这个小群里就只有我、孩子爸爸、孩子妈妈，让两位共同来参与，而不是由一位向另一位传达老师的话。只有这样，才能让家庭教育的力量更加强大。

（二）爸爸，你了解孩子吗

我给每个爸爸设计了一张有关孩子情况的调查表。下发前，我告诉孩子们，你千万不要告诉爸爸答案，等他做完后，你再当小老师批改。然后请爸爸再写几句感想。

晚上，爸爸们忙着填表格，有几位妈妈和我私聊，说爸爸拿到这张表格都呆住了，不知从何下笔。据孩子们第二天汇报，那天晚上他们没收了老爸的手机，说是担心老爸们会边做题边上微信交流。第二天，我收上表格一看，发现好几个爸爸对孩子真的一无所知啊！除了知道读几年级几班班主任是谁，其余的什么都不了解。这表格一填，真的引起了爸爸们的思考，从"爸爸的感想"中我看到最多的一句话是：今天我忽然发现，我对孩子的了解真的太少了，太不关心孩子了。意识到问题所在了，这是个好现象，以后的日子或多或少、有意识无意识、主动被动总会比以前有进步。

（三）评选好爸爸

学期结束前，在评选学生各种奖项的同时，我在QQ群里上传"好爸爸推荐表"，由妈妈陈述和孩子陈述组成，为了突出事迹可以用上照片和视频。对于入选好爸爸的颁发好爸爸奖状及奖品，然后回家由孩子颁奖，妈妈拍照，微信群里上传父子或父女颁奖照片。

第一学期我在网上买了11本《好爸爸胜过好老师》作为获得"好爸爸"奖的奖品，第二学期，我给"好爸爸"们买的奖品是《好好做父亲》，希望爸爸们能够把"做一位好父亲当成自己最大的事业"。

（四）假期亲子活动

暑假，我布置了一个读书任务，要求孩子们读读少儿版的《三国演义》，对于这类书籍，我相信大多数家庭老爸比老妈了解得要多，于是这个光荣的任务就交给老爸啦！在微信群里，我和爸爸们约定了这个任务——陪孩子读《三国演义》。今年暑假，我希望爸爸教会孩子一种棋艺，陪孩子一起运动，请妈妈拍下亲子活动的照片上传微信群。陪读，陪练，监督……爸爸与孩子相处交流的时间越来越多，亲子关系也越来越和谐。

二、秘籍阐述

在当今社会，陪伴孩子的绝大多数是妈妈，衣食住行，妈妈操办；学习比赛，妈妈负责；练习特长，妈妈跟随；运动训练，妈妈陪伴……种种现象让我们担忧：中国的爸爸到哪儿去啦？爸爸忙工作，爸爸忙应酬……不少爸爸不知道孩子读几年级，不知道孩子班级的老师姓什么，不知道孩子的同桌是谁……怪不得"在中国，有种奢侈品叫爸爸"。

那么到底是什么原因造成这种现象的呢？在传统的中国教育家庭模式中，一向是"男主外，女主内"，社会赋予男性的成功标志是事业有成，爸爸们每天疲于挣钱，忙于应酬，在家庭这个社会最基本的细胞中，爸爸们的角色常常是缺位的。

教育家孙云晓说："中国的父教缺失是我们民族很大的隐患。"

我们都知道女人与男人身体、性格、思维是不同的，这个不同就决定了母教与父教有着显著的区别。哈佛大学研究发现：人生下来有两个发展方向，一个是亲密性，母亲在这方面具有天然优势。另一个是开放性，父亲在这方面具有天然优势。母性教育是一种"根"的教育，目标是使生命滋润、丰满。父性教育是一种"主干"的教育，目标是建立人生的主心骨。所以孩子稍大之后，父教的影响就远大于母教。

在我们中国，孩子现在受到的母性教育已经够多了，婴儿时多是母亲喂养、照料，上幼儿园基本是女老师的教育，小学、中学阶段也是女老师教育为主，如果在家里父亲再放弃教育的责任，孩子从小到大都受到一系列女性教育，哪还会有阳刚之气？能不"阴盛阳衰"吗？因此，主张家庭教育中必须强化男性的教育。父亲在教育孩子的问题上千万不能撒手不管，一定要负起责任。作为父亲，放弃教育子女的责任是一个极大的错误。

面对如今社会父教缺失的现状，我觉得作为教育的重要领地——学校，要充分发挥引导作用，可以通过一系列主题活动，家校密切联手，让每一位父亲充分认识到自己在家庭教育中无法替代的作用，积极主动投入亲子活动，关注孩子的方方面面，加强与孩子的沟通交流，使孩子在和谐的家庭氛围中更加健康快乐地成长！

点评

我们的传统对"父教"是高度重视的，"养不教，父之过""有其父，必有其子"等说法为大家所熟知；现代心理学研究也表明，父亲在孩子成长的过程中发挥着难以替代的作用，缺少父亲教育的孩子，在认知能力、人格发展、社会性发展等方面都会受到不同程度的影响。当前父亲在家庭教育中角色常常被淡化。如何提高家庭教育中父亲的参与比率和参与深度，不少老师或者没有意识到该问题的重要性，或者意识到了不知道如何解决。

文中提出了一系列好方法，比如让爸爸填写有关孩子情况调查表，并让孩子做小老师进行批改，使爸爸意识到自己的问题；针对孩子具体问题交流时，爸爸和妈妈都要参加；家长经验交流时，有意识地安排爸爸介绍经验，实际上也在给爸爸们树立应该学习的榜样；考虑爸爸的优势来设计亲子活动，激发了爸爸的参与热情；不是笼统地评选好家长，而是评选"好爸爸"等。这些方法具有广泛的适用性，相信一定能给老师们带来启示。

"中国好老师"公益行动计划专家委员会办公室副主任　王昌海

建和谐亲子关系，铸纯真快乐童年

四川省攀枝花市仁和区东风小学　卢海英

一、案例背景

二年级时，不满8岁的男孩小宇在体育课上因不遵守纪律被老师批评了，他竟然大骂老师，还跟老师放话："你等我家长来了再说。"老师无奈通知了作为班主任的我。从教学楼往下看，只见他趾高气扬地站在老师旁边，小小的身体绷直的样子不禁让人诧异：是什么力量让小小的他能在老师面前如此猖狂？待我走近，他整个人一下子像泄了气的皮球——耷拉着脑袋。刚准备询问了解情况，却发现站在身旁的他嘴唇发紫、手脚紧绷像要抽筋似的，我赶紧跨近他一步，伸手握住他的瘦瘦肩膀让他靠在我腿边，低头轻声对他说："不着急，有事慢慢说，不着急。"我静静地陪他站着，轻轻帮他擦拭额头的汗珠，等他身子稍稍软和，才牵起他的手慢慢走回办公室。看着冷风飕飕的冬天里还在额头冒汗、身体微微发抖、脸色发白的小宇，我轻轻地把他抱入怀中，轻轻抚慰，如哄和他一般大的儿子一样让他平复。短短几分钟孩子过激的情绪变化让我久久不能平息，也决心找出问题的根源！

事后我经多方调查，才知道这孩子不到3岁父母便离异，此前常常在孩子面前上演各种家暴，最终都不愿抚养儿子，最后在法院介入下孩子跟了爷爷奶奶。两个老人觉得孩子可怜就处处迁就、事事维护，使孩子变得性格古怪、不能接受任何意见，自尊心受不得一点伤害。细细想来，这一切都源于孩子心灵深处安全感的缺乏——他要保护自己。

事后，我认真了解、分析了班里58个孩子的情况，有7个家庭不够和谐，经常闹矛盾；还有7个离异家庭，这7个孩子都不同程度性格偏激，显得比同龄人更为成熟。他们都特别渴望能同时得到父母双方的爱，但却都不敢表达，跟爸爸的害怕爸爸不高兴、跟妈妈的害怕妈妈不高兴，还有的害怕爷爷奶奶、外公外婆不高兴。总而言之，小小的他们看着好多人的脸色，心里装着好多的事，心里也有好多的渴望……

于是，我有了通过我和班级的力量把这些家长拉到一起，让他们能为了孩子化干戈为玉帛，还孩子们一个单纯、美好的童年的想法，以"宝贝，与你同行"为主题的一系列班级亲子活动应运而生，效果出乎预料地好，让人欣慰。

二、主要做法

（一）召开"和谐家庭铸就阳光快乐童年"为主题的家长会

万事开头难。第一次活动一定要让所有的家长明确共同的奋斗目标，让孩子们健康快乐地成长！于是"和谐家庭铸就阳光快乐童年"主题家长会就这样开始筹划了。全班大部分家庭都积极响应，那7个单亲家庭的孩子中，有2个不敢给爸爸打电话，原因是妈妈肯定不会同意；另还有3位家长请假。于是，我决定挨个给这10位家长打电话或面谈，苦口婆心又推心置腹，希望他们能看在孩子和我的分上参加这次家长会。父母都是爱孩子的，他们只是不想与对方见面怕尴尬、顾忌又发生矛盾冲突……最终不管是为了孩子还是磨不开班主任的颜面他们都同意来参加，但不坐在一起。

好的开头是成功的一半。一定要利用好这次家长会为以后的各种亲子活动搭好平台，我首先认真着手准备，查阅各类资料借鉴别人好的经验；其次对班级中特殊的十几个同学依次交流谈心，了解他们内心深处最真实的感受；最后给全班58个同学畅谈心里话，开导、激励他们把最想对爸爸妈妈说的话写下来，孩子们情感得到宣泄，如释重负。我让那7个单亲的孩子分别给爸爸妈妈写了信，并惊奇地发现他们的内容都出奇地相似——希望能经常见到爸爸或妈妈，希望爸爸或妈妈能经常带他玩，希望他想爸爸或妈妈时爸爸或妈妈不要生气，希望不要在他面前说另一方的坏话，希望以后的班级活动他们都能来参加……

活动每个环节的设计及发言稿我都细细斟酌反复修改，最终第一次活动取得了圆满成功。特别是在读孩子的心里话的环节，好多妈妈潸然泪下，单亲爸爸们也有几位悄悄拭泪。虽然只是二年级的孩子写的话，语言不华丽，措辞也并不优美；虽然那一页纸上还有拼音，还有错别字！那一瞬间我的心也湿润了，我决心为了孩子们一定做好这件事情。

会后的第二周周五，一个平常不准见爸爸的单亲孩子兴冲冲跑来悄悄告诉我，明天爸爸要带她去公园，看她蹦跳远去的背影我心中无限欣慰。

（二）开展"宝贝，与你同行"亲子系列活动

真正的亲子活动开始于二年级2013年的六一儿童节，主题"宝贝，与你同行"，志在聚集所有单亲家庭。整个活动除两个在外的家长其余56对父母全部到齐，包括7个单亲家庭一个也没缺席并且整个活动坚持坐在了孩子两边。这次活动分两部分：第一部分亲子表演，有12个家庭主动报名参加亲子表演，如合唱、手语操、朗诵、舞蹈等（其中通过协调，单亲家庭马田一家表演了手语操）；第二部分为亲子游戏，设计了三人四足踩气球和家庭齐力吃西瓜两个游戏，每个游戏4轮，每轮10个家庭参加，保证每个家庭至少参加一次活动。在三人四足踩气球环节7个单亲家庭只有一个家庭经不住孩子要求参与了活动，刚开始都显得有点尴尬互不说话，后来看见其他家庭都在商量战术，这位爸爸也主动开口并拴好脚。比赛开始一会儿他们就忘记了尴尬，分别搂着孩子奋力踩气球，慢慢地脸上多了笑容，那场面太和谐也太感动。到吃西瓜环节7个家庭都参与了进来，看着孩子笑，他们也笑，不自然地也会朝对方笑一下又立刻转移。这一刻，相信过去再多的不愉快也都随孩子的快乐随这一笑淡去了。

之后的每一学年我们都至少有两次类似的亲子活动，每次活动都使各个家庭承载着满满的幸福，满满的爱。他们互相学习，互相交流，互相促进，互相成长，慢慢地原来和睦的家庭更为和谐；原来常出现矛盾的家庭不再争吵，多了宽容；7个单亲家庭父母双方也能和平相处并为了孩子的成长彼此理解、包容。有爱的教育，有爱的包容，孩子们脸上无不自信、无不幸福！

（三）"我们十岁了"大型成长亲子晚会

十岁——漫长人生路中一个新的人生的里程碑，它意味着孩子们即将告别幼稚的童年，开始迈向无限憧憬的少年时代。为了让孩子们记住这个值得纪念的有意义的生日，让孩子们学会感恩、懂得分享，理解父母的养育之恩、师长的教诲之恩、朋友的帮助之恩，在2014年元旦我们开展了"我们十岁了——感恩十年、幸福成长"的大型亲子晚会。活动以"感恩幸福"为主线，在杨欢仪妈妈的《宝贝，今年十岁》中拉开帷幕。孩子们载歌载舞，用自己的方式，以多姿多彩的才艺庆祝自己的生日；家长们以深情的朗诵、尽情的歌舞释放自己的情怀。全班58个孩子个个上台，41对家长参与节目，亲子朗诵《敲开新年的大门》、家庭歌曲大联唱、亲子韵律操《健康快乐动起来》、亲子集体舞《小苹果》，最后全班豪情壮志的集体朗诵《少年中国说》再一次把活动推向了高潮。

十岁成长礼庄严、温馨又感人，它深深地印在孩子们的脑海里，经过十岁盛典的洗礼，我们的孩子对未来更有信心，对自己的人生充满希望！"我们十岁了，带着关心，带着梦想，带着希望，带着感恩的心，我们从此高飞远航！"十岁的成长礼让孩子们牢记过去，从而学会感恩，学会珍惜彼此的亲情，长大后做一个真正顶天立地的人；让家长见证孩子们的成长，更加有决心有效陪伴、热爱家庭。

（四）"书信"拉近两代人的情感

有很多家长抱怨自己的孩子调皮，不好管教；也有很多孩子会抱怨父母不能理解自己。书信交流是一种有效的家教方式，特别是在孩子进入青春期以后，往往不能静下心来与父母交流，即使交流也常常是三句不到就杠上了。而书信交流，平心静气，思路清晰，条理完整，有一种"润物细无声"的绝好效果。四年级下学期我们开始了每月一次的亲子书信交流活动，每月末周的周三在校完成心里话的习作，老师阅读后（有特殊要求的，老师也必须遵守约定不得翻看其作文，由其自己交给家长）周五封装交给家长，家长周末回信，统一交到校门卫处，第二周周一第二节课组织学生专门阅读回信，并做交流。

书信交流活动要抓住孩子每一阶段不同的问题及心理特点，有针对性地召开专题交流活动。每次书信交流活动在充分尊重孩子隐私的前提下进行，班主任要有的放矢地处理各种书信，协调孩子与家长之间的关系。在每次书信的完成中，都会有不同的孩子不希望书信被父母看到，这时老师一定要做好保密工作，同时又必须找这些家长进行交流找其原因，让家长也要反思为何这一阶段孩子的心里话不愿意向他们倾诉了，同时父母必须与老师达成一致保守秘密，并且要求他们虽然没收到信但也必须给孩子回信，真诚地与孩子倾心交流，让孩子愿意并喜欢跟他们交流。

针对孩子们普遍存在的心理现象，要及时召开专题家长交流会，如"交流都到哪儿去了"。2015年4月微信盛行，孩子们反映大人都忙着玩手机，对自己爱理不理，即使说话也是心不在焉的，完全失去存在感，他们渴望真诚的交流。在交流会上，当念完学生写的话时，家长们都感同身受，进行了深入的自我剖析与反思，还制定了"班级家庭手机公约"，成文后由学生带回家贴在显眼处，全家共同学习，共同遵照、执行，如严重违反者将受到家庭法庭的谈话及警告等处理。事后所有家庭对此次活动的收益都大加赞叹。之后我们还召开了"爸爸，我还是个孩子""请听我说完再批评"等专题座谈会。

通过书信交流活动，我们的家庭亲子关系取得了意想不到的效果，家长们纷纷表示，平时自己的关心和期望往往被孩子们当成唠叨和压力，现在主动给孩子一封信、一个小小的礼物，孩子都会兴奋得不得了。孩子写给他们的信也让他们感动，感到孩子真正长大了，大家都打算把这些信作为孩子成长的记录好好保留并继续做好这样的交流。

三、案例成效

（一）五年来搭建良好的亲子关系，让孩子们的童年更加快乐纯真

我们乐此不疲地在班级开展各种亲子活动。全班58个家庭除之前已离异的7个家庭外无一例增加，其间有过两个家庭曾经接近分离都通过我们的班级亲子活动得到调解，事后他们感慨万分。而那7个单亲孩子的性格转变也尤为明显，小宇的不再犹豫、极端，小田、小蒙的逐渐开朗、乐于分享，小文的不再

抱怨，小靖的逐渐胆大。

（二）班级大范围亲子关系的和谐也带动了少部分不太和谐的家庭努力学习营造和谐氛围

大家都得益于这样的活动，成长于这样的活动。轻松愉悦的家庭氛围使孩子的学习、性格也在其中慢慢浸润，一切不言而喻。

（三）良好的亲子关系为学校工作的开展建构了良好平台

班级亲子活动的开展促进了学校与家庭之间的了解与沟通，互相支持、互相理解，大大促进了学校工作的开展，更有利于班级工作的实施。

四、案例启示

（一）促进亲子关系的健康发展

亲子关系直接影响孩子的心理发展、态度行为、价值观，情商、智力和健全人格的形成及未来成就，但由于现代社会中，家长的压力较大，被自身的一些问题所缠绕，就会产生不稳定情绪，对孩子的态度较急躁，导致亲子关系比较紧张，缺乏应有的和谐、愉悦。

（二）为学生与家长、教师与家长、家长与家长之间搭起一座沟通的桥梁

开展亲子活动满足了孩子依恋父母的情感需要和家长希望了解孩子在集体生活中一些情况的愿望，同时是进一步密切教师与家长的关系，实行家校同步教育的好形式。有些家长为了很好地培养孩子，不让孩子输在起跑线上，经常去学习、吸取好的教育知识和育儿经验，都成了半个育儿专家，通过开展这样的亲子活动，家长之间可相互交流，相互学习，共同探讨"育儿经"。

（三）亲子矛盾需要合理解决

开展亲子活动对家庭亲子关系推波助澜。家庭关系中夫妻之间、父子之

间、母女之间都会不定时产生一些矛盾，亲子活动能使他们增进了解、相互包容，是家庭和谐的润滑剂。

五、案例图片（文字说明）

图1 我们朝气蓬勃，我们阳光向上！

图2 2014"我们十岁了"大型亲子晚会节目之一《健康快乐动起来》

图3　2016"宝贝，与你同行"系列亲子活动之六

点评

　　亲子关系不仅直接影响到孩子童年的幸福快乐，而且对儿童的身心健康、行为习惯和未来的人格发展都有多方面的影响。老师的作用不仅可以通过自身的学识传授和言行示范教育孩子，而且可以通过协助建立和谐美好的亲子关系，为孩子们的健康成长搭建更为适宜安全的大环境、提供更为全面丰富的养分。文中结合孩子们的发展特征和具体情况，为改善亲子关系设计了很多有效的活动。

　　有两点特别打动人，一是作者的耐心，如为了举办一场特定主题的家长会，给心存芥蒂的家长们挨个打电话沟通劝说；举办成长亲子晚会，全班58个孩子个个上台，41对家长参与节目，相信有组织经验的老师们都知道这背后需要多少付出和耐性。二是作者的细心，如对每个孩子情况的逐一分析，活动中对家长情绪和行为表现的细致观察，书信交流中为了保护隐私、让孩子放心表达所采取的保密措施等。要改进亲子关系，不仅要改变孩子，而且还要改变家长，没有耐心和细心，往往会失之毫厘谬以千里，起不到真正改善的效果。而能支撑起这些烦琐和重要的非典型教师工作的，是背后对孩子们满满的爱心！

"中国好老师"公益行动计划专家委员会办公室副主任　王昌海

一同托起孩子的梦想——家校共育实施案例

重庆市北碚区梨园小学校　唐谢清

一、学生基本情况

　　去年我接手了一年级，新生入校后，除了告诉我不方便家访的几户家庭外，剩下的孩子，我全部进行了走访，对班上孩子的家庭情况有了大致的了解。我们学校是一所农民工子女学校，班上农民工随迁子女占了85%左右，家长们文化素质普遍不高，大部分初中毕业，全班家长没有一个事业单位人员或者公务员。四分之一的孩子是离异家庭的，接近一半的孩子由爷爷奶奶辈抚养。四分之一的孩子家长对孩子有较高的期望值，并且希望通过自己的努力帮助孩子进步。四分之一的孩子家长对孩子教育是完全不过问的，任其发展。

二、家校共育的背景

　　习总书记在2015年春节团拜会上讲："家庭是社会的基本细胞，是人生的第一所学校。不论时代发生多大变化，不论生活格局发生多大变化，我们都要重视家庭建设，注重家庭、注重家教、注重家风，紧密结合培育和弘扬社会主义核心价值观，发扬光大中华民族传统家庭美德，促进家庭和睦，促进亲人相亲相爱，促进下一代健康成长……"

2015年《教育部关于加强家庭教育工作的指导意见》明确家长在家庭教育中的主体责任，充分发挥学校在家庭教育中的重要作用，推动家庭、学校、社会密切配合，共同培养全面发展的社会主义建设者和接班人；党的十八大明确提出要重视"家庭教育"的问题，强调家庭是孩子的第一个课堂，家长要时时处处给孩子做榜样，用正确行动、正确思想、正确方法教育引导孩子。

　　如何将学校教育和家庭教育密切配合，一同托起孩子的梦想，帮助学生全面发展呢？

三、"立情"家校共育的基础

　　作家杨子在《红粉知己》一文中有个耐人寻味的观点：人生以立言、立功、立德为荣，其实，立情才是生命的最高境界。读于洁的《努力做最好的班主任》也提及：所谓立情，就是建立情感。而立情，是可以让教师、学生、家长都幸福的，并对教师和学生的终身发展具有长远意义。如果老师和学生、家长都建立了情感，那么师生之间的情谊是可以长长久久的，老师、学生、家长都能在孩子的成长路上，一起幸福，就能相互配合，一同托起孩子的梦想。

（一）善于理解，情感融合

　　新生入学，孩子们有许多的不适应，幼小衔接教育基本上没有，再加上我们学校的家长文化素质并不高，家长们也比较年轻，面对孩子们出现的种种问题，他们也无可奈何。例如：初学拼音，有几个孩子一直不会拼读，老师在学校反复教，回家后，家长又教，可是孩子还是不会读；上课的时候，有几个孩子想干吗就干吗，不遵守课堂纪律……

　　作为教师，我们要理解家长，理解他们的力不从心，不要因为孩子没有达到教育效果，就指责家长没有努力。毕竟我们是专业的教师，教书育人是我们的本职工作。我们对家长的理解，让家长充分信任老师，愿意配合老师的教育教学工作。

（二）善于沟通，增进感情

1.与老年家长面对面地沟通

一年级放学时间比较早，许多老年人很早就在校门口等着接孩子回家。他们一般就在那里闲聊，总是添油加醋地传播关于学校的负面信息。每天放学，我总要和他们聊聊今天学校发生的一些有趣的事情，再讲讲某些孩子的突出表现，还讲解一下各门学科老师的一些要求，最后还逐一解答家长们询问自家孩子的问题……让老年家长们充分了解学校开展的工作，了解老师的教育意图，并且能配合我的工作。

记得开学初，小尹的外婆对学校意见非常大，因为她的女儿也是我们学校毕业的，她觉得原来教她女儿的老师过于严厉，经常惩罚她女儿。她对我也很有意见，觉得我太温柔了，管不住这几十个淘气包。经过一段时间的沟通，她了解我如何管理孩子，如何引导孩子改变自己。看着自己的外孙一天一天在进步，她对我佩服得五体投地，我一提教育要求，她马上就执行。去年夏天，我的手臂被虫子叮咬又红又肿，她居然冒雨去给我挖草药来治疗。

我经常与老年家长面对面地沟通，让他们充分信任我，也让他们充分了解学校工作，并且积极地配合我的教育工作。

2.利用教育故事与年轻家长沟通

我从去年接手一年级开始，每天坚持写教育故事。教育故事的内容比较丰富，我会向家长们介绍我每天教学的一些难点，如何引导孩子解决一些问题；我还会向家长们介绍我开展了哪些活动，培养孩子哪方面的习惯；我还会提醒或者建议家长们要注意孩子常见的一些问题；我还会给家长们讲讲孩子们每天发生的有趣故事……

每天我都将教育故事分享在微信群里，让一些年轻的家长有空的时候，能了解自己的孩子，了解我的教育教学，了解我们学校工作，让他们充分信赖学校，理解我们的工作，积极配合我们的工作。

3.出现问题的学生单独沟通

当有学生出现了问题，绝不公开指责，给家长和孩子保留面子。我总是私底下和家长沟通，而且我遵循一个原则，给孩子指出缺点的同时，一定要表扬孩子一个优点。一定要让家长知道，自己的孩子不是一无是处，他在成长的过程中，难免会犯错误的。让家长很乐意和我一起来帮助孩子健康成长。

（三）善于表扬，促进共育

芸芸众生，有了彼此的欣赏而温暖起来。人人都需要被人肯定，被人欣赏。我们的家长也需要表扬。一夸家长，其实你就能轻易地进入家长的心灵，家长会以愉悦的心情接纳你，愿意接受你的意见，更愿意积极配合你的工作。

1.学生给家长颁发表扬信

每周，我都会给表现突出的一部分学生颁发表扬信。一学期，基本上每个孩子都能获得几封表扬信。我在班上开展班队活动，让孩子们设计一封表扬信，奖励给自己的家长，并且让家长给孩子们制作的表扬信打分。

2.老师给家长颁发表扬信

我看着班上一部分家长对自己的孩子付出了许多，很感动，也为他们颁发表扬信。

我购买了一台过塑机，把颁发给家长们的表扬信专门塑封一下，让家长们便于保存。

3.以学校的名义颁发奖状和奖品

每学期，我都以学校的名义为班上的优秀家长颁发"优秀家长"奖状。家长们都知道我喜欢烘焙，还和我开玩笑，让我奖励糕点。后来，我就既颁发奖状，又颁发我亲手烘焙的点心。

（四）善于造情，家校融洽

一个班级是孩子们的另一个家，大家朝夕相处六年，我一直要打造一个温暖的大家庭。所以，我努力营造亲情。每次，学校要发一些通知、责任书等，需要家长阅读签名。我在留言时，总是注意措辞，让语言有温度，不是冷冰冰地下达命令，而是朋友间的温馨提示。例如防溺水通知：开头，一般都是说，亲爱的家长朋友们，天气热起来了，请你们一定要注意自身健康，并且要关心宝贝们的身体健康……

我与家长们交流，多一些幽默感，经常开玩笑。大家相亲相爱真的像一家人。薪竹的婆婆身患重病，家长们自发捐款，我们班上筹款2000多元帮助治疗。每逢传统佳节，我和家长们都会在微信群里发红包，不过我有个规定，红包金额不超过20元，而个数必须10个以上。在互抢红包中，大家相互致谢，其乐融融。

每个周末，我都会布置感恩作业，让孩子们为家长做一些力所能及的家务事，感谢家人们为他们付出。家长们会录制小视频，让我检查感恩作业。

（五）善于倾听，引导教育

付出总会有回报的，在我的努力下，家长们和我的关系更为融洽，他们经常会向我倾诉自己的烦恼。例如有位父亲向我咨询，为了孩子让老婆不上班了，怎么样？我为他分析了利弊，让他去选择。有位年轻的妈妈私底下向我诉苦，婆婆不能根据时代的变迁来教育孩子，让我劝劝，改一下方法。我单独和婆婆聊天，引导她转变一下教育方法。

我和家长们建立了深厚的感情，他们非常信任我，非常愿意配合我的工作，但是他们的能力有限，我要进行有效的指导，才能促进家校共育。

四、有效指导，促进家校共育

（一）别出心裁的家长会集体指导家庭教育

我和班级42名家长一起参加了以"成长就一次，需要我陪伴"为主题的家长培训会。家长会前，我准备了精美的班级PPT，循环播放全班所有孩子的照片，主要是孩子在学校日常生活的照片，例如做清洁的、参加活动的、做操的、每周班级表扬的、中午吃饭时候的，让陆续到校的家长通过幻灯片的展示，了解孩子在学校生活的情况。我想这也是家长们最关心的。PPT最后还有一些温馨的提示，为后面的家长会营造一个和谐的氛围。

活动开始，热身游戏阶段用的是"买菜"的分组游戏，用蔬菜的价格来完成分组。接下来是转换阶段的游戏"盲人过河"。为了达到循序渐进，层层深入，让家长明白陪伴的重要性、方式及怎样陪伴，我们把游戏分成了三次，改变一些游戏规则来完成。

第一次，游戏规则：没有人陪伴，其他家长也不能说话，由游戏者独自完成过河游戏。总结出陪伴的重要性。

第二次，游戏规则：由"扮演瞎子"的游戏者选定一位自己信任的人陪伴完成游戏。通过采访两位家长的感受，启发家长们悟出不同的孩子在成长的过程中，需要不同的陪伴方式。

第三次，游戏规则：所有在场的家长都参与指导，都可以说话。家长们通过热烈的讨论后得出：我们教育孩子，应该统一意见，达成共识后再去告诉孩子；应该帮助孩子辨清好坏，少走弯路，回到正轨上来。

第三个环节就是工作阶段，其目的主要就参与团辅的成员利用团体解决自己的问题。我们选用了泰国的一个只有3分钟的视频短片"原来家庭教育这样重要"，来引起家长的共鸣。

这个视频看完，我观察到很多家长都神情凝重。因为视频里面的主人公的处境和家长们的非常接近，引起了他们对自身教育深深的反思。

最后，我用"你能拥有孩子多少年"的PPT来结束活动。视频配上我声情并茂的朗读，家长们都为之动容。到了最后，老师邀请全体家长一起朗读，去感悟陪伴孩子是有期限的，好多家长已经泪眼模糊，声音哽咽了。

活动结束后，许多家长给我写信，发信息，都觉得受益匪浅，感谢我的指导。

（二）利用真实有趣的教育故事指导家庭教育

我每天都坚持写教育故事，把孩子们每天发生在学校的一些真实有趣的故事讲给家长们听，让他们了解我怎样结合实际情况对孩子进行教育。例如：有孩子门牙掉了，在学校不好意思张口说话、读书。我恭喜这个孩子，因为她马上就要长出崭新的恒牙，多好啊！所以午餐的时候，我们千万不要挑食，因为我们的新牙齿需要能量啊！

为了鼓励孩子，教他们学会感恩，并且增强他们的自信心和责任感，在学校引导他们帮助我收拾讲桌，帮我分发书本……我写在教育故事里，教家长们学会示弱，让孩子们也能帮助家长们做一些力所能及的事情。

（三）介绍身边优秀家长的案例指导家庭教育

班上有一部分孩子是爷爷奶奶负责养育，他们大部分不太会教育孩子。但是也有一些老年人喜欢学习，他们也有足够的时间学习。他们在家教孩子洗自己的内衣、袜子、红领巾等；还教孩子包饺子，煮面条；周末还带孩子去做义工，参加丰富的社会实践活动。我请他们在接孩子的时候，和其他的老年家长们一起聊天，交流一下带孙经验。

（四）分享学习的文章指导家庭教育

我平时喜欢阅读，当读到一些优秀的育儿经验的文章时，会摘抄并写上一些读书感悟，然后分享在微信群里。有时，在一些微信公众号里读到了好文章，我也立即分享在微信群里。家长们经常阅读，然后会发表几句自己的感言。有时，家长们也会分享自己阅读到的育儿好文章，大家相互学习，提高家庭教育的质量。

五、家校共育的一些反思

（一）家校共育是不伤人的

不管是家长还是老师，我们都要牢记"没有爱就没有教育"，在教育中，"爱"起着至关重要的作用。我们都希望教育路上每一个人都在原来的基础上变得更好。所以我们的教育不能举着"都是为你好"的旗帜去伤害孩子，要遵循孩子们的生长规律和年龄特点，允许他们一再犯错，活泼好动，丢三落四。

家长和老师不能用一个标准要求所有孩子，我们要以不同的尺度去考虑，尽量找出他的闪光点，让他尽可能在某一个点上有所发展和提升，让他在某些方面做出成绩来，给他某种收获的喜悦。例如班上的小琨，上课不专心听讲，学习成绩非常差，每天还违反纪律，经常打架。上次运动会的时候，他一分钟仰卧起坐完成了39个，是我们班第一名，但是是年级的第四名，没有得到奖状。他很想得奖。我就单独和他家长商量，让他突破一分钟40个，然后为他颁奖。

（二）接受家校共育的不完美

每个孩子都是不同的个体，具有不同的天性。不同的家庭教育，不同的遗传基因，对人的成长有不同的影响，所以家校共育不一定能完全促进孩子的全面发展。每个家庭的环境和经济条件都有所不同，不能要求每个家庭都能积极配合学校的教育教学工作。我不抱怨，不放弃，努力做好自己的工作，因"家"施教，促进孩子的健康发展。

在我两年的努力下，班上孩子的家长们充分信任老师，充分信任学校，基本上做到了积极配合学校的教育教学工作，一起努力托起孩子们的梦想。

点评

要做好家校共育，家长对老师和学校的信任是基础；缺少这个信任基础，一切家校共育的理想理念、方法技巧、方案措施等，都难免大打折扣。信任不是凭空建立的，作者提出只有"立情"才能建立信任，做好家校共育工作。如何"立情"呢？在达不到预期家庭教育成效时，要能理解和包容家长，而不是一味苛责家长；在尊重的前提下，要针对不同的家长和儿童特点，运用不同的沟通方式；要善于营造亲情，拉近与家长的心理距离，而不是采用刻板的程式化的方式和家长打交道。

作者对家校共育工作的反思和领悟也值得体味，如"家校教育是不伤人的"，不能举着"都是为你好"的旗帜去伤害孩子。现在存在少数对家校共育的误解现象，罔顾孩子的成长和发展规律，将学校教育的压力传递给家长，同时要求家长配合学校共同施加压力给学生，最终的结果却是既阻碍了学生的发展，又丧失了家长的信任，这点非常值得警惕。

"中国好老师"公益行动计划专家委员会办公室副主任　王昌海

用心连接家校陪伴孩子成长
——心理健康教育家校协同模式探索案例

北京市史家实验学校　尤佩娜

家庭作为我们社会最基本的构成单位，是孩子们人生的起点，对孩子的成长起巨大的影响作用。2015年2月，习近平总书记在讲话中明确指出："我们要重视家庭建设，注重家庭、注重家风、注重家教，促进家庭和睦，促进亲人相亲相爱，促进下一代健康成长，使千千万万个家庭成为国家发展、民族进步、社会和谐的重要基点。"同时，在2019年全国教育工作会议上，教育部部长陈宝生也在报告中谈到了家庭教育问题，并指出要形成政府、家庭、学校、社会联动的家庭教育工作体系。

作为一名一线心理老师，多年的工作经验让我深深体会到，对于千万父母来说，如何做父母本身就是一个从未系统学习过的领域，因此只能用自己的经验来养育孩子。结果就是一方面不擅长自我反思的部分父母给孩子的人生带来了灰色的体验，让孩子的成长过程历尽艰辛；另一方面愿意学习的父母则苦于没有相关的课程来解决自己的问题。基于此，我校在"和谐+生态"教育理念引导下，以心理健康教育为切入点，开设家校协同系列心理课程，探索了小学心理健康教育家校协同模式。

一、史家实验学校心理健康教育家校协同模式

史家实验学校心理健康教育家校协同模式经过多年的探索已经初步构建出

适合本校的课程体系，初步建立了具有自身特色的系统化递进式的心理健康教育家校协同模式。其主要构成如下。

（一）面向中低年级的家长工作坊和家长沙龙

在东城区教师研修中心心理教研员指导下，我校针对中低年级全体学生家长开展家长工作坊和家长沙龙活动。此课程以学期为单位，面向全体家长开放，其具体过程如下。

1.心理健康教师面向特定年级下发活动方案

每学期初学校心理健康教育中心确定家校协同工作重点年级，并下发活动方案，年级组长和班主任根据本年级和本班具体情况展开推荐或者让家长们自愿报名。

2.确定名单，具体沟通

本阶段解决的问题，主要是对报名人员进行筛选，筛选的标准主要有：对课程的需求程度，目前孩子的在校状态，优先选择爸爸（主要是考虑到参加的人员中妈妈比较多，爸爸的加入往往会给团体带来不同的观点，有助于家长团体从不同角度看问题）等。

确定名单后，下发申请表（如图1），完成招募工作。

3.开展家长工作坊系列课程培训

围绕不同主题活动，连续6周进行"读懂行为，做智慧父母"家长工作坊课程，课程主要围绕情绪、沟通、觉察等主题展开。课程借助活动体验的形式，促进体验，在递进式的推进中解决家长困惑、讨论教育方法、解决日常亲子教育问题，最终促进家校协同。具体课程内容及简要过程如图2、图3。

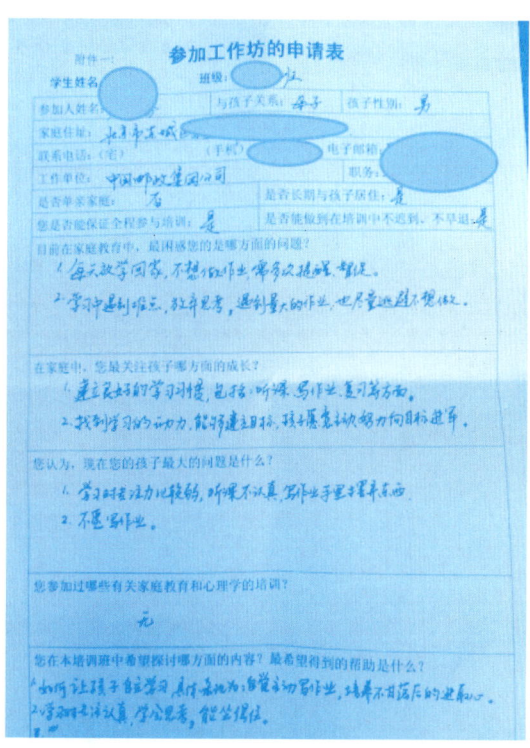

图1

主题一：感悟亲子关系——日常言行的具体化

2018年10月15日，我校来自二至四年级的20位家长参加了心理工作坊亲子过招之日常言行的具体化培训。培训中，心理老师带领家长们通过心理活动体验，让家长感受到了目标不同导致的差异；通过与家长的情境对话，让家长们了解了自己的关注点，自己的情绪，以及自己与孩子的关系，最后在真实的心理体验中，感受了日常生活中的亲子沟通情境。家长们在实际的体会中看到了自己日常的亲子交流方式，并用自己的真实感受和阵阵笑声表达出对内容的用心和投入。

主题二：良好觉察——智慧的起点

2018年10月22日下午，我校在心理教室组织主题为觉察的家长工作坊，来自全校四个年级的30位家长参加了活动。活动中，通过解手链、分组观察、心理双关图、注意的选择等体验性活动让参与的家长老师们体会到了影响我们日常觉察的因素，以及如何更好地做好我们的日常觉察，从而更好地面对孩子，改善亲子关系，提升亲子关系质量。在体验中感受，在感受中分享，在分享讨论中提升，让每一位参与的人更好地了解自己，了解孩子，让家校更好地协同。

主题三：改善，从读懂行为开始
——智慧父母工作坊认识行为篇

2018年10月29日，在史家实验学校西楼地下心理活动室迎来了本学期的第四次父母工作坊主题活动——改善，从读懂行为开始。心理老师通过家庭故事的分享、折纸活动的体验，让家长们感受到了自己日常生活中的诸多行为背后的含义，更多地了解了角度的重要性，更好地了解了行为背后的含义，大家在分享中结束了本次活动，并用自己的记录写下来参加本活动的收获。

图2

主题四：改变从认识情绪开始

2018年11月5日下午，在西楼地下心理教室心理老师和参与的家长们一起探讨了改变和情绪。通过神奇的绳子活动让大家体验了看似不可能的事情，要想改变的话，可以从自我、对方以及自我+对方三个方面进行改善，从而达到自己的目标，此后，心理老师通过具体案例和大家一起感受到了情绪的来源，以及影响个体情绪的因素，让大家了解了自己的情绪，认识到了情绪对于自己和周围人的影响。

主题五：情绪管理始于觉察
——史家实验学校读懂行为做智慧父母工作坊

2018年11月12日下午，我校读懂行为做智慧父母工作坊迎来了情绪管理主题活动。活动在心理老师的带领下大家一起借助神奇的绳子感受了深处困扰的体验，感受了自我情绪的表达方式；借助手指的换位、绘本故事、自我社会支持系统的回顾等活动学习了不同的情绪管理方法，为智慧父母增加了新的一级台阶。

主题六：学会沟通，了解孩子从心开始

2018年11月26日，在西楼地下心理教室，心理尤老师带领家长朋友们一同体验了沟通的意义和价值，借助角色扮演，有效沟通和无效沟通的现场体验，以及不同沟通语言带来的不同感受，让家长们在活动感受到了有效沟通的价值，体验到了换位思考的重要性，在用心的过程中，体会到了孩子和我们的不同，再次感受到了用脑和用心的差异，在大家不好意思的开怀大笑中，感受到了自己和孩子之间的那条"沟"，也在尤老师的引导和讲解中，学会了跨越这条沟的方法。

图3

4.在工作坊的基础上开设家长沙龙

在家长工作坊的基础上，学校心理健康教育中心初步探索了以"父母自我

效能""正面管教""萨提亚家庭治疗"等专业理论知识为指导的家长沙龙，意在更好地为有需求的家长服务，让家长在关注孩子的同时，也感受到自我成长、家庭关系对于孩子成长的重要意义，进而更好地展开家庭教育。

5.针对课程中有特殊需求的家长开展一对一约访

针对家长工作坊和家长沙龙中有特殊需求的家长们展开一对一约访，在工作坊和沙龙展开的过程中，鉴于课程都是一对多的团体辅导形式开展，对于有些更为深入和牵涉个人隐私的问题，有些家长不愿意在团体中探讨，据此，我们在课程结束后根据家长需求安排了2~4小时的一对一约访，便于更有针对性地解决家长个性化的问题。

约访过程如下：家长在参加系列课程的过程中提出申请，心理老师进行时间安排，约访前和班主任进一步沟通学生在校情况，并填写相关记录表，家长在约定时间到校，完成约访。

（二）面向特需群体的家庭辅导课程

此外，我校心理健康教育中心还针对有特殊需求的家长举办一对一家庭辅导课程，这类课程主要包括两类：一是在学校心理健康教育的过程中发现的有特殊需求的孩子，中心积极联系家长，促进合力教育，进而改善孩子目前在校状态的课程；二是部分家长主动提出来进行家庭辅导的诉求，由班主任、心理老师、家长、孩子共同完成的家庭辅导课程。

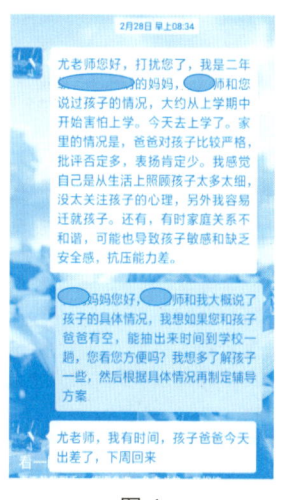

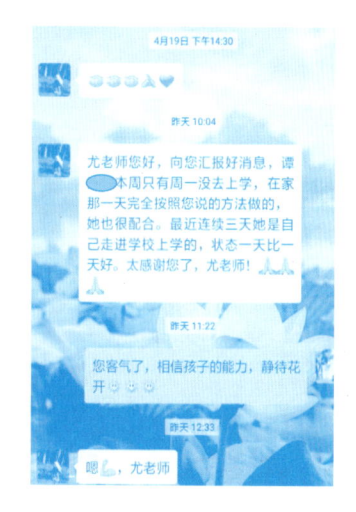

图4　　　　　　　　图5　　　　　　　　图6

（三）面向一年级群体的家长微讲堂

越来越多的实践经验告诉我们，心理健康教育家校协同工作起步越早可能效果越好，本学年我们在一年级两个班级开展了家长心理微讲堂的线上活动，主要是面向一年级的家长群体展开初步的亲子关系、家庭教育、心理健康等基本知识的普及，通过亲子活动介绍、心理知识分享、好书推荐共读等方式展开。具体内容如图7。

图 7

（四）心理主题亲子课堂

为了更好地促进亲子沟通、改善亲子关系，在家长课堂和学生课堂的基础上，我们开始逐步尝试让家长和孩子们一起走进课堂，开设了亲子课程。鉴于亲子课堂的面对面的真实感受，目前此类课程虽然刚刚起步，但是获得了家长和孩子们的一致好评。

二、史家实验学校心理健康教育家校协同模式成效

经过几年的发展，心理健康教育家校协同系列课程得到了参与家长们的支持和肯定，也坚定了我们持续开展的勇气和信心。家长反馈如图8。

近两年随着孩子的长大，发现孩子的种种问题，比如不自信，过于在意外界的看法，不敢表达自己的想法，脾气暴躁易怒等。而且我和她的关系也没有以前亲近了，家里冲突不[illegible]几乎天天都会嚷孩子。

1/2

[illegible]我非常担心，焦虑。看了不少书籍和资料。慢慢意识到父母的教育理念和教育方法对孩子的的影响是深远的。可是具体该如何做，却感觉还是很茫然。所以能够参加学校的家长沙龙，对我来说是件幸运的事情。

从家长工作坊到家长沙龙，每次课程都给我带来收获和内心的震撼，使我知道我在教育孩子时，哪里做的有问题，该如何改正。如何才能和孩子顺畅的交流，真正她支持帮助到孩子。

例如：一次尤老师讲到"要看到孩子做到的，而不是盯住孩子没做到的。""有时在指责孩子时，孩子抵抗，会说不是这样的，其实是在竭力证明自己很好"。这场景这么熟悉。我突然意识到自己一直在做孩子的差评师，很少表扬她。尤老师让描述自己的孩子，我想到的也都是缺点。可是，我的女儿其实也有很多优点。可是我竟然都视而不见，只盯着缺点和做的不好的点每天指责唠叨，试图借此改变她。可这却适得其反，往往爆发冲突，而且我这种行为是在告诉孩子她不够好，这肯定会影响到她的自信。现在，我经常提醒自己静心观察孩子，发现她做得好的地方。

我还学到了"孩子行为背后必有原因，绝不是要和家长作对的"。"孩子行为有对错。但是背后的情绪没有。要接纳孩子。" 学到了如何去分析孩子行为背后的原因……我虽然还不能很好的运用这些学到的东西，但是在和孩子交往中还是起到了很大帮助。

比如这周二晚上，孩子很早就写完作业了，然后各种玩。到晚上十点要上床睡觉时，突然想起来，有一项上周留的英语作业要第二天交。然后，她就开始发疯似的坐在地上大喊大叫。要是在以前，我看到她不赶快写作业，而是大哭大闹，一定会暴怒嚷她，"谁让你作业总是拖到要交时才写。现在哭有什么用，还不赶快写。哭不是更耽误时间吗！" 然后她会更加剧烈的哭闹。要闹上半个小时甚至一个小时。这次，我知道她哭闹一定是有原因的。仔细想已经十点多了，作业量不小，她可能担心写不完了。而且，以前也发生过类似事情，我都会严厉的训斥她。所以她心里还应该很害怕。于是，我平和地告诉她，我知道她担心写不完，知道她很着急。我会一直陪着她的。慢慢的她的情绪平复了，开始写作业。由于作业很多，她在写作业的过程中，偶尔有些烦躁。我一直安慰着她，表示我会一直陪着她。历时一个小时，孩子高效的写完了作业。上床睡觉时，女儿很愧疚的跟我说，"妈妈对不起让你这么晚睡觉。" 我告诉她，没关系，我看到她这么晚已经很困了，还一直坚持，高效的完成了作业，表现很棒。这时，我看到她露出了开心的笑容。第二天一早起来，女儿还亲了亲我，对我说，"妈妈，谢谢您昨天晚上的支持。"

孩子这么大了，做错了的地方她心里有数。我能够在孩子遇到事情时，支持到她。而不是雪上加霜。我感到发自内心的喜悦。由于把在沙龙中学到的东西运用到生活中，还是一个慢慢实践的过程。有很多学到的，我还没有办法做到。孩子的状态还没有巨大的改变，但我知道，随着我的慢慢实践与改变，她会变得越来越自信。我们的关系也会变得更加亲密。

所以真地感谢尤老师，感谢学校，能够给我们家长提供这么有帮助的学习平台。而且我也越来越觉得，孩子的文化学习很重要，但是心理健康更加重要。而父母是孩子心灵成长的环境，所以父母拥有正确的教育理念和方法是至关重要的。很希望尤老师的亲子沙龙一直开展下去，能够帮助到更多的孩子和家长。

图 8

三、未来发展方向

随着系列探索的增多、受众群体的增加，我们在逐步完善，同时也遇到了各种各样的问题，接下来我们期待从以下几个方面可以做得更好。

（一）让更多人理解，让更多老师参与进来

可能这项工作是一个沟通且需要时间的过程，很多时候不一定会被大家理解，毕竟面向家长群体的工作是比较微妙的。因此真正将这份工作做好，一定不能是一个人的事情，只有更多的人参与进来了，影响力才能够更大，大家的

理解和支持也才会更多，课程才能够更好地持续下去。

（二）用数据说话

目前的诸多关于课程效果的反馈都是家长的口述，课程实录反馈少，缺乏更有力的数据支持，尤其是前后比较对比的数据支撑。因此，如果能够在接下来的探索中，让数据说话，那么该探索就会更具有说服力。

（三）让实际效果辐射到更多场景

对于参与的家长与孩子，他们很多时候在心理课堂和培训中发生了较大的变化，但是一旦进入日常学习中，效果会大打折扣。面对这样的现实我们期待能够在接下来的探索中找到有效的改善方法，努力让培训和辅导的效果辐射到更多地方。

点 评

儿童的心理健康是家校协同中最应该关注，也最能发挥协同效应的领域之一。心理健康老师既需要发挥专业引领作用，也需要整合外部专家资源，还要能组织协调班主任、辅导员等相关教师的工作，难度确实很大。

作者和所在学校通过持续努力，运用严谨规范的管理方式，系统深入地推进家校协同工作，初步构建出了层次分明的家校共育内容。以面向中低年级的家长工作坊和家长沙龙为例，前期组织中从确定主题方案到选定参与家长，分工明确、程序井然；正式开展时，以需求为基础开展主题培训、以培训为基础组织家长沙龙、针对培训和沙龙中个别化和私密性问题开展一对一家长约访等，层层递进、衔接有序。

论文中体现出作者对家校协同工作的整体设计、周密计划、规范操作和反思改进，值得认真学习。作者提出的如何获得更多教师的理解和支持，让更多老师在家校协同中更好地支持心理健康工作，确实是当前存在的普遍性问题，也期待作者和各位心理健康老师们未来的探索。

"中国好老师"公益行动计划专家委员会办公室副主任　王昌海

农村学校家校合力发展之教育共同体的实施与成效

上海市干巷学校　李青青

著名教育学家苏霍姆林斯基曾说过："最完备的社会教育是学校—家庭教育。"可见学校、家庭教育的相互配合，可以促进学生的健康成长和全面发展。只有学校、家庭相互沟通，取长补短，携手共进，青少年的思想教育才会更加完善，素质教育的步伐才会迈得更快，才能为国家培养适应时代发展要求的创新型人才。

一、案例描述

曾经，我所带的一位学生小婷没能顺利考入理想的高中，按照她的成绩进入普通高中不难，但最终进了中专。光看表面现象会发现这个小姑娘做事比较认真，但仔细观察后会发觉她其实很不务实，时不时会开小差。早在初二的时候，她因为跟班级里的男同学早恋，成绩跌入低谷，通过几次心理疏导后，才算从这件事情中缓和过来。我跟家长也反复说起过不要忙于工作而疏于对孩子的关心与教育；但是跟其父母的通话不会超过两分钟，总会因为各种事宜急忙挂断电话；试图去小婷家家访也会被其父母用各种理由拒绝拜访。经过一番努力后，我总算了解到一些眉目。她父母老来得子，对孩子可谓是百般溺爱，自己又只是小学文化水平，对女儿的教育根本无从着手，而女儿的脾气也比较犟，更是让这对父母百感交集却也只能听之任之。对于老师的叮嘱他们更多的是无奈，不知该如何处理，所以才会有以上情况的发生。

这不得不让我陷入沉思：如何让农村孩子自身的劣势转为优势，在教学中取得一定的突破？如何让像小婷这样的农村孩子在家长、学校和社会的正确引领下走向成功？……教育共同体的新型合作教育模式帮助我解决了这些困惑。

二、目标与内容

建立教育共同体，直接的受益者便是家长。具体目标如下：

一是通过构建中学家校合作教育共同体，给更多家长提供有效的家庭教育资源，从而提高家长教育孩子的能力；

二是通过该平台，搭建了家长与家长之间的沟通桥梁，他们之间能够相互学习，互相吐槽，缓解自身教育孩子压力；

三是通过该平台，让更多的村民及家长了解学校的活动、办学特色等，有利于家长与学生之间的沟通交流，使得家庭教育更有针对性，从而更具效果；

四是通过该平台，能够让学生和家长多一个共同的平台去学习交流，促进彼此感情的同时，又能学到更多实用的家庭教育相关的知识。

通过一个暑假的构思与联系，家校合作教育共同体的设想在开学前于张泾村进行试点运营，开始小范围地实施这一教育管理模式，并得到了该村家长、村委及学校的大力支持。该设想的创意之举有如下几点。

（一）家校合作模式的"多元化"

不同于一般的家校合作模式，我们将家校合作的模式推广到社区，也就是农村的村委会。平台的适当转移，使得家校合作更加多元化地呈现出来。如我们让"先进家庭教育者"在社区开展讲座，将自己好的经验跟大家分享，以供家长们学习借鉴。

（二）参与人员的"社会化"

参加这一教育共同体的人员不仅仅局限于家长、老师及学生，外面的志愿者也可以加入教育的行列中，比如村里的群众，或者家长的朋友等。人员复杂化以后，对应的机会也就增多了。比如我们会利用相关的节假日组织一些大型的公益活动或者一些生动活泼的文艺、体育活动等增进亲子沟通和交流。

（三）教育共同体活动的"多样化"

在开展活动的时候，我们有丰富的讲座、网络的交流、书面的合作学习等。如微信平台是我们使用最广泛的网络平台之一，家长们在微信群中可以及时收到相关家庭教育的案例与文章供其参考。

三、过程与方法

建立良好的家校合作关系，还有很多的制约因素，这些因素中有来自教师、学生方面的，也有来自家庭方面的。只有多方面综合考量之后，才可以将教育推到比较高的层次。

依托张泾村这一村委会平台搭建起来的教育共同体，起初出现了一些问题，比如不能满足所有家长时间上的统一化，讲座内容的单一化等。经过一段时间反复的摸索跟实践操作之后，这一教育社区已逐渐步入正轨。现将我们的具体操作做简单说明。

（一）利用村委定期开展各种模式的家庭教育讲座

每个村都有一个比较大的场地，并且多媒体设备齐全，所处地理位置便利，所以我们利用这一平台，将这个村学生的家长集中到村委会，进行统一化的讲座辅导。讲座内容可以是多样化的，针对中学生的各种特征，教育家长平时该如何与孩子相处、怎样督促孩子学习、如何检查孩子的家庭作业完成情况等。讲座的负责人可以是学校的老师，也可以是通过学校联系到的其他成员。时间的安排上可以先开展一个小型的会议与家长共同协商再统一决定。通过对家长的一系列培训，他们可以有能力初步了解到该如何跟孩子沟通，怎样沟通教育更加科学，更能走到孩子的内心深处，从而达到教育的目的。

（二）创建一个教育共同体的网络平台

这个网络平台应该是学校、家长及村委三方共同管理经营的。现在最为流行的是微信平台。创建这样一个平台，可以让三方都能够及时了解到学生在各个地方的活动及表现情况等，随时捕捉到学生的各种动态，有的放矢地进行教育。通过微信平台，家长可以针对学生在家中的各种表现与其他家长或者老师进行交流沟通。同样通过这样一个平台，家长能够更明确地了解自己的孩子与其他孩子的共同点与不同点，在教育的时候也能有一个方向感。

（三）通过广大村民，宣传学校的文化特色

好生源的不断流失，对学校的发展也比较不利。通过村委会所建立的这一教育共同体，更多的村民了解了学校的文化历史，了解了学生在这所学校的成长点滴，同时有机会参与学校所组织的各项活动，共同领略学校与学生的发展。我们出版了像《银杏小报》一样的报刊发放给村民，将学校的微信推文发送到微信平台，很多村民在茶余饭后会聊起学校，在无形中给学校做了一定的宣传。从侧面讲，这一做法对家庭教育也提供了很多的教育素材。

（四）建立一个家长"吐槽"站

虽然说农村家庭的家长教育程度不高，但他们对孩子都寄予了厚望。在教育资本的投入方面，有些家长可以说倾囊而出。但是孩子对于家长的希望与做法不能很好地理解，导致了在生活中常常会出现各种各样的矛盾与冲突。家长们也需要一个平台去帮助他们平复自己的情绪，在孩子的教育上才能有一个更好的方向。我想在某种程度上讲，如果家长的情绪比较平和，那么孩子在整个和睦的家庭大环境下，做事、做作业也会比较缓和，不容易浮躁。通过村委会这一平台，家长们说说自己的心声，吐露自己的不痛快，大家共同分享，解决问题，平复情绪。心里的垃圾清理干净了，家长们与孩子沟通的时候也就能达到更好的效果了。

（五）开展多样化的公益活动和志愿服务

很多家长总是忙于工作而忽略了带孩子去参加一些有意义的活动。或者说

他们有这想法，却苦于没平台。我们教育共同体这一平台会不定期开展一些公益活动和志愿服务。例如，给家长与孩子提供活动场所，为区里的聋哑孩子们送去一份节日的关怀——端午节送粽子。或者说组织家长和孩子去石化海滩清理海滩边的垃圾，还大海一片清洁，同时对游客们宣传要有保护环境的意识。通过这些有意义的活动，家长和孩子都会在身心上取得一定的愉悦感。同时，为他人带去福利的时候家长也能增加与孩子之间的沟通，使彼此之间更加了解，教育也不再那么苍白无力。

四、总结与反思

通过这段时间的实践操作，我更加确信教育共同体对于农村的孩子来说是一个不错的桥梁与心灵沟通驿站。在这样一个平台上，不仅家长成长了，而且孩子更是受益无穷，同时，也让学校文化在广大村民中广泛流传。具体成效如下。

（一）家长找到了与孩子相处中的矛盾共鸣

有些家长自发组织了很多活动，进行家长与家长之间的沟通，例如一起去新华书店为孩子挑选辅导书等。只有家长的心理健康了，才可以培育出一个相对快乐成长的孩子。

（二）多元化的家庭教育讲座，让家长们受益匪浅

尤其是关于"先进家庭典型案例"的讲座，社区会先组织家长们参加评选先进家庭教育者，最后由获胜的家长分享自己的教育经验。通过这些具有说服力的亲身实践的讲座，家长们非常有共鸣，在日常管理自己孩子的时候有依据可参考。

（三）多样化的公益志愿活动，让孩子与家长体会不一般的感觉

助人为乐的同时自己又获得了很多，可以说一举多得。这样的公益志愿活

动多参加以后，我发现很多孩子的责任心变得更加强了。同时，家长跟孩子之间的话题也多了起来。

但在实施的过程中，有些地方值得改善与提高。

一是教育共同体的建立，在很大程度上给农村的家长们解决了家庭教育中的难题。但对于有些经常缺席活动的家长来说，收获的内容还是不够的，所以今后我们希望忙于工作的家长们更加重视孩子的教育问题，多参加这些活动，这样就能更广泛地受众于民。

二是现在的网络平台很强大，所以很多不法分子会借着一些手段，进入我们的这一沟通平台，发布一些不当的言论或者推销产品等，所以今后我们在网络安全管理上会做进一步的调整，让不法分子无机可乘，我们家长也能更加安心地使用这一平台。

三是教育共同体目前围绕村委会的大平台进行，以后会联合各小区的力量，使得这一平台更加庞大，让更多的人参与到我们这个教育的大家庭中，使得家庭教育真正地规范化和有效化。

点 评 >>>>>>>

如何在农村开展有效的家校合作，为孩子营造更为和谐健康的成长环境，是一个需求非常大、价值非常大的课题，也是研究成果还不够丰富的领域，因此作者通过实践探索形成的经验和反思显得更为珍贵。

论文中提出，为扩大影响面和辐射力，可以将家校合作的模式推广到村委会，让"先进家庭教育者"在社区开展讲座。讲座的内容安排、时间安排和地点安排，都要更加考虑家长的接受度和便利性，内容上要接地气，时间和地点要便于更广大家长的参加。建立的教育共同体，不仅有利于家长了解孩子情况和学习家庭教育的知识，而且还能帮助家长通过"吐槽"和交流平复情绪，增强学校对家长的向心力进而减少生源流失，通过共同体开展的公益活动和志愿服务可以创设家长和学生的共同经历，提高家长和学生的愉悦体验，这些方面都是城市学校不太容易关注到的独特功能和价值。

从农村家校合作的潜能来看，未来能发挥的空间巨大，学校不仅是帮助学生全面发展的重要场所，而且还可能成为乡村文化建设和乡民文化素质提升的核心机构，非常值得更多的农村学校开展更为丰富多样的探索。

"中国好老师"公益行动计划专家委员会办公室副主任　王昌海